JN195579

宮脇昭

いのちの森づくり
宮脇昭 自伝

藤原書店

関東以西では、海岸から海抜800mまでは、このような冬も緑の常緑広葉樹の森で覆われていた（主木はシイ、タブノキ、カシ類）。日本文化の原点だった

ニューヨークの真ん中にあるセントラルパークの森。都市の中の森は、防災環境保全林である

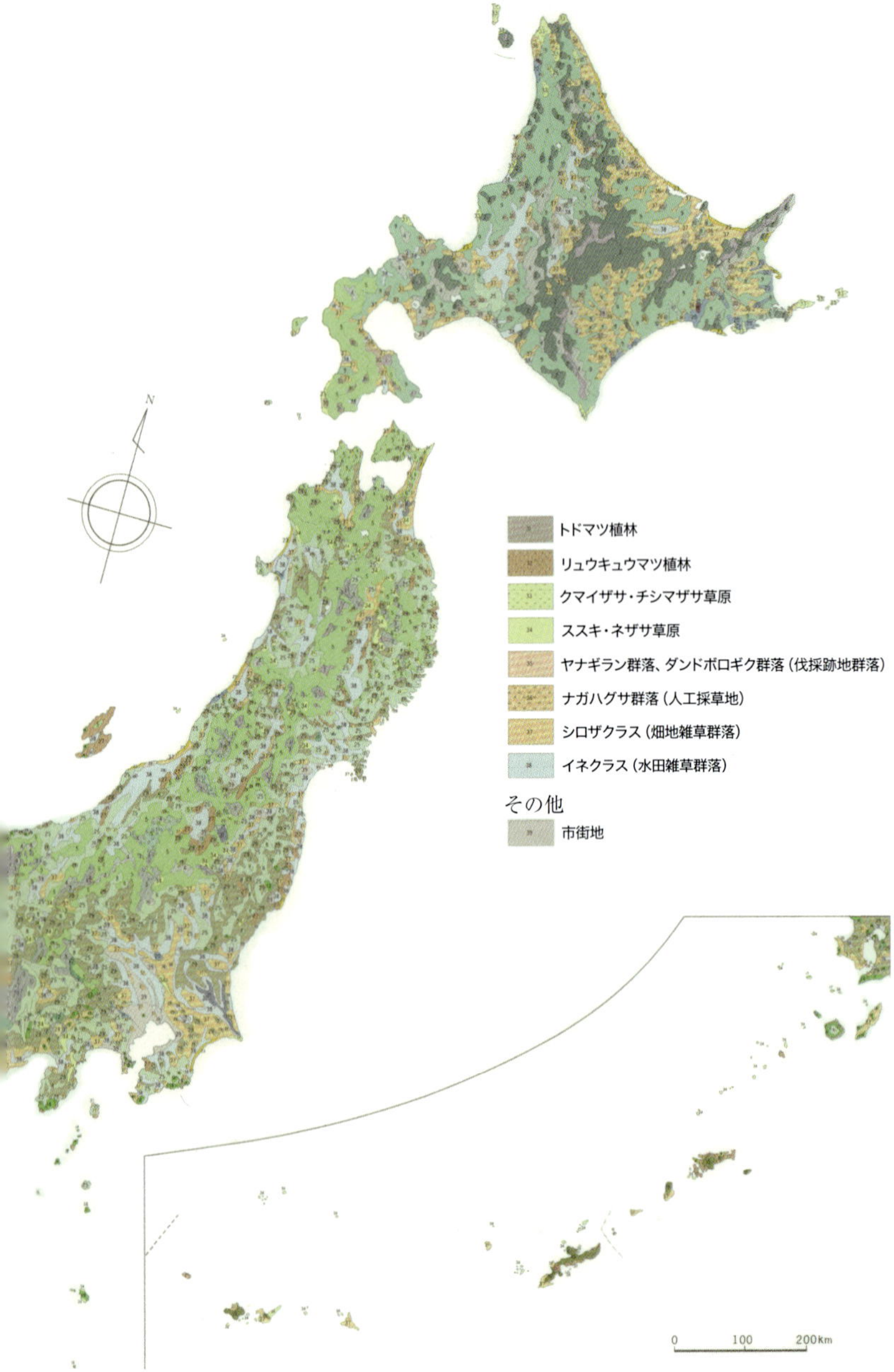

N
トドマツ植林
リュウキュウマツ植林
クマイザサ・チシマザサ草原
ススキ・ネザサ草原
ヤナギラン群落、ダンドボロギク群落（伐採跡地群落）
ナガハグサ群落（人工採草地）
シロザクラス（畑地雑草群落）
イネクラス（水田雑草群落）
その他
市街地
0 100 200km

日本の現存植生図

凡　例

自然植生

森林植生

高山植生域

- ハイマツ群団（高山低木群落）、高山ハイデ、風衝草原

コケモモ—トウヒクラス域（亜高山性針葉樹林帯）

- エゾマツ群団（エゾマツ—トドマツ群集他）
- オオシラビソ群団（シラビソ—オオシラビソ群集他）
- ダケカンバ—ミヤマキンポウゲクラス、ササ—ダケカンバ群落

ブナクラス域（夏緑広葉樹林帯）

- チシマザサ—ブナ群団（ヒメアオキ　ブナ群集、マルバマンサク—ブナ群集）
- ヒノキアスナロ—ブナ群落
- スズタケ—ブナ群団（イヌブナ群落、ヤマボウシ—ブナ群集他）
- クロモジ—ブナ群集
- オオバボダイジュ—ミズナラ群集、エゾイタヤ—シナノキ群落他
- ハルニレ群落、ハンノキ群落
- ヒメヤシャブシ—タニウツギ群落
- ツガ群団（コカンスゲ—ツガ群集他）

ヤブツバキクラス域（常緑広葉樹林帯）

- サカキ—ウラジロガシ林域（モミ—シキミ群集、イスノキ—ウラジロガシ群集他）
- シイ—タブ林域（ヤブコウジ—スダジイ群集、イノデ—タブ群集他）
- リュウキュウアオキ—スダジイ群団（リュウキュウアオキ—スダジイ群集、ヤクシマアジサイ—スダジイ群集他）
- ナガミボチョウジ—クスノハカエデ群団（オオイワヒトデ—アカギ群集、ガジュマル—クロヨナ群集他）
- ウバメガシ—トベラ林域（トベラ—ウバメガシ群集、マサキ—トベラ群集他）
- ソテツ群落

草本植生（各クラス域共通）

- ツルコケモモ—ミズゴケクラス（高層湿原）
- ヨシクラス（低層湿原）
- ヒルムシロクラス（沈水植物群落）
- ウラギクラス（塩沼地植生）
- ハマボウフウクラス（砂丘植生）
- フジアザミ—ヤマホタルブクロ群集他（火山植生）

代償植生

- コナラ・ミズナラ群落
- シラカンバ群落
- アカマツ植林
- クロマツ植林
- スギ・ヒノキ植林
- カラマツ植林

この「日本の現存植生図」は写真集『日本の自然』下巻（国際情報社刊）よりコピーしたものである

宮脇昭・奥田重俊　協力・上野節子
横浜国立大学環境科学研究センター
1975年1月、東京

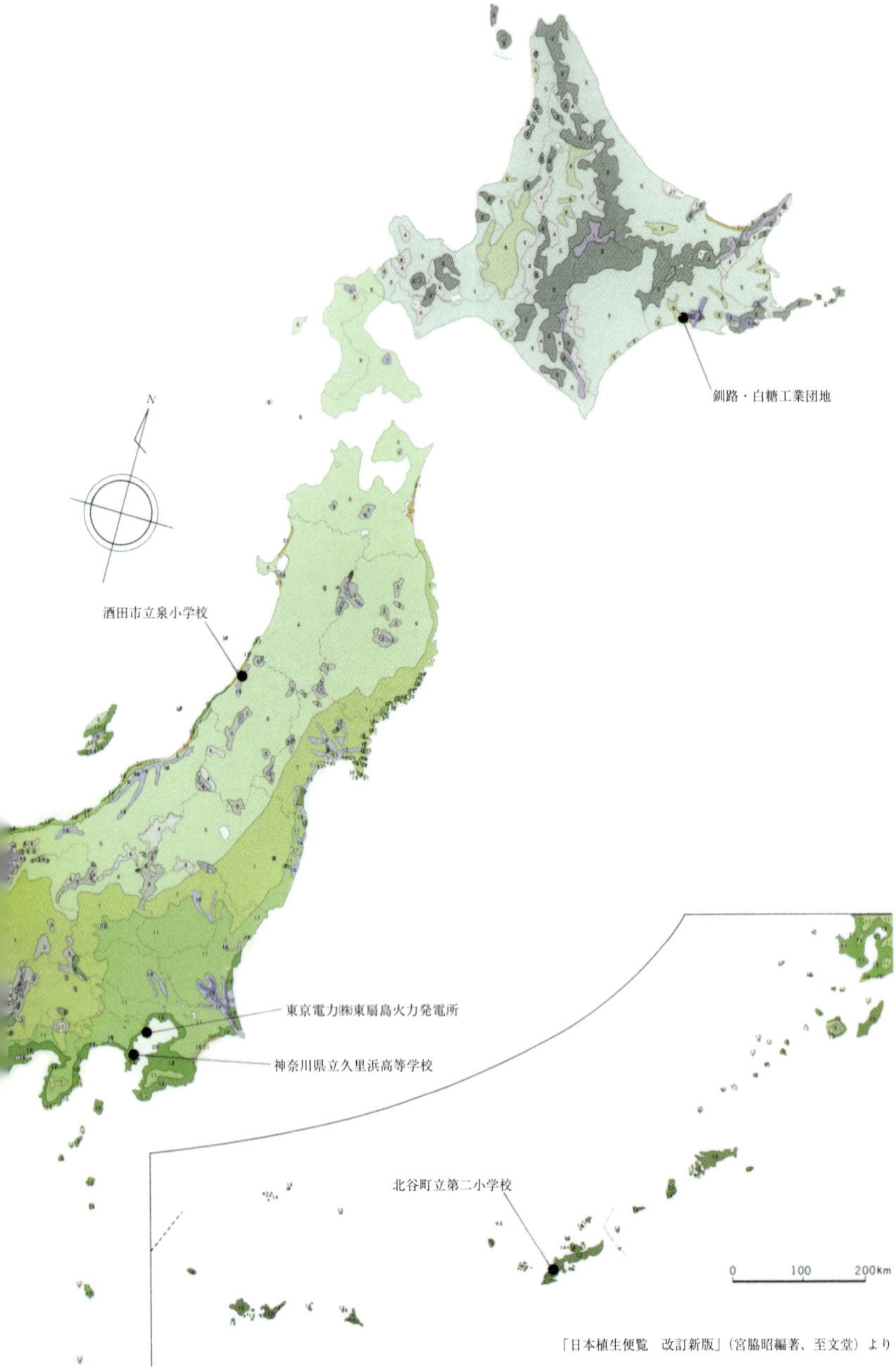

「日本植生便覧　改訂新版」（宮脇昭編著、至文堂）より

日本の潜在自然植生、様々な環境保全林の位置

宮脇・奥田・藤原・鈴木・佐々木、1994「日本の潜在自然植生図」に加筆

凡　例

コケモモ―トウヒクラス（高山、亜高山帯）

- コケモモ―ハイマツ群団（コマクサ―イワツメクサクラス他の高山草本植物群落を含む）
- エゾマツ群団（エゾマツ―トドマツ群集他）
- シラビソ―トウヒ群団（シラビソ―オオシラビソ群集他）
- ダケカンバ―ミヤマキンポウゲクラス（ウラジロヨウラク―ミヤマナラ群団も含む）

ブナクラス（夏緑広葉樹林帯）

- オオバボダイジュ―ミズナラ群落他
- チシマザサ―ブナ群団（ヒメアオキ―ブナ群集、マルバマンサク―ブナ群集、クロモジ―ブナ群集）
- スズタケ―ブナ群団（イヌブナ群落、ヤマボウシ―ブナ群集他）
- ハルニレ群団およびサワグルミ群団
- ツガ群団（コカンスゲ―ツガ群集他）
- アカマツ群団（ヤマツツジ―アカマツ群集他）

ヤブツバキクラス（常緑広葉樹林域）

- シラカシ―アカガシ群団（シラカシ群集、シキミ―モミ群集、イスノキ―ウラジロガシ群集他）
- イズセンリョウ―スダジイ群団（イノデ―タブ群集、ホソバカナワラビ―スダジイ群集、ミミズバイ―スダジイ群集他）
- リュウキュウアオキ―スダジイ群団（ケナガエサカキ―スダジイ群集、オキナワシキミ―スダジイ群集他）
- ナガミボチョウジ―クスノハカエデ群団
- シャリンバイ―ウバメガシ群団（トベラ―ウバメガシ群集、マサキ―トベラ群集他）

各クラス共通

- ハンノキクラス、オノエヤナギクラス
- ツルコケモモ―ミズゴケクラス（高層湿原）
- ヨシクラス（低層湿原）
- ヒルムシロクラス（沈水植物群落）
- ウラギククラス（塩沼地植生）
- ハマボウフウクラス（砂丘植生）
- フジアザミ―ヤマホタルブクロ群集他（火山植生）

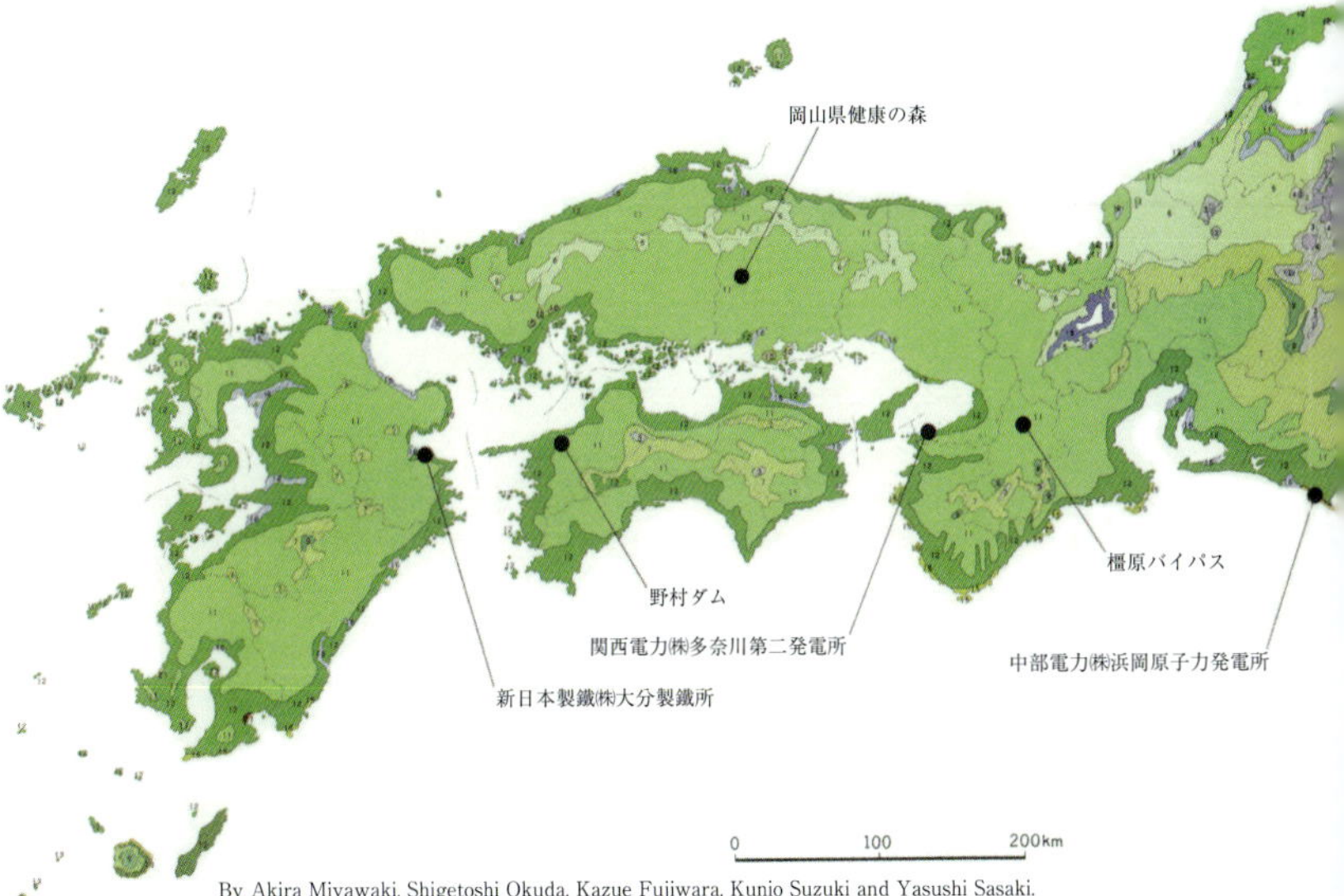

By Akira Miyawaki, Shigetoshi Okuda, Kazue Fujiwara, Kunio Suzuki and Yasushi Sasaki.
Inst. Environmental Science and Technology, Yokohama National University

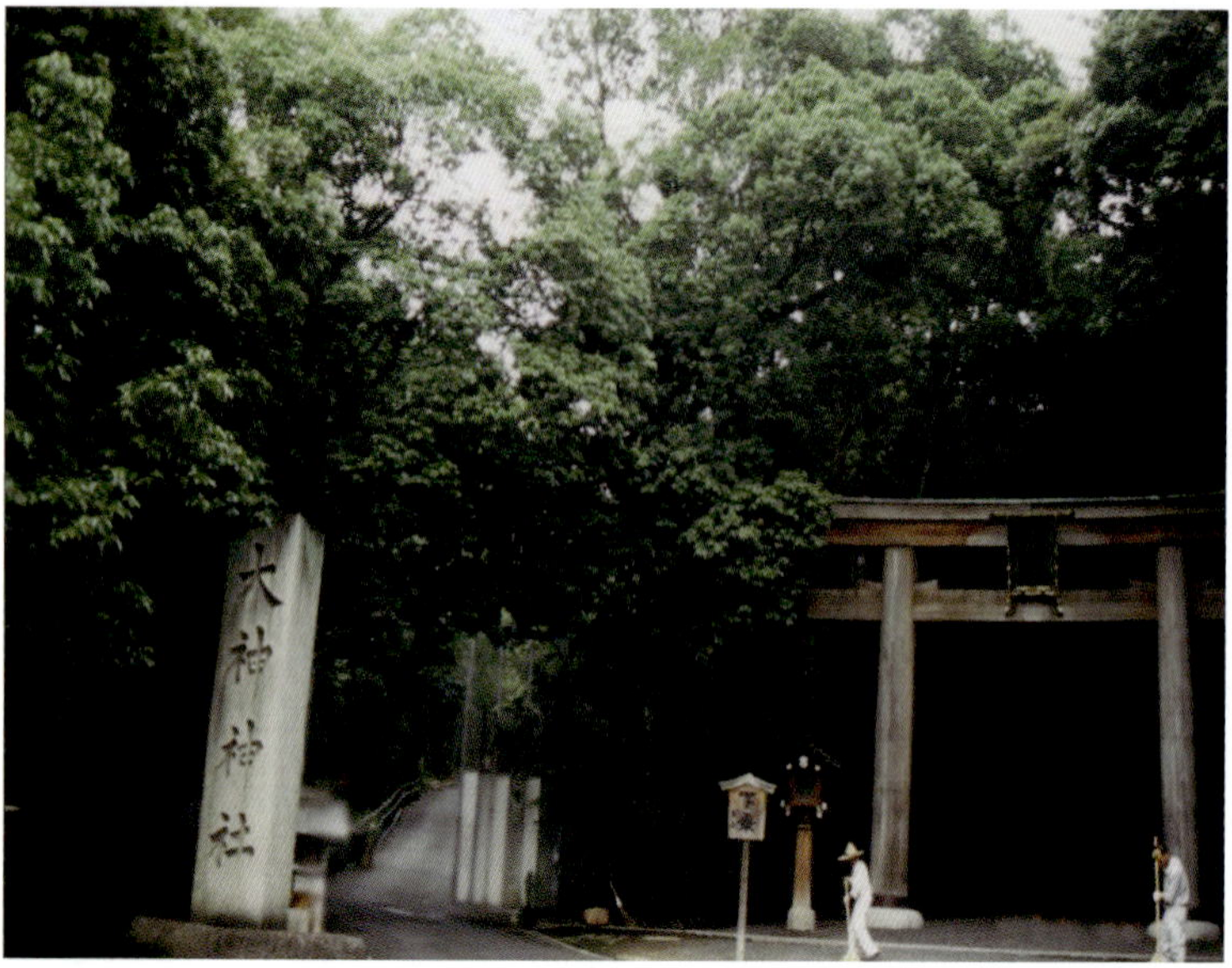

日本各地で「鎮守の森」は残されてきた（奈良県・大神神社）

愛知県一宮市・妙興寺の「鎮守の森」

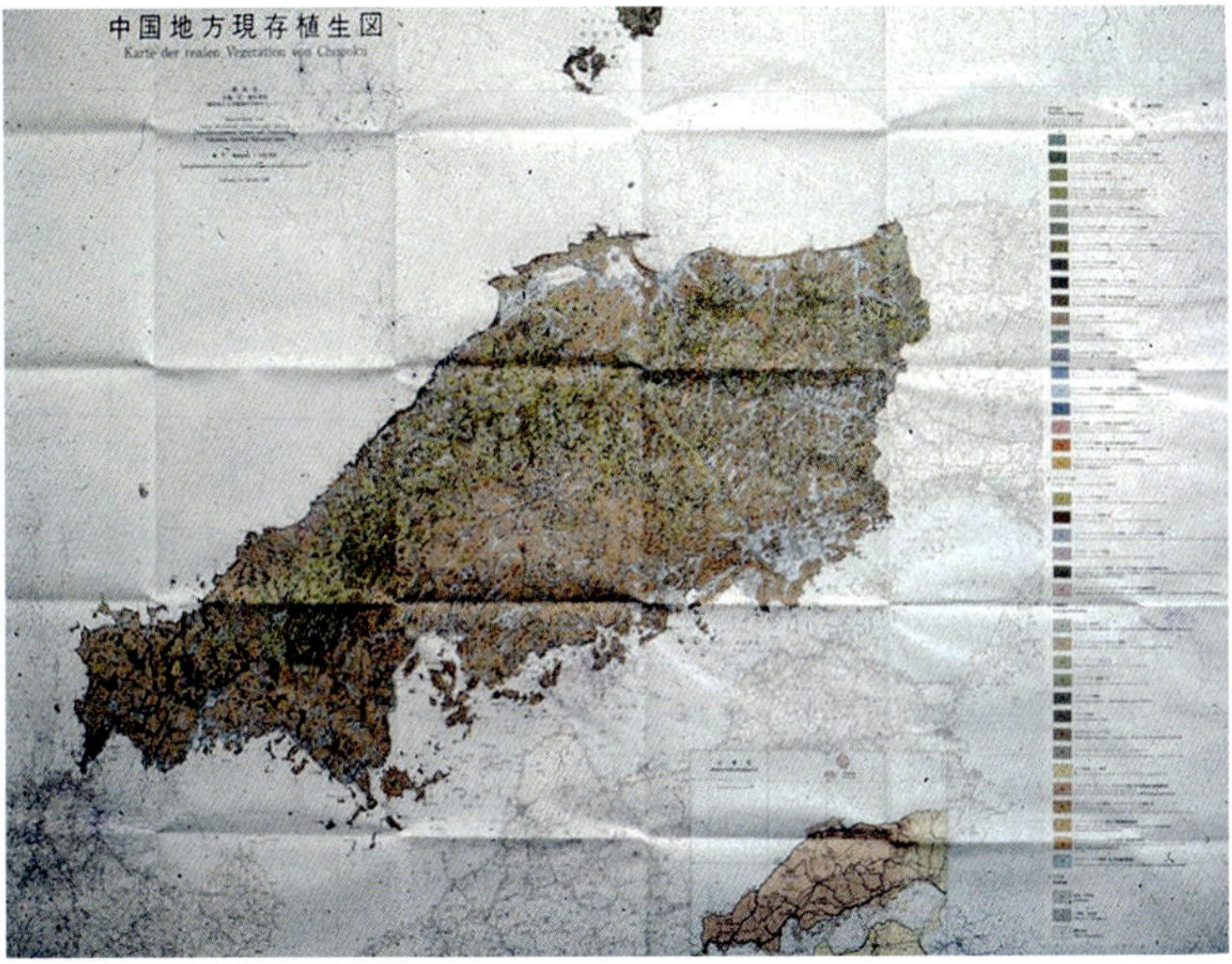

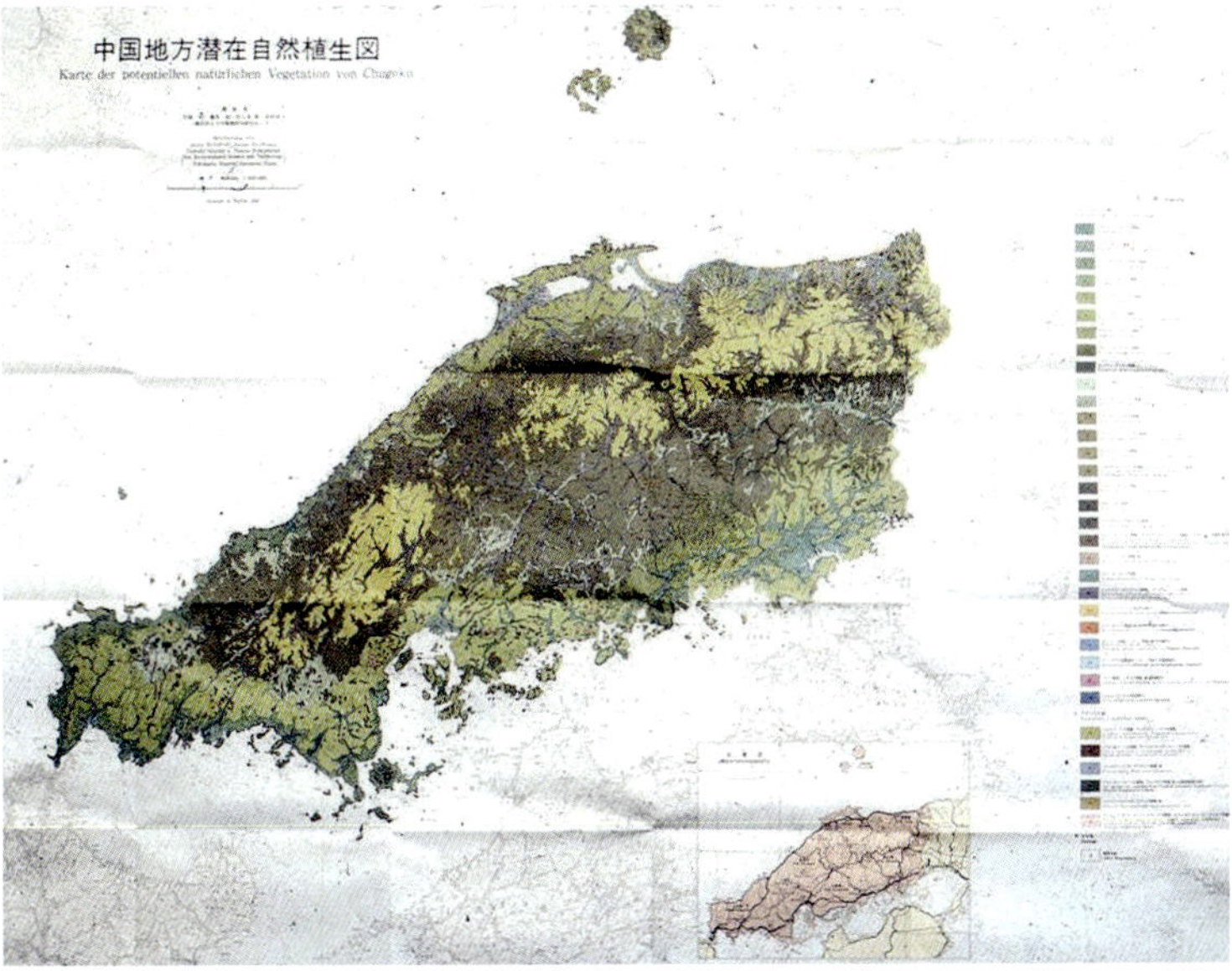

中国地方の現存植生図、潜在自然植生図の比較

住宅群やコンクリート砂漠にも、小さな樹林が自然のかすかな本物情報を発している

「いのちの森づくり 2020」（事務局・出雲大社相模分祠内）
2019 年 4 月 14 日、秦野市で行われた「宮脇昭復活植樹祭」

今なぜ、木を植えるのか――「はじめに」にかえて

緑の植物からなる森は、生態系の中の唯一の生産者です。それに対して人間を含めた動物はすべて消費者であり、緑の植物に酸素と栄養源を頼っています。どんなに科学・技術を発展させ、富を手に入れても、私たち人間は他の動物と同じように、緑が濃縮している森に依存して生きています。

土地本来のふるさとの木によるふるさとの森、すなわち日本人が四千年来自然を敬い、自然と共に生きてきた日本の英知、鎮守の森（今日では世界共通語となっているCHINJU NO MORI）は、私たちの生存基盤です。

本物のいのちの森づくりは、混植・密植し、色々な種類がお互いに競争しながら少し我慢して共に生きる、自立的な生物社会の構築を目指します。このような生物多様性に富んだ土地本来の森であれば、台風・地震・大津波にも耐えられます。長い時をかけてその土

地のあらゆる条件に耐えて生き延びている高木、亜高木、低木、下草の多層群落を形成し、土の中のカビやバクテリアまでが、一つの生態系というシステムとして成立、機能している土地本来の森を再生することです。生物が生産・消費・分解の仕事をして、生態系のシステムを回復させ、環境を安定させて維持する森づくりです。

二〇二〇年には、オリンピック・パラリンピックという大イベントが日本で開催されます。オリンピックの理念は、人類にとってとても大切であり尊重すべきことです。しかし、負の側面では多くのエネルギーを消費し、二酸化炭素を排出します。

地球温暖化の問題は、人類が未来を健全に生きのびるために、国境を越え、民族・宗教などのさまざまな枠を越えて、今すぐみんなが取り組まなければならない課題です。私達は、現在の豊かな生活を維持するために、毎日化石燃料を燃やして二酸化炭素を排出しています。人間活動が活発になり、産業・工業が発達して、市民の生活が豊かになることもない、排出される二酸化炭素の量も急増します。二〇二〇年には、イベントにより多くの二酸化炭素が排出されます。

二酸化炭素を減らす最も確かな方法は、徹底的な発生源や省エネ対策と共に、もう一度、土地本来の生物多様性を育む強い森を再生し、炭素を、木に、森に閉じ込めることです。日本の一億三千万人が、世界の七〇億人が、四年に一度のオリンピック・パラリンピックという大イベントを契機に、一人三本、一〇本と植えて、自分の足元から森をつくったらどうなるでしょう。

数百年・数千年続く土地本来の木を植えることは、今すぐ、どこでも、誰でもできる積極的な地球温暖化対策です。他の様々な二酸化炭素の発生源対策とともに、一人ひとりが真剣に取り組むことです。行政、企業、国際機関、地域の各団体、NPO、NGOが森づくりの舞台監督、主役は小・中学生の皆さんから壮年・熟年の人たちまですべての市民です。ともに額に汗し、大地に手を触れて、足元からいのちの森をつくっていきましょう。

あなた自身とあなたの愛する人、あなたの隣人と、そして、人類を支えているすべての野生生物が共に生きのびるためです。土地本来の森をつくることは、生態系(エコシステム)を地域から地球規模で維持し、人類がこの緑の惑星、地球で未来に向かって生きのび、着実に発展する、もっとも的確で正攻法の手段であります。ともに、足元から、今すぐ木を植えましょう。

二〇一九年四月

宮脇　昭

＊「いのちの森づくり２０２０」パンフレットより
事務局・出雲大社相模分祠　草山清和

いのちの森づくり　目次

I　わが人生

第一章　中国山地の農家に生まれ育つ――幼少期～新見農林学校時代――　19

いのちの森づくり

宮脇昭　自伝

凡例

一、肩書等は、初出時から変更になっている場合もあるが、そのままとしている。
一、初出等の出典は、各部の扉裏に記している。

I　わが人生

＊「わが人生」は、宮脇昭が自らの半生を綴った『神奈川新聞』全六三回連載（二〇一三年十二月二日〜二〇一四年二月二十八日）をもとに、大幅に加筆・修正したものである。

第一章　中国山地の農家に生まれ育つ
――幼少期～新見農林学校時代――

なぜ〝いのちの森づくり〟にこだわるか

私が世界各地で〝いのちの森〟づくりを進めるのは、土地本来の〝本物の森〟がもつ、防災・環境保全機能を持続させる力を確信しているからだ。この力は、すべての人の、いのちと心身ともに健全で豊かな生活を守ってくれる。

われわれ人類は、科学や技術を驚異的に進歩させた。宇宙ロケット、超高層建築、高速

2009年3月、鹿児島県霧島市の植樹体験会にて

道路や新幹線、コンピューター、携帯電話など、私の子ども時代から見れば、夢そのものである。

そこで使われるのは石油化学物質、セメント、金属などの「死んだ材料」を扱う技術だ。

いのちに対しては、最高の医学を世界中から集めても、世界七〇億人の、ただ一人でも、千年、いや二百年でさえ、生き続けさせることはできない。雑草一本、虫一匹、死んだものを生き返らせることは、絶対にできない。

「いのちを守る」ということにおいては、現代の科学・技術・医学は、まだ極めて不十分だ。かけがえのない私たちのいのちを守り、遺伝子を何千年も伝え続けることがいかに大事かを、今こそ再確認すべきだ。これは私にとって最も重要な課題である。

二〇一二（平成二十四）年七月、皇居で、天皇、皇后両陛下に私の植樹活動についてご説明させていただいた際にも、このことを強調した。「いのちを守り、本物の緑豊かな国土を守るため、私たちは、植物生態学的な知見に基づき、自ら額に汗し、手を大地に接して、小さな苗を植えていく。その成果とノウハウを世界に発信していきたい」と。さらに続けて「私は今後もがんばります。生物学的には、人間の生きられるポテンシャルは、女性は百三十歳、男性は百二十歳」と申し上げると、皇后さまがほほえみながら、天皇陛下の方をご覧になった。

病気がちだった幼少時代

私は、子どものころは病気がちで、きょうまで生きてこられたのが不思議なくらいである。四歳の時、脊椎カリエスにかかった。脊椎の一部が結核菌に侵される病気だ。母は私を、汽車で何時間もかかる岡山医科大学（現・岡山大学医学部）の病院に連れていった。その医師から「かわいそうだが、この子は二十歳までは生きられないだろう」と告げられた、という。

私の生家は岡山県中西部の川上郡吹屋町大字中野（現・高梁《たかはし》市成羽町中野）にあり、一番近い鉄道駅は、伯備線の備中川面《かわも》駅。伯備線は、岡山県の倉敷市と、鳥取県の米子市を結ぶ単線の鉄道である。この駅に行くには、まず一時間ほど歩いて宇治村《うじそん》へ。そこから一日二便のバスに一時間近く揺られなければならない。

その苦労をいとわず、母は私を連れて大学病院に通った。一日中働いても日当四十銭という時代である。おかげで津田先生という優れた外科医に診ていただくことができた。母はその後、折に触れて「おまえは津田先生のおかげで今、生きているんだよ」と語った。やがてカリエスは治ったが、大人になっても、手足が大きい割に背が低いのは、この病気のせいだろう。

数年前、医療法人社団良友会が運営する山陽病院（岡山市）に、植樹のための現地植生調査の指導に出向いた。この病院は、「心の健康は内と外から」という考えから、院内で「いのちの森づくり」を進めている。植樹には病院スタッフ、動ける患者の方々、地域の方々も参加した。その後、三年かけて一万二千本の幼木を植え、今では、木の高さが七メートル以上に達しているそうだ。

岡山市中区の山陽病院で行われた2回目の植樹。右から2人目が著者（2011年3月）

この病院の中島良彦理事長に、私が幼いころカリエスになり、岡山医科大学（現・岡山大学医学部）の津田先生という医師に診てもらった、という話をした。すると、「私の先輩です。津田誠次先生という、有名な外科医です」との返事。

津田先生は一九二五（大正十四）年から五八（昭和三十三）年までの三十三年間、岡山医科大学第二外科教室の主任教授を務められた。理事長は、直接指導を受けたことはないが、医師としてもお人柄も優れた方だという評判は、大学で聞いていたという。

偶然にも、私にとっていのちの恩人ともいうべき方のことが詳しく分かり、うれしかった。素晴らしい医師に診てもらえたことを、あらためてありがたく感謝している。そして母の深い愛も感じた。私を何とか治そうと必死だったのだろう。だからこそ、津田先生という名医にもお会いできたのだ。

六歳で亡くなった妹

しかし、その母でも助けられなかったいのちがある。

私のきょうだいは兄が三人、弟が二人。そして妹が一人いた。京子といい、たった一人の女の子として、わが家の宝のように大切にされ、すくすくと育った。

京子が六歳の時、暮れの十二月に高熱を出した。私たち兄弟は「熱が出たら冷やさなくては」と、谷川の冷たい水をくんだり、せせらぎに張った氷を取ってきたりして、京子を冷やし続けた。あくる日の昼ごろ、四里（約一六キロ）ほど離れた成羽町から、ようやく医師が歩いて来た。京子を診ると、「これは肺炎だ。肺炎は温めなければいけなかったのに。もう手遅れです」と。

熱が出てからふた晩ほどで、あれほど元気だった京子は息を引きとった。京子のかわいい笑みは、九十年たっても、いまだに忘れられない。私たちの集落にもし医師がいたら、助かっただろう。

葬式のため掃除をしていた父が「まさか今、娘の葬式をしなければならないとは」――ぼそりと漏らした。一つ間違えば消えてしまういのち。そのはかなさと大切さを、このとき思い知った。

今、いのちを守るために、われわれは何ができるか。私は木を植えて、外からいのちを守る。内から守ることができるのが医学だ。そのほかの科学・技術も、いろいろなやり方で守る。さらに政治や経済を含め、あらゆる分野の活動が、最終的にはいのちを守ることに結び付いている。

だから、各分野で努力されている多くの方々の姿を見ると、大変感動する。そして、こうした努力について、広くみなさんに知ってほしいと願っている。

農家の草取りの苦労を見て育つ――「雑草」との出会い

私は一九二八（昭和三）年一月二十九日に生まれた。わが宮脇家は、地元（現・岡山県高梁市成羽町大字中野）で代々続く農家の本家である。

中国山地の南側、海抜四〇〇メートルに位置する私の家は、段々畑に囲まれていた。一番近い隣家は、谷を二〇〇メートルほど下ると、かすかに見えるほど離れていた。

父、和吉は、宮脇家と同じく古い農家の高田家に生まれ、宮脇家の本家に男子がいなかったので、本家の娘と結婚して養子に入った。その妻が三人の男子をもうけて亡くなり、私の母、常子と再婚した。

母は高梁市の中心部出身である。実家は松永といい、雑貨屋のような店を営んでいた。農家に嫁いで、初めはつらかったようだ。父にとっては四男になる私、さらに二人の弟と妹（六歳で早世）を産み、この子たちが大きくなるまでは、と耐えていたのではないか。

幼いころ、体が弱かった私は、外で飛び回って遊んだ記憶がない。家の二階に寝かされ、

岡山県高梁市の現在の生家

ぼんやり外を眺めることが多かった。

あのころの農家は朝四時ごろ起きて、柴刈《しばか》りに出掛けた。牛小屋の敷き草や田畑の有機肥料などにする目的で、暑くなる前、朝飯前のひと仕事として行われていた。

山とは、集落の周りの里山。何百年も昔から、人が燃料を得るため、二十年に一度ぐらいの割合で伐採。普段は小枝を切り落とし、下草を刈るなどして、人工的に維持されてきた「生産林」である。

多くの農家では牛を飼い、刈り集めた小枝の運搬、田畑での農耕などに使っていた。私も学校に上がる前は時々、牛の背に乗せられ、里山の作業に連れて行かれた。草刈りに追われる農家、草はいっぱいあって、背丈ほどのネザサに朝つゆがついていた。

四歳の時、帰りの下り坂の途中、大きなカキの木があり、横枝をよけたつもりが不器用で、私のおでこに当たり、牛から転げ落ちた。その下にゴツゴツした石があり、当たって額から大量の血が出た。父がタオルでおさえてくれた。

中野地区には診療所などもなく、たいした処置はしなかった。傷痕が今でも残り、若いころは「この傷のせいで女の子にもてないのかも」と、長い間、眉間の傷を恨んだものだ。

農家の人たちは、柴刈りから戻ると朝食。その後は田畑に出て雑草を取る。昼食後、暑い時期には昼寝をしていたが、日が傾くとまた草取りをする。春先にはブヨやヤブ蚊が出るので、腰にぼろ布を細く絞って編んだものを下げて、びくを腰に巻いていた。先に火を付けると少しずつ燃えながら煙が出て、虫よけになるのだ。田植えは地域の共同作業だった。それから二週間もたつと、また雑草が姿を現し、農家は草取りに追われた。

こうした光景を見ながら思っていた。「お百姓さんは朝から晩まで草取りばかり。毒をかけないでも雑草を除くことができれば、もっと楽になるだろうに」

その思いが体に染みこみ、後に広島文理科大学(旧制)で、研究テーマに〝雑草生態学〟を選ぶことになる。

粗食だったが元気だった

私が生まれた地区は、中国山地の南側、海抜四〇〇メートルで、川がない。せせらぎはあったが、人が泳ぐような流れはない。したがって、このあたりでは水泳は全くできない。魚が捕れないから、食べる魚といえば、日持ちするカツオ節かイリコだけだった。せいぜい、喉に刺さるような、たっぷりの塩をまぶしたイワシぐらい。生魚は「無塩《ぶえん》の魚」と呼ばれ、貴重だった。

一里（約四キロ）ほど山を下った宇治村には、一年中、鮮魚商が来ていたようだ。われわれの集落には十一月末ごろ、寒くなって魚が傷みにくくなると、上がってくる。

このころ、わが家近くの「御前《おんざき》さん」と呼ばれた無人の神社（現・中野神社）で秋祭りが行われた。その時には酒盛りがあり、タコの酢の物やハマチの刺し身など「無塩の魚」のごちそうが出た。

どこの家でもニワトリやウサギを飼っていて、それを食べることもあった。

生家近くの無人の杜「御前さん」。植物生態学者としての原点となった鎮守の森である。左がウラジロガシ、右がアカガシ（岡山県高梁市成羽町中野）

ウサギは当時、満州（現・中国東北部）の軍人の防寒用として、毛皮だけを軍に納めた。年に一～二度、何か特別な時にしめて、その肉は農家で食べた。骨の部分も、「たたき」といって、周りに付いた肉片とともにコンコンと石槌でたたいてつぶし、肉団子にした。

わが家では田畑での栽培のほか、養蚕もしていた。春に出荷するのを春蚕《はるこ》、秋は秋蚕《あきご》といって年二回、父親は繭《まゆ》を町へ売りに行った。その帰りは必ず牛肉を一〇〇匁《もんめ》（約四〇〇グラム）買ってきて、晩はすき焼きになった。うちは家族が多いから、こんな量の肉ではすぐになくなる。母は私や妹、弟に、できるだけご飯をたくさん食べるように促した。すき焼き用に付いてくる脂身は、子どもたちで取り合いになった。今なら「健康に良くない」と止められるだろう。動物性脂肪をめったに食べない私たちには、大ごちそうだった。

母の妹で為子《ためこ》さんという叔母が、成羽町地頭《じとう》（現・高梁市）の造り酒屋の息子に嫁いでいた。裕福な暮らしをしていて、遊びに行くたびうらやましく思った。

この家で初めて洋食というものを食べた。「ライスカレー」だ。なんとおいしいものだろう。そのハイカラなイメージもあって、あの時の感動は忘れられない。

それに比べ、わが家の普段の食事は粗末だった。私の家や周辺の農家では、白いご飯は食べられなかった。わが家は少し恵まれていて米六大麦四ぐらいの割合だったが、ほかの家は米が少し混ざった麦飯が普通だった。おかずは、野菜にイリコとカツオ節ぐらいだった。おかげで、私は今でもご飯とカツオ節さえあれば満足する。家内には「あなたは何にでもカツオ節を掛けて、料理の味を損ねている」と注意される。こんな食生活でもみな、元気で、明るく夢を持って暮らしていた。

農作物の価格が下がる

私の通った中野尋常小学校は、自宅から歩いて五分ほどの場所にあった。家で病人が出るとか、何かあると小学校の電話を借りた。

一里（約四キロ）ほど離れた地区にある吹屋尋常高等小学校の分校で、六年生までの全校児童数は九十人前後。私の年はわりと多くて十八人ほどだった。

私のクラスで海を見たことのある子はいなかった。汽車に乗った経験があるのは、岡山の病院にかかった私だけだった。みな一年中、草履《ぞうり》履き。靴が高価だったからだ。

唯一の例外は広兼という家の子だった。代々庄屋で、江戸時代、銅山の経営と、ベンガラという、酸化鉄でできた赤い顔料の製造で富を築いた。私たちの住む中野地区の一角に、立派な石垣と楼門のある豪華な邸宅があつた。

私のクラスには広兼家の娘がいた。着る物も持ち物も高級で、家庭は教育熱心だった。先生は別格扱いだった。私の家は、経済的には中野地区で広兼家の次ぐらいに位置したが、

中野地区で“別格”だった広兼家の旧邸宅。現在は高梁市の指定文化財になっている（岡山県）

その差は天と地ほどあった。経済的な力はなかったが、周りの家からは一目置かれる存在だったのも確かだ。

多くの農家は、数少ない現金収入源として、小さな畑でコンニャクイモを栽培していた。収穫すると、洗ってスライスし、串に通して天日干しにする。乾いたものを荒粉《あらこ》といい、コンニャクの原料となる。

父は、荒粉の仲買もしていた。荒粉の価格は当時、日本で最も多くコンニャクイモを作っていた群馬県下仁田《しもにた》町の生産量と、東南アジアや中国からの輸入量との差で、相場が大きく動いた。ある時、荒粉の価格が、中国から安いものが大量に入って、大幅に下落した。それが原因で、わが家はあるところへの支払いが滞り、取り立て人が来た。たいした値打ちもないのに、家財道具に差し押さえの赤紙がベタベタと張られた。

その日、私や弟たちは、取り立て人が来るというので裏山に隠れた。マツタケの自生している松林で、不安な思いで家の様子を見ていたのを今も思い出す。

飼っている鶏がイタチやキツネに襲われることもあった。わが家の鶏小屋では、イタチが侵入し、数羽いた鶏をすべて殺してしまった。イタチの習性で、まず、獲物の喉をかみ切ってすべて殺し、あとで一羽ずつゆっくり食べるのだ。

どこの農家でも、作物があるから飢え死にはしない。だが、昭和初期に起きた恐慌の影響で、米をはじめ作物の価格が下がり、困窮していた。少しでも現金が入るように、自家用に栽培したキャベツや白菜も、できの良い大きいものはすべて大阪方面に出荷していた。

そういう話を見聞きして、当時の額で現金が千円あれば、農家はもう少し楽になるのに、と子ども心に思っていた。

小学校時代の級友たち

中野尋常小学校には先生が三人いたが、全員が代用教員。つまり、師範学校を出て教員資格を取った先生はいなかった。学級主任は、近所の伝教寺というお寺のお住職だった。私の担任の藤本文子先生は成羽町宇治村で、県立の成羽高等女学校を卒業したばかりで、緋色のはかまがよく似合った。宇治村（現・高梁市）の宇治村村社八幡神社の宮司さんの娘で、宇治村の家から中野小学校まで、毎日四キロの山道を上ってきた。大変だっただろう。

授業は、三学期の末に国定教科書の一学期分のあたりまでしか進まなかった。小学校六年を終えても九九の言えない子もいた。

当時、義務教育は、小学校が尋常科六年、尋常高等科が二年。その後、中学校や高等女学校へと進むことができる。しかし、中野尋常小学校の児童は普通、義務教育の高等科止まりだった。

小学校を卒業後、何十年もたって、久しぶりに故郷に帰ったら、かつての〝はな垂れ小僧〟が大工の棟梁《とうりょう》や左官職人の親方に就き、自信を持って仕事に励んでいた。

彼らを見ると、教育は知識を詰め込めば終わり、ではないという思いを強くする。大切なのは、一人一人の潜在能力をできるだけ引き出すこと。これは木を植えることにも通ずる。後年、ドイツに留学したが、ドイツ語の「教育」は「引き出すこと」の意である。

私は中野尋常小学校時代、病気がちで休みが多く、勉強した記憶もない。しかし、なぜか成績はいつも一番で、級長をやらされた。級長は先生が決めた。学校では「宮屋根《みやね》（私の家の屋号）の子は級長」などと決めているようにも思えた。成績のおかげで、学芸会の劇ではいつも主役に抜擢された。

一方、学芸会の最後に学級の全員で歌うときは惨めだった。音痴というのか、何を歌っても「君が代」か、「白地に赤く」で始まる「日の丸」のような、平凡な節になってしまうのだ。

一年生の学芸会前日のことだった。本番に向けた練習があり、私は一番前で一生懸命、大きな声を上げて歌った。

歌うことは求められても断るが、講演会の後のサインは気軽に応じる（岡山県高梁市成羽町で）

そのあと、担任の藤本文子先生に職員室へ呼ばれた。教師は三人だが、別棟に部屋があった。そこで先生は「アキラちゃんはお歌がとても上手ですね。明日の学芸会では、今日と同じように大きなお口を開けて、声を出さずに歌ってください」と言われた。

私は褒められたと思い、帰ると母に、「きょう、先生に唱歌を褒められた」と報告した。母は驚いたように、「何て褒められたの」。先生に言われた通りに話すと、「やっぱり、おまえの歌はもげちょる（外れている）」と。その時の母の悲しそうな顔が今でも忘れられない。以後、私は人前で歌わないと決めた。大学教員になり、謝恩会に呼ばれると、よく「先生、一節お願いします」と頼まれる。だが、文字通り一節も歌ったことがない。

実技以外の教科は一番だった

幼いころ、脊椎カリエスや腎臓病のため、外で遊び回った経験のない私は、唱歌と体操と武道（現在の体育）が苦手だった。運動会の五〇メートル走は、いつもビリだった。スタートでがんばっても、結果は変わらない。「こんな競技、なければいい」と思っていた。

中野尋常小学校では、実技以外の成績は確かに一番だったが、音楽と体育を入れると二番に落ちた。一番は、広坂君子さんという女子。広坂さんとは、二人で級長と副級長を交代でやったりした。いろいろあったが、中野小学校のころは楽しかった。

当時、小学校は六年生までの尋常科と、その後二年間の高等科があった。高等科までが義務教育だが、中学や県立の高等女学校に進学する場合は、高等科には行かない。

だが、吹屋から進学する人はわずかだった。私も中学には行かず、家から一里（約四キロ）ほど離れた、本校の吹屋尋常高等小学校に通うことになった。

同校は岡山県川上郡吹屋町大字吹屋《ふきや》（現・高梁市）、私たちが「吹屋町」と呼んだ吹屋地

岡山県指定文化財の吹屋小学校（旧吹屋尋常高等小学校）。昨年廃校になるまでは「日本最古の木造校舎」として有名だった

区に立地。分校は、私の住む大字中野と大字坂本の二カ所にあった。吹屋町の子どもは、尋常科六年間は本校を含む三校に分かれ、高等科になると統合された。

吹屋町は、昔から「ベンガラの町」として知られたが、ベンガラとは、酸化第二鉄を主な原料とする赤色の顔料。インドのベンガル地方から伝わったものだ。陶器や漆器、建物の塗料にも使われる。

吹屋小学校の周りには、ベンガラで壁や格子を赤く塗り、屋根瓦にも、同じような赤色の石州瓦《せきしゅうがわら》をふいた家が多かった。雨が降ると、ベンガラが地面に流れ出て、運動靴が赤くなった。

高等科に入る少し前だったか、両親は私を小学校教員にしようと考えた。体が弱いので、子どもたちと一緒に体操をすれば健康になるのではという期待もあったようだ。母には「がんばって早く先生になって、町で働いて、（農家で苦労している私を）迎えにきてほしい」と何度も言われていた。

小学校教員の資格を取るには、師範学校で学ぶ必要がある。当時の規定を見ると、師範学校の入学資格は高等科卒業だが、私の記憶では尋常科六年の時に師範学校を受験したように思う。

とにかく、地元岡山県の師範学校一校と、大阪にあった二校に願書を出した。ところが、三校とも不合格になった。体育・武道の成績が響いたようだ。

父は内心、よかったと思った。私を跡取りにという考えがあったからだ。私には三人の兄がいた。長兄の紀雄《としお》は体が弱く、童話作家を目指して上京し、戻る可能性は低い。次兄の唯雄は大阪の逓信省に勤務し、いつ召集されるか分からない。すぐ上の兄、亀雄は一九三八（昭和十三）年十月十日、中国内陸部の信陽で戦死した。

十一歳上の兄、亀雄が亡くなったのは、私が小学校五年のときだ。

戦死を知らせる電報は、分家に届いた。そこの奥さんが「大変だ、大変だ、亀ちゃんが」

と駆け込んできたのを鮮明に覚えている。

亀雄は伍長まで上っていたので、優れた軍人として町葬になった。うちの宗派は浄土真宗で、相当な立場にあるらしい僧侶が来て、立派な葬式が行われた。現役将校も何人か参列した。子どもだった私には、葬儀のにぎやかさがうれしくもあった。霊前には豪華な供物が並んだ。今と違い、甘いものがなかなか食べられない時代である。お供えの生菓子をこっそり食べた。

まだ太平洋戦争は始まっていない。吹屋町ですでに二、三人の戦死者が出ていたが、戦争末期と比べれば少ない。そういう時期だったから、あれだけの華やかな町葬ができたのだろう。

新見農林学校に進む

逓信省の職員だった唯雄は、当時はまだ大阪に勤務していたが、その後、徴用されて北京に赴いた。戦後、帰国したものの、体を壊して数年後に亡くなった。

新見農林学校の同級生と。左端が著者

わが家はそこそこの田畑を所有していた。それを守るため、父は、息子のうち誰か一人を家に残さなければと考えた。私の下に弟が二人いたが、まだ幼い。取りあえず私を跡取り候補にしたが、体が弱く横着者、つまり体を使うことが苦手なので、農業で生計を立てるのは難しいだろうと考えた。そこで父が思いついたのが、農業会の技術員である。

当時、農業会という、現在の農協のような組織があり、農家支援として農村の現場で技術指導なども行っていた。そこに、専門知識を持つ農業技術員が必要とされた。こういう仕事なら、町に出て行かなくても仕事に就ける。

岡山県には、こうした人材を育てるための県立農林学校が三校あった。その一つ、県立新見農林学校に進むことになった。一九四二（昭和十七）年、太平洋戦争が始まった翌年である。吹屋小学校からこの農林学校に進むのは、三年に一人ぐらいの割しかいない。そういう意味では、私は恵まれていた。

県北西部の新見町（現・新見市）にあるこの学校へ行くには、家から吹屋町を経て坂本地区まで約一時間半歩き、そこから新見行きバスに一時間ほど乗る。他の農林学校と比べれば近いが、通えないので学校の寄宿舎に入った。

生徒はみな男性。一学年二クラスで各クラス五十五人、合わせて百十人だった。

担任は戸田小一先生と言い、東京・麻布獣医専門学校（現・麻布大学）を出られた方だ。教員は農業系の専門家ばかりだったが、国語はお寺の住職が指導した。

「ゆく川の流れは絶えずして」で始まる鴨長明の「方丈記」などを、朗々と読み聞かせてくださったのが耳に残る。

寮生活と軍事教練

新見農林学校の寮（寄宿舎）は、食事はいつも一膳飯で、育ち盛りのわれわれには足りなかった。週末に家へ帰り、食べ物を持って戻ったが、みな、上級生に取り上げられた。教頭の森崎総右衛門先生は、寄宿舎の舎監もなさった。「体を鍛えて、立派な軍国少年になるように」と毎朝、食事前に乾布摩擦をさせられた。上半身裸で、力を込めて布で体をこする。水をかぶる冷水摩擦もした。おなかがすいているので、朝食前の運動はこたえた。

野外授業として、冬に学校全体で雪の中、ウサギ狩りをした。満州（現・中国東北部）の兵隊に毛皮を送るためだった。

ウサギの棲む山を生徒が取り囲み、ホイホイと叫びながら徐々に範囲を狭めてウサギを追い込む。その先に配属将校や猟友会の人が待ち受けて仕留めるという方法だ。毎回、二〜三匹の成果があったようだ。

皮をはいだ後、肉をどうするかは知らされなかった。生徒たちはウサギ狩りを終えた晩、暖房のない寮の部屋で寒さと空腹に耐えながら、「先生方は今ごろ、たたき（ウサギの肉と骨を砕いて肉団子にすること）にして食べているんだろうな」とうわさし合った。

軍事教練もあった。現役の陸軍中尉が指導に来た。私は、百十人の学年で、成績はトップクラスだった。人より勉強しているという意識はなかったので、成績を見て、自分でも驚いた。

しかし、休育は苦手だったので、教練では劣等生。実戦訓練ではいつも対抗軍に回された。突撃する兵士役の生徒に対し、陰にじっといて訓練用の銃をポンポンと撃つだけ、というふがいない役だった。

学校で何か行事があると、生徒が報国隊として隊列を組み、行進などを披露した。そのときは成績順だったため、私が隊長をやらされた。配属将校からは「君、できるんだね。教練では対抗軍なのに」と驚かれた。

新見農林時代の友達とは、その後も長く付き合ってきた。一九四二（昭和十七）年から四五（昭和二十）年、太平洋戦争の真っ最中という厳しい時期に、生活を共にしたことが、絆を強めたのだろう。

三年生になり、卒業後のことを考える時期が来た。担任の戸田先生から「君の成績なら、高等農林に入れるが」と勧められた。農林学校などの教師を養成する上級学校だ。

当時、高等農林を出たばかりで、新婚の先生がおられた。午後三時ごろには仕事を終えて、銭湯に行くところをよく見かけた。「農林学校の先生はのんびりできていいな」。その様子にひかれて、高等農林に行こうと決意した。ほかにも何か理由があったのか。本当のところはよく覚えていないが、就職しないでまだ学生でいたいと思っていたのは確かだ。

第二章　戦中・戦後に生きる——東京農林専門学校時代

試験日に東京大空襲

高等農林学校は岡山県内にはなく、近いところで鳥取、三重、岐阜、宮崎の各県。山口県には獣医畜産専門学校があった。遠くは岩手、そして東京だった。当時の私にとって、町といえば、歩いていく吹屋、大きな町は、列車で行く高梁市中心部か岡山市中心部。大阪となると大都会だ。東京は今の感覚なら海外、いや宇宙に近かった。

それでも、せっかく岡山を離れるのなら、東京に出たい。〝未知の国〟東京で勉強したいと願った。

現在の東京都府中市にあった東京農林専門学校（現・東京農工大学）は、もとは東京高等農林学校といい、農林学校の教員養成とは別に、中学校など中等教育機関の生物科教員の養成科を臨時に併設していた。若い先生が戦地に出征するため、中学校、高等小学校、師範学校（当時）の生物科の数名が退職などになっていたためだ。ここに入れば、農業以外の道も開ける。親の意向で農業系しか選択できない私にはうってつけだった。

東京の学校を受験したいと言うと、家族は「そんな危ないところに行かなくても……」と反対した。

一九四五（昭和二十）年の冬の話だ。東京周辺が米軍の爆撃をたびたび受けているという情報は、岡山にも伝わっていた。それでも私は東京に行きたくて、意志を通した。

二月半ば、入学試験を受けるため東京へ向かった。だが途中、東海道本線の名古屋駅近くで空襲があり、列車が動かなくなった。車内で四〜五時間待たされた揚げ句、引き返した。帰ってがっかりしていると、担任の戸田小一先生が「こういう時期だから、ひょっとしたら再試験させてくれるかもしれない」。先生が問い合わせたところ、再試験をしてくれるという。

今度は東海道本線を避けて、伯備線で日本海側へ出て、山陰線、北陸本線を回り、新潟の方から関東へ入った。

埼玉県の浦和に長兄の紀雄が住んでいて、駅まで迎えに来てくれた。兄の家に着いた日は三月九日、試験は翌日午後一時からだった。三日ぶりに風呂に入り、兄嫁の尚子《なおこ》さんの精一杯の手づくりの温かい夕飯をいただき、眠りについてまもなく、その夜中に空襲警報が鳴った。ドカンドカンと大きな音がとどろき、東京方面の空を見ると、真っ赤に染まっている。これが、死者十万人以上とも言われる一九四五年三月十日（九日未明）の東京大空襲だ。

これは大変なことになった。でも、今回は何としても試験を受けに行きたいと考えた。兄夫婦の家の隣に、兄嫁の兄が住んでいた。東京都交通局長で、やはりどうしても出勤しなければならない。この義兄と私、そして兄の紀雄の三人で、歩いて東京に出ることにした。防空頭巾《ずきん》を被り、巻脚半《まききゃはん》（ゲートル＝布を巻いて脚を保護するもの）を着け、水筒を携え、線路の上を歩いた。道路は倒壊した遺物やがれきでとても歩けなかった。途中、何度も黒焦げのご遺体に出くわした。真っ黒に硬直していた。気持ち悪いとか、怖いとかいう感情は起きない。踏まないようによけて通るだけだった。試験を受けたい。それしか頭になかったのだ。

合格、担任は大賀一郎先生

東京大空襲があった三月十日、浦和から東京に向かうと、都心から西へ向かう中央線は一〜二時間に一本ぐらいの割で走っていた。それで国分寺まで行き、そこから府中の東京農林専門学校まで三十分ほど歩いた。

学校に着くと、教務課長に「よく来たね」と迎えられた。後で聞くと岡山県の出身だった。そのせいか、私のことをよく気遣ってくださった。

教務課長の話では、私が目指した生物科教員の養成課程が不足しており、全国から、定員三五人のところ、全国から六百六十人もの志願者があったという。当時、生物科の教師が不足していたので、この課程の卒業者は徴兵が延期になっていた。それで志望者が多く、人気が高かったらしいと、後日うわさ話に聞かされた。

正規の入試で、三十五人を採るべきところ、なぜか三十四人しか採らなかった。「ひょっとしたら、君、受かるかもしれない」と言われた。その日、一人で国語、数学、英語、理科の筆記試験を受けた。その後すぐ臨時教授会にかけられ、夕方五時半、合格と告げられた。とてもうれしかった。

腹が減ったので、校内の食堂に行った。そこでうどんをゆでていた山梨出身の雨宮平八郎さんという男性が親切にしてくださった。一緒に学校まで来て、先に帰った長兄が、食堂にもあいさつをしていったらしい。

学校の寄宿舎は満員なので、下宿先を探さなければならなかった。その話をすると「それなら、うちに来なさい」と言われた。家は中央線立川駅から五分ほど、現在の立川市柴崎町にあった。瀟洒な家で、円い出窓のある応接間を貸してくださった。学校までは立川から国分寺まで電車で行き、その後歩くので四十〜五十分かかった。

雨宮さんは、高等女学校に通う、歌子さんという娘さんと二人暮らしだった。雨宮さん

東京農林専門学校の担任で、古代ハスの研究者としても有名な大賀一郎先生

は帰りが遅い。夜は毎晩のように空襲警報が出たので、庭の防空壕で私と高等女学校三年生の歌子さんが二人きりになることが多かった。私は田舎から出てきたばかりで、女性の気を引くような才覚も度胸もない。歌子さんも無口でおとなしい。この家に三カ月ほどいたが、何もなかった。

学校では、古代ハス研究で有名な大賀一郎先生が、担任のような形で付いてくださった。戦後、二千年以上前のハスの実から開花させた「大賀ハス」の発見者として、広く知られた方である。岡山県出身で、東大卒の優秀な植物学者だった。戦前は満州（現・中国東北部）の大陸科学院で研究成果を挙げられたが、満州事変の後、帰国されていた。その後、しばらく研究職の仕事が見つからなかったようで、わが校など二～三の学校で講師を務めていたと聞く。先生はキリスト教思想家の内村鑑三の弟子で、ご自身も敬虔なクリスチャンだった。まだ戦争の最中に、「満州某重大事件」と呼ばれた一九二八(昭和三)年の張作霖爆殺事件について「あれはだめです。日本の軍部がやったのです」という話もされた。

軍国主義教育を受けて

東京農林専門学校の小出満二校長も立派な方だった。入学まもない四月十日ごろ、校長が学生全員を集めて、友人で、戦艦大和を率いた伊藤整一中将の話をした。戦艦大和が数日前、沖縄に向かう途中撃沈され、伊藤中将が戦死されたと語り、こう続けられた。

「これから日本は厳しい状態になるが、君たちは何としても生き抜いて、日本のあすのためにがんばりなさい。どのように日本を再建するか考えなさい」

われわれ学生は、当時のほとんどの日本人と同様に、日本が敗けるとは思っていなかった。いつか〝神風〟が吹いて奇跡が起きると信じていた。「校長は変なことを言うな」と同級生と言い合った。

われわれの考え方はまだ、軍事教練の配属将校に近かった。新見農林には現役中尉が来任していたが、東京農林専門学校に来たのは大佐。退役だったが、軍人魂のようなもののケタが違った。

「鬼畜米軍は必ず鹿児島県志布志湾に上陸、続いて帝都を目指して鹿島灘か九十九里浜に上陸する。君たちは大日本帝国を護る礎として、たこつぼを掘り、その中に爆雷を抱えて潜み、敵の大型戦車が来たら、爆雷とともに飛び込み爆破せよ」

その訓練では「一人一殺だ」などとあおられる。同級生はみな「やるぞ、やるぞ」と勢いづいた。私も、死ぬのは当たり前だと感じていた。少年のころは、どうせ死ぬのなら、敵の戦艦に体当たりして死ねたら本望、と考えることもあった。今考えれば精神的におかしいが、当時は軍国主義教育が徹底していた。私のような、山に囲まれた集落の子どもにまで、その思想を染み込ませた。教育とは恐ろしいものだ。ただ、私は、どんな過酷な戦いでも、一人か二人は生き残るのではないか、だったらぜひ、その一人に入りたいと内心思っていた。

五月二十九日の昼のこと。学校の農場で草取り実習をしているとき、南西の空が真っ黒になったかと思うと、空襲警報が鳴った。農場の小屋の屋根に上がって、黒い空を見ると、煙が一面に広がっていた。後でそれが横浜大空襲だと知った。

勤労動員では、府中から現在の東京都北区西ヶ原の農事試験場に通い、防空壕の穴掘りをさせられた。試験場近くの部隊から戦地に赴く兵隊が出陣するときには、われわれ学生は線路沿いの土手に並び、その隊列に旗を振って見送った。

下宿は立川駅近くの雨宮さんの家から、国分寺駅近くへ移った。「小柳旅館」といったが、実態は学生相手の下宿屋である。学校まで徒歩十五分ほどで通いやすくなったが、食べ物には不自由した。雨宮さんは、娘さんと私が不自由しないよう、ある程度の食材を確保し、料理もしてくれたが、それがなくなった。

毎日のように教練や実習、勤労動員があり、空腹がこたえた。

降伏前日、岡山への切符を手に入れる

下宿屋では同級生で、兵庫県姫路市から来ていた浄徳隆君と一緒だった。

八月に入っても、私たちは故郷に戻らず、下宿屋にとどまっていた。たしか授業もあっ

た。新型爆弾が広島と長崎に落ちたという情報も、どこかから入ってきた。

同じ下宿には、わが校以外に通う学生もいた。その中で、成蹊高等学校（旧制、現・成蹊大学）の学生と仲良くなった。考え方が自由で、女性の裸の写真が載った雑誌を見せてくれるような男だった。八月十二日か十三日ごろ、この男が、私と浄徳君が同居する四畳半の部屋に来て、「日本は敗けるから早く帰れ。学校なんかなくなってしまうぞ」と告げた。父親が枢密顧問官で、皇居での会議の様子をつかんでいるという。しかし、私たちは負けると信じられず、その話を無視した。

十四日になると、「あした、天皇陛下の降伏の発表がある。すぐ帰りの切符を買ってこい。早くしないと買えなくなるぞ」。

半信半疑だったが、あまりに強く言うので、浄徳君と京都出身の野田浩君と三人で中央線に乗り、東京駅に行った。八重洲口の駅舎は屋根がほとんどなく、柱しか立っていないような状態だった。切符売り場の前には大勢が並んでいた。われわれ三人はその列に連なり、徹夜した。その夜は暑かった。深夜零時ごろ、北の方の空が燃えているのが見えた。宇都宮か熊谷方面で空襲があったらしい。夜が明けるころ、ようやく私は岡山、あとの二人は姫路、京都とそれぞれ切符を買い、下宿に戻った。

すると「重大放送があるから、みんなラジオの前に集まれ」という連絡が入った。それを聞いて私は、「何があるんだろう。日本が勝ったのか、どこか占領したのだろうか」と思った。

学校に集まって聞いた放送は、「ガーガー」と雑音がひどく、よく分からなかった。その後、校長の小出満二先生から「日本は敗けた。学校は休校になるから君たちも帰りなさい」と告げられた。

このとき、数学の山崎不二夫先生は、当たり前のような顔をされていた。その前から戦争に冷めた見方をされ、「無駄な戦争などしないで、早く君たちが自分の研究ができるようになるべきだ」などと話されていた。山崎先生は、御専門は数学、農業土木で、後に東京大学名誉教授になられた。

休校が決まると、どうやって帰るかで大騒ぎになった。戦争が終わっても、ほっとしている間はない。すでに切符を買ったわれわれ三人は東京駅へ急いだ。列車はどれも満員だった。何でもいいから西へ行く列車に乗ろう。また、爆撃があるかもしれない——。ようやく乗ったのは屋根のない貨物列車だった。岡山まで二〜三日かかり、家に着いたころには、ふらふらになっていた。

戦後の食糧難

岡山の実家に戻ると、両親は喜んだ。近所ではうわさのタネになっていた。私が東京で何をしているのか、理解できないことが一因だった。農林学校ならまだ分かるが、高等農林とか農林専門学校でどんな勉強をするのか、想像もできないようだった。「宮屋根《みやね》（屋号）のアキちゃんが、高望みして、東京なんか行って」などと陰で言われている、と伝え聞いた。私に面と向かって、「自分たちと同じ百姓をするのが一番ええんじゃ。あしたから一緒に草を取ろう」という人もいた。

九月初めごろ、教務課長から「九月二十日より授業を再開するから、登校するように」という速達が来たので東京に戻った。

街は一八〇度、変わっていた。戦時中、中央線に白いマフラーをした若い航空隊員が乗っているこことがあり、女子学生の熱い視線を集め、私も尊敬の目で見ていた。その人たちが、敗戦後はすごみを利かせるアウトローの〝お兄さん〟になっていた。

新宿駅東口には闇市ができた。食糧難でいつもおなかがすいていたので、うどんやすいとんなどを食べさせる店は魅力的だった。「こんな高価なものがなぜ、ここに」と驚くようなものも売られていた。食べ物と交換に、さまざまなものが裏で流れていたのだ。

下宿の食事はひどかった。コメの代わりに、大豆から油を搾った後に出る大豆かすが配給になった。それをおかゆにしたものとか、イモといっても実でも茎でもなく、葉だけが入った塩汁ぐらいしか出なかった。

学校の裏の実習農場で、サツマイモを栽培していた。それを夜、友人と一緒に出掛けて、こっそり持ち帰った。下宿の同室の浄徳隆君が、持ち込み禁止だった電気コンロを隠し持っていた。それと飯ごうでサツマイモをゆでて食べた。

ある実習の日、「鬼軍曹」とあだ名された、農林助手の陶山《すやま》先生が農場のイモが減っているのに気付き、「下宿の者は手を挙げろ」と命じた。掲げられた手のひらや指はみな、黒くなっている。皮膚に付いたイモのでんぷんは、乾いて時間がたつと黒く変色し、なかなか落ちないのだ。先生に動かぬ証拠をつかまれて怒鳴られた。

同級生に、現在の青梅市にあった東京府立農林学校（戦後・都立農林高校）、通称「青梅農林」出身の奥富清君、宮臣満君、関塚昭明君がいた。彼らはみな、農業を営む実家から通っていて、麦入りご飯のおむすびや、出荷後に出るサツマイモのくずなどを、われわれに分けてくれた。あれでずいぶん助かった。彼らがくれた食べ物のおかげで、厳しい食糧事情の中、生き延びられた、と今も感謝している。

不注意から火事に

ある日の午後、下宿先の小柳旅館の部屋で、浄徳君と電気コンロでサツマイモをゆで、食べようとしていた。その時、五分ほど離れた下宿屋にいる、京都府出身の級友の野田浩君が呼びに来た。実家から餅などを送ってきたので一緒に食べよう、という誘いだった。ゆでたてのイモは浄徳君が新聞紙にくるみ、コンロと一緒に押し入れに入れて、二人で出かけた。友人の部屋でごちそうになっていると、小柳旅館の前に立つ火の見やぐらの半鐘がガンガン鳴った。外を見ると、小柳旅館が燃えている。あわてて戻ったが、もう火の手が回り、荷物を持ち出すことはできなかった。

焼け落ちた下宿の前で呆然としていると、ハンチング帽をかぶった男が二人、近づいてきた。

「宮脇昭君だね」

「はい」

「一緒に来てもらおう」

連れて行かれたのは府中警察署だった。取調室に入ると、浄徳君が先にいて、その前には焼け焦げた電気コンロが置いてあった。電気は消したのだろうが、まだ冷め切っていなかったので、イモをくるんだ新聞紙が燃えだしたのかもしれない。

二人でありのままを話した。終わると刑事が「今夜は泊まるところがないだろうから、一晩、泊まっていきなさい」と言う。私は宿直室かどこかで寝かせてくれると思い、「ではお願いします」と礼を言った。案内されたのは留置場だった。鍵をかけたとき、ガチャンと冷たい音がした。浄徳君とは別々になった。

相部屋で、先に入っていた男が私に、指を動かしながら「これか、これか」と尋ねた。入れられた原因は、盗みか女性問題かという意味だ。「火事だ」と答えると、「放火か」と言われたが、弁明せず黙っていた。部屋は、格子の入った扉と天井近くに小窓があるだけ。シラミだらけでかゆくてたまらない。一睡もしないでいろいろ考えた。これで一巻の終わりだ。終戦直後、実家に帰ったとき、近所の人から「高望みして」などと言われた。やはり東京でやっていくのは無理だったのか。帰って農業をやれば、父親が喜ぶだろうな――。

翌日、刑事に呼ばれて行くと、もう一人の担任の美濃部先生がおられた。何も言わず、にこにこして「じゃあ、宮脇君、浄徳君、帰りましょう」とおっしゃる。迎えに来られたのだ。あのときのうれしさは言葉に表せない。結局、不起訴になった。後で聞いた話では、取り調べの刑事の息子が、農林専門学校の獣医学科の学生だったという。そのことも幸いしたのだと察している。小柳旅館へ謝りに行くと、女主人に「どうしてくれるんですか」と責められたが、どうしようもない。やがて、前より立派な旅館が建った。火災保険か何か掛けていたのかもしれない。

たった一度だまされたこと

東京農林専門学校の夏休みと春休みには実家に帰り、家の農業を手伝った。春、稲の種もみをまく前には、牛に鋤《すき》を引かせて耕した。結構難しい作業だが、私はこれが得意になった。

当時の経験は、植物生態学者になった今も役に立っている。理学系の研究者はとかく理論先行で現場をよく知らないものだが、私は農業に理解がある、と農業系の研究者らに驚かれる。

休みを終え、東京に戻るときには、コメをリュックいっぱいの約一斗（一五〜一六キロ）背負って戻った。

東京までは、備中川面《かわも》駅までバスで行き、そこから伯備線で木野山から岡山に出て、山陽本線経由で大阪まで行く。この駅で東京行きに乗り換える際、三〜四時間待つ必要があった。指定席ではないので、席を取るため、おしっこ臭い駅の地下通路で並んでいなければならない。

あるとき、この通路でコメの入ったリュックに座っていると、若い男が二〜三人、学生帽をかぶった私に声を掛けてきた。

「学生さん、どこに行くんだ」

「東京です」

「まだ三時間もあるじゃないか。ここでじっとしているのはかわいそうだ。俺たちが荷物を見ていてやるから、ちょっと外の空気を吸ってこいよ」

なかなか律義な人たちだと思い、帽子を脱いでお礼を言い、リュックを置いて地上に出た。新鮮な空気を吸って戻ってくると、何もない。あわてて探したが、どこにもない。幸い切符は持っていたので、そのまま手ぶらで東京に向かった。

今になってみれば、食糧難の時期、見知らぬ人にコメを預けたらどうなるか、分からない方が問題と思える。当時の私はそれほど純粋、というか世間知らずだった。

だが、かつての日本では、待合室でたまたま隣にいた人に、「ちょっと、荷物を見ていてもらえますか」と頼んで、席を外すことは普通に行われていたと思う。人を思いやり、できるだけ親切にする。たとえ他人が見ていなくても、恥ずべきことはしない。そういうことが当たり前ではなかったか。戦争に敗けて、勝ったアメリカが日本から持ち去ったのは、物ではなく、日本人の魂だったのではないか。そんなふうに思うこともある。

コメを盗まれた体験は、私にとって生涯忘れられないこととなった。日ごろ「生まれてからこれまで〝この人は大丈夫〟と信じて、裏切られたことが一度もない」と公言しているのだが、たった一度、例外がある。それがこの事件だ。

だまされたことがないのは、信じられる人しか信じないからでもある。そしてもう一つ。〝この人〟と思ったら、こちらも一生懸命になる。そうすれば必ず、誠意をもって応えてくれるものだ。

第三章　雑草生態学から学問へ——広島文理科大学時代

母校の新見農業高校に就職

農林専門学校では、終戦までは教練や勤労動員などで、満足な授業は受けられなかった。終戦後、世の中が大きく変わり、勉強も本格的になった。

今、孫の世代を見ていると、食べ物でも何でも満ち足りてはいるが、あのころの私たちの方がある意味では恵まれていた気がする。希望があったからだ。希望に向かって、みな、まさに〝いのちがけで〟生きていた。私も、空腹に耐えながら勉強するうち、自分の世界が広がるのを感じた。

そもそも、私は地元の農林学校以外に就職する可能性に期待して、生物科教師の養成課程に入った。だが、当然ながらこの学校にはそのほかの課程もある。指導される先生の専門分野も、カリキュラム内容も幅広い。生物、生理、生態、植物分類、昆虫、病理、さらに英語やドイツ語と、さまざまな分野の授業を受けることができた。

先生も素晴らしい方々が集まっていた。大賀先生のように戦時中、中国から引き揚げたり、徴兵されて戦後、復帰したりするなど、戦争が関係してこの学校に来られた方もいた。いずれにせよ、知識、考え方、指導力などに優れた先生ばかりだった。

この学校に来て初めて、生まれ育った岡山県の枠を超える世界を見たという感じだった。勉強すればするほど、もう少し広い世界を見てみたい、できれば大学に進みたいという考えも浮かんだ。

そんなとき、母校の旧新見農林学校、学制改革で改称した新見農業高校から、「ぜひうちに来てほしい」という話が来た。母校から請われたことがうれしく、応じることに決めた。食べ物に苦労する東京から離れたいという気持ちもあった。同級生もほとんど、学校の教師になった。浄徳君は故郷の兵庫県姫路市立琴丘高校に就職した。

こうして一九四八（昭和二十三）年四月、二十歳のとき、教師として母校に就職した。校長は田原《たばら》博愛先生といい、教育者としても人間としても尊敬できる方だった。東京高等師範学校（現・筑波大学）出身で、新米の私には好意的だった。

「君は東京で勉強したから、英語もできるはずだ。生物だけでなく英語も受け持ってほしい」

英語も、という話には驚いた。生徒だったとき、鳥取の高等農林学校を出た先生が「ジス・イズ・ア・ペン」といったレベルの発音だったのを思い出し、納得した。

教員には、担任だった戸田小一先生をはじめ、かつての恩師が何人かおられた。その方々が、三年前まで教え子だった私を「宮脇先生、宮脇先生」と呼んでくださるのが何とも気恥ずかしかった。

植物の研究は、幼い頃の夢につながる

新見農林の生徒のときは寄宿舎（寮）に入ったが、今度は学校の近くに下宿した。農業高校から数百メートル離れたところに、県立新見高校があった。私が入った翌年、新見農業高校と合併した。戦前は高等女学校で、当時も女子生徒ばかりだった。かつて寮に入っていたとき、寮の上級生がよく窓の下を通る女学生を見て、「あの子がかわいい」とか何とか、楽しそうに話し合っていた。私は当時、そういうことには全く興味がなかった。

教師になると、新見高校の女子生徒が、時々、生物と英語を教わりに私の部屋へ来た。農業高校の体育の先生の紹介だった。私に「東京から来た優秀な先生」という評判が立てられたのと、若くて話しやすいということもあったようだ。別にやましいことはなかったが、下宿のおばあさん（主人）から「宮脇さん、部屋に女の子を入れちゃダメですよ」と注意された。

農業高校は男子生徒ばかりだったが、楽しかった。担任のクラスも持った。生徒は私と年が三歳前後しか離れていないこともあり、とてもなついてくれた。一緒に雑草を調べたり、田んぼのタニシを取り、煮て食べたりと、いろいろ楽しい体験も重ねた。純朴な生徒たちとのふれ合いが心地よかった。彼らとの経験は、その後の人生観にも影響を及ぼした。だが、何か物足りないと感ずるようになる。もう少し勉強したい。具体的には、植物について農林専門学校で学んだことを、もう少し深めたくなったのだ。そのため、大学進学の道を探るようになった。

後に、植物生態学者となり、人からよく「先生は根っから植物がお好きなのですね」などと言われる。だが初めから好きだったわけではない。ただ親の意向で仕方なく農林学校、農林専門学校に入り授業を受けるうち、植物の研究は私の幼いころの夢につながると気付くようになった。

一日中草取りをしている農家の人たちは、毎日草取りをしているから腰が曲がっている。そんな姿を窓から眺めながら、あの人たちの苦労を取り除きたい、もっと楽に仕事をさせてあげたいという願いが、私の心の奥までしみ込んでいた。植物に興味を持ったのは、好きだからではなく、生物的本能のようなものだった。

農林専門学校の学生時代には、植物分類学の助教授の平井文夫先生に連れられ、高尾山などで植物採集をした。ブリキ製の太い筒のような、胴乱《どうらん》と呼ばれる容れ物を担いで行き、その中に採取した植物を入れて持ち帰る。その後、また詳しく観察した。現場と理論を組み合わせたフィールドワークの面白さもあり、植物への興味も深める一因となった。

大賀一郎先生の生態学講義

植物に関する学問の中で植物生態学を目指した理由は、東京農林専門学校（現・東京農工大学）の担任をされた大賀一郎先生の影響が大きい。古代ハスの研究者として有名な先生は、東京大学大学院では植物細胞学を学ばれた。農林専門学校では植物学の担当だったが、生物全般に詳しく、とても博学な方である。

今、われわれが日常的に使う「エコ」は生態学の英語、エコロジーの略だ。一般の人は、省エネとかごみの削減など、人間が地球環境とうまくやっていくことを考えるとき、「エコ」

と言うことが多い。だが、本来の生態学の意味はもっと奥深く、幅広い。植物や動物が気候や土壌、あるいは他の植物や動物と互いにどう影響し合っているかを探っていく学問である。

あるとき、大賀先生が生態学について講義された。ドイツ語で言うエコロギー（英語のエコロジー）は、ギリシャ語のオイコス（家）とロゴス（科学）を組み合わせた言葉で、ドイツ語で訳せばハウスハルト（家の経済）だと説明された。

大賀先生はかつて東京大学の研究者らと、エコロジーは日本語にどう訳すべきかという議論に関わられた。先生は、「すみか」に関わる学問だから「棲態学」の字を当ててはどうかと主張されたが、結局、今の字になった、という。

一方、エコノミクス（英語の経済学）もエコロギーと同じ語源である、という話もされた。オイコスとノモス（ギリシャ語で秩序の意）の組み合わせだという。そして「エコノミクスで論議される期間はあまりに短い」と述べられた。

例を挙げれば、収支の計算ならば、長くて三年か五年ぐらいで区切る。せめて人間の一生（当時は五十〜六十年）ぐらい、あるいは三十年か五十年に期間をとり、例えば、森をつくるのと、森を破壊して自然を開発するのと、どちらがトータルで儲かるかということを考えるべきではないか。

そういう説明の後、私に「君はどう思うか」と問い掛けられた。先生は結論を出さずにニヤニヤされている。私が言葉に詰まると、さらに続けられた。

「きょうもあすもあさっても、長期的に人間が豊かに生活できるようにするためには、エコノミクスだけでは不十分だ。生き物とか生き方といった観点から考える生態学がこれから大事になる」

そうして最後に「だから宮脇君、分類学や遺伝学、あるいは形態学も生理学もいいけれど、やはり君に合うのは生態学ではないですかね」と言ってくださった。

その言葉が頭に残ったことも、大学でさらに勉強したい、という私の意欲を後押しした。では、どこの大学に行くか。東京はおなかがすくからこりごりだ。実家の岡山県に近い旧制の広島文理科大学（現・広島大学）に的を絞った。

広島文理大の学生に――植生が垂直に変化する体験に感動

一九四九（昭和二十四）年四月、広島文理科大学（広島文理大）に入学した。広島高等師範学校を母体に、一九二九（昭和四）年に設立された旧制大学の一つである。入学した年、高等学校や工業専門学校などを包括して広島大学が誕生し、文理大はその一部となった。正式には広島大学広島文理科大学となり、組織的には広島大学の一学部のような位置付けとなった。

校舎は広島駅の南西、爆心地から二キロほど南の東千田町にあった。原爆に遭い、校舎の大半は焼失したが、理学部が入っていた赤れんがの三階建ての建物は、幸いにも残っていた。中は、壁が焼けて真っ黒。天井からは裸電球がぶら下がっていた。まだ片付いていない感じだったが、いすや机はそろえられ、授業は普通に行われた。学生もよく勉強していた。

私は生物学科植物学専攻に入った。学生は全体で三十人前後、同じ年に入ったのは、私

広島文理科大学の学友と。後列右が著者、その左が池庄司さん

を含めて九人だった。

同期の学生にただ一人、女性がいた。池庄《いけのしょう》司《じ》幸江さんと言い、広島文理大初の女子学生だった。われわれ男子学生は多少意識したが、逆に遠慮したところもあった。男女共学に慣れていなかったのだ。

大学から歩いて五分ほどのところに、戦後、先輩が建てたバラック建ての寮があった。その中の四畳半に、下関から来た賀来章輔《かくしょうすけ》（元九州大学教授）君と入った。近くの高野橋に闇市があった。そこで買い出しをして、夜に研究室で飯ごうでご飯を炊いたり、魚を焼いたりして、勉強の後に会食することもあった。

植物学専攻は細胞遺伝学、生理学、分類生

態学の三つの教室に分かれていた。私は、分類生態学教室の堀川芳雄先生にひかれた。東北大学出身で、広島高等師範時代からここで教えておられた。「ゴリラ」のあだ名が付けられた通り、どこかごつい感じがあった。授業よりも現場に出るのを好まれた。

一年生のとき、堀川先生の生態学実習で、長野県の木曽駒ヶ岳に登った。野宿しながら山道を歩いたが、紅一点の池庄司さんも参加した。

山に囲まれて育った私でも、駒ヶ岳の二九五六メートルという高さは未経験だった。海抜が上がるにつれ、植生が垂直に変化する様子も、初めて実際に見た。常緑広葉樹から落葉広葉樹、亜高山性の広葉樹、針葉樹と変化する。海抜二六〇〇メートルぐらいになると、強い風にも耐えるハイマツが姿を見せ、その下にクロユリ、ガンコウラン、キバナノタカノツメ、コケモモ、コマクサなどの高山植物が生えていた。ライチョウにも出合った。山頂にはまだ雪が残っていた。

この時の体験は強く心に残っている。その後、高い山には何十回と登っているが、最初に登った時ほどの感動は、二度と得ることはない。

「雑草生態学」で卒業論文を書く

広島文理科大学二年の九月初め、堀川芳雄先生に率いられて紀伊半島へ実習に出かけた。総勢十人、紀伊田辺駅から秋津川村（現・和歌山県田辺市秋津川）に向かうため、朝早くバスに乗った。その日は台風が去った直後で、雨が降っていた。バスは山を上っていく途中のカーブで、下ってきた自転車を避けようとして脇へ寄ったところ、緩んでいた路肩が崩れ、谷底へ落ちた。バスはひっくり返った。気付いたら、真っ暗な車内で、人も荷物も散乱している様子だけが分かった。

額に触れると指に血が付いたが、痛くはない。「深手は痛みがないというから、死ぬのかもしれない」と思った。幸い、私は体が軽いうえ、誰かの上に落ちたので、かすり傷程度だった。他の学生もみな軽傷で済んだものの、堀川先生は肋骨を折る重傷だった。近くの病院に入院され、後から来られた助教授の鈴木兵二先生にこう言われた。

「俺は行けないけれど、おまえが元気な者を連れて行きなさい」

1951年2月、広島文理科大学の温室前で。後ろから2列目、左から4人目が著者、前列中央が堀川先生

それを聞いて学生たちは驚いたが、現場主義の先生らしいと納得した。翌日、堀川先生を残して学生全員と鈴木先生で実習を続けた。

その約四カ月後。一九五一（昭和二十六）年の正月、私は大学の仲間と、堀川先生の住む教員用官舎に正月のあいさつに出向いた。官舎といっても焼け跡に建てたバラックのようなところで、雑煮をごちそうになった。

旧制広島文理科大学の修業年限は三年だった。そのとき、先生から「宮脇君、いよいよことし三年生だけれど、卒業論文は何をやるのですか」と尋ねられた。ためらわず「雑草生態学です」と答えた。農家の草取りの苦労を減らすため、雑草について堀川先生同様、現場で調査し、その成果を基に、毒を使わずに簡単に雑草を取り除く方法を探り、農家のみなさんの苦労を減らしたい、という思いからである。

それに対して、先生から言われたことは今でもはっきり覚えている。

「雑草か。雑草は農学と林学の間で、あまり人がやっていないから大事だぞ。しかし宮脇君、雑草なんかやったら、生涯、日の目は見られないし、誰にも相手にされないだろう。それでも君が生涯続ける覚悟があるのなら、ぜひやりたまえ」

そう言われて、私は「誰にも相手にされなくてもよい。やりたいと思うことを続けよう」と意を強くした。

その後、植物生態学のもう一人の恩師、ドイツのラインホルト・チュクセン教授との出会いがきっかけで、雑草の枠を超え、植物全体へテーマを広げた。現場での調査、その後の分析、総括。その成果に基づき、さらに実践活動を重ねるという意味で、七十年前、堀川先生に宣言したときの思いは今も変わっていない。

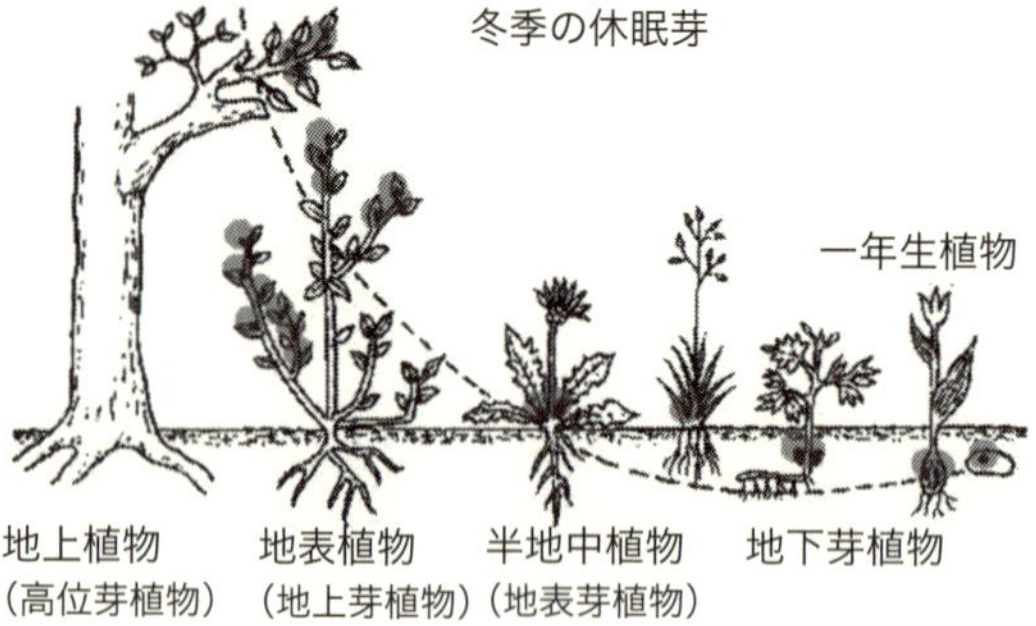

ラウンケルの生活形

〃ラウンケルの生活形〃から雑草群落を研究

雑草生態学をテーマにした卒業論文のタイトルは「ラウンケルの生活形による雑草群落の研究」だった。雑草の研究は、テーマを決める前の二年生のころから、少しずつはじめていた。水田や畑の雑草といっても、私の実家のある岡山県山地の海抜四〇〇メートルと、大学のある広島市の海岸近くでは、種類や季節的動態が違う。それぞれどういう草が生えるか、年に何度も現地で比較測定調査をつづけてきた。

植物の分類法の一つに「ラウンケルの生活形」という有名な方法がある。デンマークのラウンケルという植物学者が創始したもので、北半球では冬季の一番厳しい条件のときにどういう状態で生き延びるかで、植物を区分するというものだ。

植物にとって最高の条件は、アフリカ、南アメリカ、東南アジアなどの熱帯多雨林の地方である。超高木、高木、亜高木、低木、下草などのさまざまな高さの植物が集まる多層群落を成している。しかもその形は一年中、変わらない。

1951年6月、雑草群落調査を行った広島市西区の己斐町で

平均気温が低く、降水量が少なくなるにしたがい、立体構造の多層群落から単層群落へと変化する。例えば、日本には超高木層がない。土地本来の森は高木、亜高木、低木へ、草本という四つの層の立体的多層群落を形成している。一方、絶えず耕し、除草する耕地の雑草は単層群落である。また、条件によって、冬を越す形が変化する。ロゼットといって、冬の間だけ地表に葉を広げるものもあれば、種子や地下茎となって地中にもぐり、いのちをつなげるものもある。

こういう理論から、植生調査は一カ所について、気温の異なる季節ごとに調べる必要があった。

広島市の雑草調査は、市街北西部の己斐町《こいちょう》(現・西区)の水田や畑で行った。卒論研究を目的に、己斐町で何度も調査していると、一九五一(昭和二十六)年十月、大きな台風に見舞われた。ルース台風と呼ばれたもので、最大風速六九・三メートルという歴史に残るものだ。これだけの威力の風に田畑の草がどのように耐えたか、というデータを取ることができた。それを基に、「台風の雑草に及ぼす影響」という小論文原稿をまとめ、堀川先生に提出した。

しばらくすると、毎日新聞大阪本社の科学部記者が私のところへ取材に来た。やがて、「若き雑草学徒、ラウンケルの学説に挑む」とのタイトルで、三段抜きの記事が載った。研究室の先輩からは、うらやましがられたり、やっかまれたりで大変だった。こんな晴れがましい記事が載るとは、夢にも思わなかった。堀川先生がわざわざ新聞記者に取り上げるよう、話してくださったのだろう。そうと気づいてはいたが、記事で持ち上げられて少し調子に乗ったのも確かだ。

被爆後の広島を調査——タブノキに新芽が出ていた

植物生態学の調査のため、赤茶けたがれきの残る被爆後の広島市街も歩き回った。「原爆後、百年は草も木も生えない」と言われたが、すでにあちこちで雑草が芽を出していた。更地に真っ先に生えるので「パイオニア」と呼ばれるアカメガシワ、北米原産のオオアレチノギク、ヒメムカシヨモギなどが見られた。

樹木は原爆の熱や放射能で失われた。マツやスギ、ヒノキなどは、上の方が枯れると、一気に根まで枯れる性質がある。災害に強い土地本来の樹種のシイ、タブノキ、カシ類も見えない。中心地の比治山《ひじやま》の、原爆投下地と反対側の斜面などには少し残っていた。爆心地の周囲二キロでは、鎮守の森も無残な姿をさらしていた。所々、白骨のような枯れ木が立ち、森の名残をとどめている、といった状態だった。

爆心地から一キロ半ほど離れた小さな社に、高さ一メートルほどの木が三本、枝葉を枯らして棒のようになって立っていた。三本ともタブノキ。近寄って足元を見ると、なんと

被爆したタブノキは見事に再生した（広島県の碇神社、2014 年 9 月）

根は生きていて、根元からは、タブノキ特有のピンク色の新芽が十本ほど出ていた。

その感動は、八十年たった今も忘れない。

その後、潜在自然植生という理論を研究し、照葉樹林文化域に属する日本の土地本来の常緑広葉樹林において、中心となる主木はタブノキだと突き止めた。この土地に適応する要素能力が最も高い木とも言える。だが、当時はそうした特別な樹種だとは知らない。なぜタブノキだけが再生しているのか、不思議だった。私とタブノキとの鮮烈な出会いでもあった。

原爆投下後の広島では、放射能によって人間がどのような被害を受けたかという調査は、米国によるものも含めてかなり行われた。だが、植物に放射能が及ぼした影響について研究したという話はあまり聞かない。私も、今なら当然調べるが、学生時代の当時は考えつかなかった。もし行われていたら、今回の福島の原発事故後のさまざまな問題解決に生かされただろうと悔やまれる。

広島県・宮島の植生調査実習で同期生と。前列左が著者

やがて卒業の年が来た。広島文理科大学を出たら、横浜国立大学の助手になるつもりでいた。

横浜国立大学は一九四九（昭和二十四）年、神奈川県師範学校、同女子師範学校（以上二校は戦前に統合）、神奈川青年師範学校、横浜工業専門学校、横浜経済専門学校の五校が合併した。戦前の旧帝国大学に対して新制大学と呼ばれた。

広島文理科大学の卒業写真。前から３列目右から２人目が著者。前列左から福田八十楠、１人置いて堀川芳雄、下斗米直昌の各教授

この学芸学部（後の教育学部、現・教育人間科学部）生物学科の教授陣は、動物学の酒井恒先生が筆頭格で、他に細胞遺伝学の永海《ながみ》秋三先生と、植物分類学の北川政夫先生がおられた。

北川先生が助手を求めていると聞きつけた堀川先生が、私を推してくださったのだ。

ところが、三月になっても正式な話が来ない。北川先生は学究肌で、教授会でご自身の意見を言うのが苦手なタイプだった。おそらく助手の件をなかなか言い出せなかったのだろうと思われる。

第四章　日本各地で雑草調査——東大理学部院生時代

東大理学部の院生に

横浜国立大学の助手の話が駄目になったと思い、故郷の岡山県内で中学校の教師でもしようかと考えた。

そんな時、広島文理科大学の植物生理学の福田八十楠《やそな》教授に呼ばれた。東京大学から二年ほど前に来られ、授業は受けたことはあるものの、卒論指導などの直接的なかかわりはなかった。

先生に卒業後の進路を尋ねられた。「中学教師になろうと思います」と答えると、「君はそういうタイプではない。私について東京にいらっしゃい」と言われました。

その日すぐ、福田先生と一緒に上京し、生まれて初めて赤門をくぐった。道すがら、先生から「君はもう少し勉強した方がいい」などと言われた。

東大では、理学部植物学教室の形態学研究室、小倉謙《ゆずる》教授に引き合わされた。小倉教授は雑草の形態学、組織細胞の第一人者である。部屋には亘理俊次助教授、野津良知助手も同席しておられた。ここは植物形態学の研究室で、顕微鏡をのぞいて、植物の細胞組織を主に研究するところだ。現場主義の植物生態学とは様子が違う。

「雑草に関心はありますか」と尋ねられ、「あります」と答えた。「東大に入れるなら、それも悪くない」ぐらいの気持ちだった。面接の後、教務課長に呼ばれ、「あなたは形態学研究室の大学院生に決まりました。すぐ入学の手続きをしてください」と告げられた。

こうして一九五二(昭和二十七)年、四年ぶりに東京へ戻った。

東大に入る前は〝最高学府〟に対するあこがれのようなものを抱いていた。中にいる学生もよその大学生とは違うのだろうと思い込んでいたが、実際に入るとそんなことはない。その人が本来持っている能力は、どこの大学に入ろうが変わらない。その本人が本当にやりたいことができる能力を持っていれば、どこの大学に行こうと、大学に行くまいと、関係ないと今でも思っている。

東大大学院生になって一カ月ほどたつと、堀川先生から「横浜国立大学の助手のポストが決まったから、そちらに行くように」との連絡があった。

「東大も悪くないけれど、助手なら授業に出なくていいし、何より給料が入る」と考えて、東大を辞めることにした。その意向を東大に伝えるやいなや、広島文理科大学の植物学教室の主任教授で、東大出身の下《しも》斗《と》米《まい》直昌先生が上京し、私のところにとんでこられた。「宮脇君は東京大学大学院を何と心得ているのですか。堀川君に従うことはない。東大にいなさい」ときつく言われた。堀川先生は東北大

雑草群落調査を認めてくれた恩師の堀川芳雄先生

学出身である。

広島文理科大学の教員は、いろいろな大学から集まり、和気あいあいと楽しそうにやっておられた。ただ何か事が起きると、多様さが裏目に出るという側面もあったのだ。

私が東大に入ってすぐ辞めるという〝事件〟は、いわゆる学閥争いだったのかもしれない。

日本各地で雑草群落の現地調査

東大理学部形態学研究室の小倉謙教授は温厚な方だった。私が東大か横浜国大か、決断を迫られていると、「新制大学の教員にはいつでもなれます。もう少しここにいた方がいいのではないですか」と、やんわり残留を勧められた。

入ってみると、植物形態学もそれなりに面白い。しかし、フィールドワークの魅力も忘れられなかった。自分で研究テーマが決められる助手なら、野外調査ができるという気持ちも抑えられなかった。結局、両大学が話し合って、週のうち三日は東大、三日は横浜国大ということで折り合いをつけてくださった。

ところが、国立大の大学院生と、文部教官である大学助手は兼ねられない、という問題が出てきた。すると、東大の教務課長が、「それなら簡単ですよ。研究生になればいい」と解決策を示してくださった。研究生には修士号などの資格は与えられないが、受講できる講座も、出入りする研究室も大学院生と同じ。文部教官の助手も兼ねられる。

一九五二(昭和二十七)年、私が入ったころの横浜国大は、校舎があちこちに分散していた。生物学科は鎌倉市雪ノ下の、元神奈川師範学校の校舎を引き継いでいた。

私が助手としてついた北川政夫教授は戦前、旧満州(中国東北部)の大陸科学院の研究官をされていた。向こうで奥さまを亡くされた寂しさもあるのか、お酒がお好きだった。

私は助手になると、全国の雑草群落の現地植生調査という計画を立てた。北海道から鹿児島まで(当時、沖縄は自由に行き来できなかった)、日本各地の約百二十カ所を季節ごとに年四回、現地植生調査して、田畑の雑草群落を国際的に広く行われている、植物社会学的な方形区測定法で調べるというものだ。

一回の調査は約六十日、合わせると毎年二百四十日は植生調査に出ることになる。どこからも調査費が出ないので、徹底した節約が必要だった。夜汽車で寝て、翌朝、着いた土地で早朝から調査。日が暮れたらまた汽車に乗って次の土地へ、という強行スケジュールを立てた。当時の国鉄の切符は、一度通った経路を引き返さないで、一筆書きのように回ると安くなった。初めに全行程の切符を買うので、いったん出発したら途中で帰るわけにはいかなかった。

この計画を、広島文理大の堀川芳雄先生を訪ねてお話しすると、部屋にいた助教授の鈴木兵二先生らには、「夜汽車に泊まりながら何十日も調査を続け、しかも春、夏、秋、冬なんて無理だ」などとたしなめられた。しかし堀川先生は「君ならやれる。俺もやっているんだから」と賛成し、背中を押してくださった。

この計画に基づく現地調査は翌一九五三（昭和二十八）年から一度も休まず六年間続けた。二十五歳から三十歳まで、という年齢だからできたことだ。

雑草を知るには春夏秋冬の調査が必要

農耕地の雑草は早産性、多産性、短期一年生である。作物より遅く芽を出し、作物より早く花を咲かせ、盛んに実をつけ、作物の収穫前に種を落とし、地中で生き延びるという特徴がある。翌年また作物を栽培するため土を耕し、肥料を与えれば雑草は再び芽を出す。つまり人が作物を作り続ける限り、雑草は田畑の主として何百年、何千年と、その土地に君臨するのだ。

私が広島文理科大学の卒業論文のため、畑地の雑草を調べたところ、三百一種類を確認した。そのうち、ネザサ以外はすべて帰化植物だった。国内全体でも、雑草のほとんどは外国から来て日本に定着した帰化植物だ。こうした雑草のことを知るには、春夏秋冬の年四回、調べる必要があるのだ。

具体的には、前に述べた「方形区測定法」を用いる。調査地点を決めたら十数メートル四方の範囲をとり、その中に生えているすべての植物の名前を一つ一つ確かめ、国際的な

1954年、宮崎県・青島で雑草群落調査中の著者（右）と遠山三樹夫氏

基準で、被度・群度という尺度で測定し、記録する。不明の植物は胴乱《どうらん》（採集用の筒状の容器）に入れて持ち帰り、同定（分類学上の所属や種類を決めること）する。

現場では、確認した植物を一人が読み上げ、一人が記録するので、調査にはパートナーがいる。誰かいないかと探したら、最適な人物が見つかった。横浜国立大学の学生の遠山三樹夫君（後に同大教授）だ。植物が好きで詳しいうえ、鉄道も好きで、時刻表を見るのが得意だ。交通費を抑えるため、鉄道の一筆書きルートで百二十カ所を回る行程を考えてくれた。

旅の始まりは横浜駅。深夜零時近くに東海道本線に乗り、朝四時半、名古屋駅に着く。そこから始発バスで郊外へ。田や畑、農道がどこにでもあり、適当に調査地が決められた。

朝、調査を始めると、近くの農家で、朝食の支度をする若い女性などが、こちらの様子を眺めていたりする。そういう人の家に近づき、米の入った飯ごうを差し出して「すみません。夕方、取りに来ますから、これを炊いておいてください」と頼む。相手は驚くが、黙って飯ごうを受け取ってくれるのが常だ。

そのため、米と飯ごうは旅の必需品だった。昼食はうどん屋か、どこかですませることが多かった。夕方、農家で何時間も前に炊いて、冷えたご飯を受け取り、バスで名古屋駅に戻る。駅前に闇市があり、そこで天ぷらを買い、飯ごうのご飯に載せる。列車の時間が迫るので、急いで駅に行き、構内の立ち食いそば屋で、「そばはいらないから、おつゆだけください」と飯ごうを出す。

初めてのとき、「いくらですか」と聞くと、店のおやじに「つゆだけじゃ、お金は取れない」と言われた。以後、この手を繰り返した。こうして夜行列車の中で天丼を食べ、次の目的地、松江市へ向かった。

日本全国を調査

松江では、広島文理科大学の先輩で、島根大学教授のお世話になった。朝、駅まで迎えに来ていただき、家まで案内されて、朝食をごちそうになった。その後、調査地点として適当な場所を見つけるため、現地案内もしていただいた。夕方、再び教授宅に戻って夕食をいただき、その夜、また汽車に乗った。翌朝は山口県下関市。同僚の二年前の卒業生で、学生寮で同室だった賀来章輔君の実家で、朝夕の食事のお世話になった。

次に、下関駅から関門トンネルを通って九州に入り、大分、宮崎、鹿児島、熊本、佐賀と回った。鹿児島では、三年先輩の大野照好さんに頼み、勤務する学校の宿直室に泊めてもらった。横浜を出てから一週間ぐらいで、初めて床の上に寝ることができた。

こうした食事や宿泊先の提供、現地指導を受けるため、目的地にいらっしゃる広島文理科大学の先輩に、事前に手紙を出した。この大学は高等師範学校が母体なので、中学などの教員になるため、全国から学生が集まった。卒業後、地元に戻って中学（旧制・新制）

調査を始めて4年目の1956年、雑草の現地調査中の著者（左）と同行した遠山三樹夫氏

や新制高校の教員となり、校長に就かれている方も多かった。

そういう方々に、まったく面識のない私がいきなりお願いをしても、一人として断られなかった。校長をされている方にはご自宅に招かれたが、まだ若い先生に雨天体操場の卓球台をベッドとして提供されたこともある。それでも、全行程の六十日間中、家で寝たのは四〜五日だった。おかげで、人間、立ってさえいなければどこでも眠れるという確信を得るまでになった。

九州をひと回りすると、次は四国を回った。高知では、到着した時点ですでに暗くなっていた。翌日には出発しなければならない。協力してくださった先生の呼びかけで、地元の大学生が集まり、自転車をこいで、暗い所を自動発電式のライトで照らしてくださった。

四国から本州に戻ると、姫路を経て舞鶴へ抜ける。そこからは日本海沿いに青森まで北上し、青函連絡船で北海道に渡った。運賃節約のため、船底近くの、エンジン油の臭いの立ち込める船室に乗った。函館まで四〜五時間かかった。そこから帯広、釧路などを経て稚内まで北上。次に南下して、水田の北限とされる音威子府《おといねっぷ》、富良野などを回った。

富良野では、氷点下二〇度の中で雪かきをして、厳しい条件下で植物がどう対応しているか、確かめることができた。帯広に近い池田という町でも、先輩の校長の家に泊めていただき、すき焼きをごちそうになった。奥さんとお嬢さんは、連絡船のエンジンオイルの臭いにまみれた、私と遠山君の衣類の洗濯までしてくださった。

どこでも、見ず知らずの私たちに、本当に親切にしてくださった。思い出すと、今でも申し訳なさと感謝の念がこみあげる。

冷や汗続きの列車旅

調査に学生を連れて行くこともあった。連れて行く方も、連れて行かれる方も若かった。旅費は学割で各自が負担した。

最初は「毎晩、夜行列車はきつい。せめて寝台列車に乗りたい」などと文句を言ったが、そのうちに慣れて、堂々と通路に寝たり、体の小さい学生の中には列車の網棚に寝た者もいた。

山陰線だったか、二人掛けの座席の板（座る部分）が、簡単に取り外せるようになっていた。ある学生がそれを外して通路に置き、その上で寝ていると、車掌にとがめられた。「学生さん、困りますよ。器物破損ではないですか」。すると学生は「器物破損というのは元通りにならないことを言うのであり、これはこの通り、元に戻るから器物破損ではないでしょう」と開き直ったりした。

遠山君と二人で回るときは、あらかじめ立てたスケジュールが狂ったら大変なので、列車に乗り遅れないようにいつも気を配った。

四国を回ったときのことだ。本州から四国に入るときは、岡山県の宇野と香川県の高松を結ぶ宇高連絡船を利用した。一筆書きになるように、帰りは愛媛県の今治《いまばり》から船に乗り、たしか広島県の尾道《おのみち》で上陸するという計画を立てた。

尾道行きの最終便に間に合うように今治港に行くと、すでに最終の船は出てしまっていた。「おかしいじゃないですか」。駅員に詰め寄ったが、駅の時刻表では確かに出発時刻を過ぎていた。

だが、われわれは引き下がれない。行きがけに高松駅で見た時刻とちがうと主張すると、駅員が高松駅に電話して確かめてくれた。何カ月か前に変更されたが、高松駅の表示は旧時刻のままだったと分かった。今治駅の駅長はミスを認め、「船は明日にしてくれ。今夜の宿は提供するから」と言った。駅が用意してくれた小さな安宿だった。その晩、町で花火大会があったことを覚えている。

紀伊半島を回って調査したときにも、私と遠山君が乗り遅れる騒動があった。

和歌山県下の小さな駅に着くと、単線なので対向列車が来るまで停車している。車掌にどのぐらい止まっているか尋ねると、「あと十五分ぐらい」と言う。

午後二時ごろで、まだ昼食をとっていなかったので、二人で急いで降りて、駅近くのうどん屋に入った。食べている途中にプーッと鳴って、汽車が出ていった。あわてて戻り、「十五分止まっていると言ったじゃないか」と、若気の至りで食ってかかった。

次の列車は四時間ぐらい後だという。われわれの抗議に困惑する駅長に、助役が「次の列車の前に貨物列車が来ますよ」と言った。「あれは通過列車ではないか」と駅長が返すと、助役は「止まることはできないが、徐行はできます。徐行中に機関室に飛び乗り、その先の駅で前の列車をつかまえてはどうでしょう」。駅長はうなずき、われわれは荷物を持って貨物列車を待った。実際には徐行でなく、停車してくれた。

妻ハルとの出会い

六十日間の雑草群落調査の旅から帰ると、収集した植生調査結果の整理などに何日も取られた。しかも横浜国立大学と東京大学に、週の半分ずつ通う約束である。つまり、現地

1958 年、横浜国立大の卒業式で。前列右から助手時代の著者、1 人置いて酒井恒学部長、北川政夫教授、永海秋三助教授（肩書は当時）

植生調査に行かない年間約百二十五日のうち、横浜国大の北川政夫教授の研究室で助手を務めるのは六十日程度だった。その代わり、勤務するときは朝早くから夜遅くまで目いっぱい働いた。しかし限界はある。

後でこんな話を伝え聞いた。ある時、北川先生の先輩で東大教授の前川文夫先生が、北川先生に「君も人がいいね。せっかく助手に採った宮脇君はほとんど外に出ているじゃないか」と言われた。すると北川先生は「いや、少しは困るけれど、宮脇君が一生懸命やっているから僕はあれでいいんです」と答えられたという。ありがたいことだ。

各地で調査のため一度お世話になった方々

には、その後も協力をお願いした。これが、後に家内となる吉田ハルとの縁を深めることにもなった。

ハルとの出会いは広島文理科大学三年生の時、同級生の池庄司幸江さんの紹介で、広島県呉市の清水ヶ丘高校で一年生の生物の非常勤講師を務めた。この学校は、その年に設立されたばかりの私立の女子高校である。私は大学の寮から週一回、一時間ほどかけて通った。アルバイトになり、ありがたかった。

その教え子の一人が吉田ハルだ。実家は大分県杵築《きつき》市だが、医師の叔父が副院長を務める病院が呉にあった。ハルが耳鼻科の治療のため、そこに入院したところ、地元の学校の入学受験に間に合わなくなり、呉の学校に入ったという。

女子高生と大学生という年齢の近さから、親近感もあったのだろう。ハルとその級友数人が私のファンのようになり、大学へ遊びに来たこともある。

ハルの担任からは、「吉田君は、どの教科よりもなぜか生物だけ飛び抜けてよくできるのです」などと聞かされた。

大学を卒業して上京後、大分県で誰か調査への協力を頼めそうな人はいないか。と考えたとき、ハルのことを思い出した。

特別な感情はない。ただ、調査費を安くするため、協力してくれそうなところに打診してみようという気持ちだった。

「調査のため泊めてください」と手紙を書くと、「泊めます」と返事が来た。

こうして大分での調査の帰り、吉田家を訪ねた。そのとき初めて、ハルが造り酒屋の跡取り娘だと分かった。

ハルの両親もわれわれを歓迎して、ごちそうを振る舞い、風呂にも入れてくれた。そのときは計画を変更し、実際には泊まらず夜中の一時ごろ、タクシーで大分駅まで送ってもらい、夜行で宮崎に向かった。

このような訪問を年に四回、繰り返した。

結婚――新婚旅行は植生調査

横浜国立大学の助手時代、鎌倉市の由比ヶ浜に下宿していた。

広島文理科大学出身で、日本史が専門の吉田太郎先生の紹介だった。古い回船問屋だったという大きな家の一間で、二人の息子さんの家庭教師をする代わりに、家賃はただにしてもらった。

家には、住み込みで家事手伝いをする「ばあやさん」がいた。息子さんたちが朝早く出るので、夜十一時には鍵を閉めて休みたいから、それまでに帰ってくるように、と言われた。

研究室には小田原から通っている学生がいた。その松浦正郎君が終電に間に合うように帰ると、私も〝門限〟までに自転車で帰ることができた。ほかの学生が「今夜は研究室で徹夜する」というときには私も付き合った。

ハルは広島県呉市の清水ヶ丘高校を卒業後、地元大分の別府女子大学短期大学部に進学していた。修学旅行で鎌倉に来たついでに私の下宿へ遊びに来たことがあった。

そのとき、ばあやさんが「ハルちゃん。宮脇さんは、女性はみんな自分にほれていると思っているから用心しなさい」と言った。私は決して女たらしではなく、ただの楽天家なのだ。

1956年4月19日、結婚式。前列左から花嫁のハル、著者の父・和吉、母・常子、長兄・紀雄

ハルの短大卒業が近づいたころ、例のごとく、雑草群落調査でハルの実家を訪ねると、ハルの母親のイッさんから「結婚してもらえないか」と打診された。

まだ若いので、卒業後二～三年、花嫁修業をさせたいが、できれば約束だけしてもらえないかと言う。

うれしかった。しかし、私で本当によいのだろうか。造り酒屋の跡取り娘となれば、いくらでも婿に来る男性はいるだろう。二～三年のうちに、お互い事情が変わるかもしれない。

「別に約束なんかしなくても、三年先でも五年先でも、結婚できるときになったら、またお話ししていただければいいではありませんか」と答えると、イツさんがきっぱりと言った。

「分かりました。では、卒業したらすぐやります」

こうして結婚が決まった。振り返ると、イツさんの決断力と実行力がなかったら、こうはならなかったかもしれない。

一九五六（昭和三十一）年三月十一日、東京目黒の雅叙園で結婚式を挙げた。東大からは小倉謙先生ご夫妻らが出席された。たしか再婚された北川政夫先生ご夫妻に媒酌人になっていただいたと記憶する。

当日朝、結婚式で着る服を入れた行李《こうり》をかついで式場に向かう途中、鎌倉駅で研究室の学生数人にばったり会った。

「宮脇先生、どこに行くんですか？」

「結婚式だよ」

「誰の結婚式ですか」

「俺のだよ」

とたんに驚かれ、歓声が広がった。あわてて式場に祝電を送ってくれた。誰にも知らせていなかったのだ。当時、二十八歳。

新婚旅行は紀伊半島だった。植生調査を兼ねたので、雨が降っても胴乱を携えて植生調査をした。鎌倉市西御門《にしみかど》の、横浜国大近くの家の四畳半を借り、新婚生活を始めた。

ドイツ語で論文を書く

結婚する少し前だったと思う。東大理学部の研究室に行くと、服部静夫教授の助手が「うちの〝天皇〟が呼んでいるぞ」と言いに来た。

教授は植物生理学がご専門で、理学部植物学科の教授陣の最高位にあり、教室主任も務めておられた。

しかし、私は指導を受けたことがない。何だろうと思って伺うと、植物学専門雑誌としては当時、日本で唯一の国際植物科学雑誌『ザ・ボタニカル・マガジン』に私が投稿した論文のことだった。

東大で形態学を研究する一方、横浜国立大の教授と野外調査に出ることも。左から著者、永海秋三助教授、北川政夫教授（1954年ごろ、箱根・仙石原で）

ホウキギクというキク科の植物は、水中でも陸上でも生える。この特性について、私の隣の形態学研究室の小倉謙教授から、「根の細胞が関係しているのではないか。宮脇君、研究してみてはどうか」と示唆され、調べてみた。

水中に張られた根群は枝状でよく発達して、その細胞を顕微鏡で見ると、細胞膜がもろく、水が入りやすくなっている。陸上に生えているものは根群が直根・深根性で、細胞が締まっている。

こうした考察を基に、形態学的および生態学的な研究論文を、苦労してドイツ語で書いて『ザ・ボタニカル・マガジン』に投稿した。

今でこそ科学の大半の分野はアメリカが中心で、国際的な論文はふつう英語で書く。だが、明治期以後、第二次世界大戦直後までは、医学でも生物学でもドイツ語圏がトップだった。

また、前にも触れたように、生態学（ドイツ語でエコロギー）はドイツで生まれた。ドイツ語で書けば、この分野の先端にいる研究者の目に留まりやすいだろう、という期待があった。

服部先生は『ザ・ボタニカル・マガジン』の編集委員長で、当然、ドイツ語にもご堪能だった。

「君、ドイツ語で論文を書いていますね。なかなかよくできているけれど、少し直したいから僕の家へいらっしゃい」と言われた。先生に連れられ、新宿から小田急線で少し西へ行ったところにあるお宅に伺った。先生は論文を読みながら、所々、私に確認して赤字で直された。その作業が翌朝の四時ごろまで続き、私の原稿は赤字で真っ赤になった。作業中には、先生の奥さまがお茶とおにぎりを出してくださった。

この論文が『ザ・ボタニカル・マガジン』に載って、しばらくすると、私宛てに一通の航空便が届いた。ドイツ国立植生図研究所所長のラインホルト・チュクセン教授からだった。

「雑草は、耕して、草を取るから繁茂するのだ。人間の活動はこれから激しくなる。その中、緑の最前線になるのは雑草だ。私も雑草を研究している。こちらへ来て一緒に研究しないか」

こうして突如、ドイツ留学のチャンスが訪れた。

第五章 〝潜在自然植生〟と出逢う――ドイツ留学時代

留学のためにドイツ語の特訓

ドイツ留学は、広島文理科大学で雑草の研究を始めたころからの夢だった。日本の植物学は、敗戦直後までは海外から孤立したような状態だったが、数年たつと、ドイツの植物学関係の雑誌も入手できるようになった。

大学の研究室で「ドイツに行きたい」と話すと、助教授の鈴木兵二《ひょうじ》先生らから「宮脇君、夢を持つのもいいけれど、かなり無理だよ」などと言われていた。当時はアメリカにはフルブライトの莫大な資金力で多くの若い研究者が留学していた。しかし、ヨーロッパ、とくにともに敗戦国のドイツへの道は遠かった。

それでも、そこで諦めなくてよかった。チュクセン教授の手紙で、夢が現実に近づいたのだ。ただし、お金の問題が立ちはだかった。

当時、ドイツの往復航空運賃は四十五万円だった。横浜国立大学の助手である私の月給は九千円。教授でさえ二万円しか出ない時代だ。そんな大金をどうやってつくろうか、と悩んだ。

そんなとき、東大の小倉謙先生に呼ばれた。

「ドイツから招待が来ていますね。お金に困っているようですね」と尋ねられ、私がうなずくと、先生は話を続けられた。

「きのう、家内と相談して、銀行からお金を下ろしてあるから使いなさい」

私は、小倉先生に、せっかく東大の大学院に入れていただきながら、横浜国立大に移ろうとした。言うなれば、ご恩をあだで返すようなことをしていた男なのだ。

そんな学生に私費を提供しようと言われる。ご自身のメンツなどより前に、学生の将来を考えられたからだろう。今でも、そこまでする大学教授の話は聞いたことがない。あのときのことを思い出すと、ありがたさと申し訳なさで胸が張り裂けそうになる。しかし、さすがにそのご厚意はご辞退した。

フンボルト財団の留学支援制度

チュクセン教授の勧めもあって、フンボルト財団の支援制度に申請を出すことにした。ドイツに留学する外国人研究者に奨学金を出している組織だ。支援を受けるには、審査に通らなければならない。面接試験があり、ドイツ語の能力を試された。私は、論文の読み書きはできる方だと思っていたが、試験官のドイツ人が何を言っているのか分からなかった。

試験官はドイツ大使館の文化部長だった。最初からドイツ語で話していたが、最後に日本語で言った。「ドイツ語ができなければ、向こうに行っても勉強はできないでしょう。

あなたはまだ若いから、もう少し勉強していらっしゃい」

その前に、もちろん、ドイツ語の話す・聞く勉強はしていた。横浜国立大のドイツ語講師であるウィンクラー先生から個人指導を受け、東京のドイツ語学校にも通った。

さらにウィンクラー先生から「もっと専門的な勉強をした方がよい」と、東京で弁護士をしているドイツ人のゼプセン先生を紹介された。週一回の個人授業で、月謝は七千円だった。私の月給が九千円のころ。それでも留学したい一心で、家内に頭を下げ、この先生のもとにも通った。

フンボルト財団の初めての面接で不合格になった後、半年後に再度、試験を受けることにした。

半年間、さらに勉強して、合格できるまで上達するか分からなかった。それまで、この試験に合格しているのは、医学部や、文学部のドイツ文学専攻の助教授など、毎日ドイツ語に囲まれているような人たちだ。私が普通のやり方で挑んでも、かなうはずがない。

そこで、あらかじめ試験官に何を質問されるかを想定して、その答えを一枚の紙に書き並べた。「私は宮脇昭です」、「横浜国立大学の助手をしています」、「ドイツで植物生態学を勉強したいのです」といったドイツ語の文章を、ドイツ語の先生の協力を得て作成し、丸暗記した。

二度目の試験官も、前回と同じ、ドイツ大使館の文化部長だった。今回もやはり、質問の内容はよく聞き取れない。何か聞かれるたびに、覚えた文章を一つずつまくしたてた。メチャクチャなことを答えて怒られるのではと、心配にもなった。ところが、最後に文化部長はにっこり笑いながら、日本語で「あなたは聞くことはできなくても、話すことはできます。採用しましょう」と言った。もし、日本の試験官だったら、「なんだ、失礼な！」と怒鳴られたかもしれない。このドイツ人の胸の奥の広さに今でも感動している。私は、この制度で日本からドイツに留学した、最初の植物学研究学者となった。そのことも審査に関係したのかもしれない。

ドイツへの出発は一九五八（昭和三十三）年九月二十八日と決まった。その半年前の三月から八月まで、沖縄の琉球大学へ植物学の招聘教授として出張した。

当時まだ沖縄はアメリカ統治下にあり、簡単には行かれない時代である。私は公用パス（滞在許可証）を支給された。夜行列車で鹿児島まで行き、そこから船で沖縄本島へ渡った。

沖縄では、講義だけでなく、植物生態学の現地調査・実習も徹底的に行った。おかげで沖縄本島北部の国頭《くにがみ》から南端の喜屋武《きゃん》岬、石垣島や宮古島をはじめ周辺の島も、波照間《はてるま》を除いて、ほぼ全島で植生調査を行うことができた。返還前にこれだけ現地調査できたことは、その後の研究に大いに役立った。

出張から戻ると、沖縄で得たデータの整理が待っていた。六カ月後にはドイツに旅立つので、その準備もしなければならない。当時、実質的には外国のような沖縄から戻って、またすぐに外国へ行くわけだから、とにかく忙しかった。

沖縄に出張中、家内は大分県杵築市の実家で過ごしていた。初めての子どもを宿していたのだ。八月十五日、男の子が生まれ、功《いさお》と名付けた。私は沖縄から帰る途中、家内の実家に立ち寄り、息子と初めて対面した。実家ではみな喜んで、ごちそうをして祝ってくれ

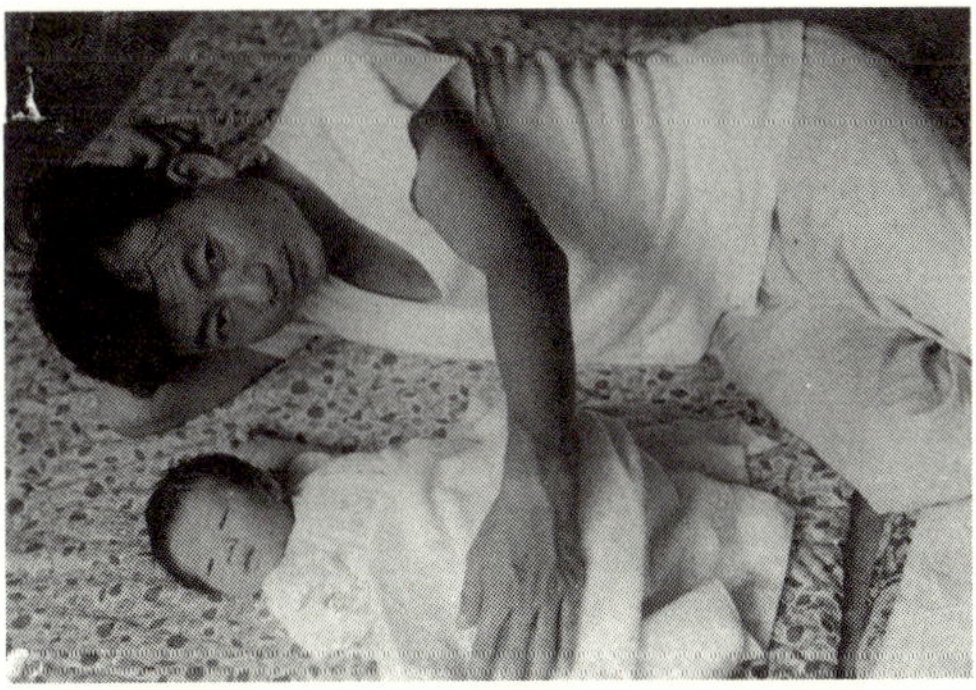

ドイツ留学前、生まれて間もない長男・功と一泊だけ過ごした

た。その晩は親子三人、〝川の字〟になって寝た。だが、翌日には留学準備のため、私ひとり横浜に帰らざるを得なかった。

憧れのドイツに到着

一九五八（昭和三十三）年九月下旬、日本は狩野川《かのがわ》台風に見舞われた。九月二十六日に本土に接近し、近畿地方南部から東北地方南部まで、広範囲に水害などの大被害を及ぼした。

その直後の九月二十八日、まだ東京も横浜も、あちこちで道路が水浸しで通れない状態が続いているとき、やっとの思いで羽田空港からドイツに向けて出発した。そんななかでも家族や親戚、大学の同僚、学生らが見送りに来てくれた。

当時、敗戦国の日本やドイツは、国際線の運航が禁止されていた。ＫＬＭオランダ航空で、まずオランダのアムステルダムまで、南回りで五十六時間の旅だった。途中、台湾、ベトナム、タイなど、いくつもの国の都市に立ち寄った。

機内で見かけた日本人は、タイ・バンコクで降りた東京商科大学の教授だけだった。それまで旅客機を外から見たことはあったが、機内に入るのは初めてである。何より豪華な食事に驚かされた。

アムステルダムからはルフトハンザ航空に乗り換え、ドイツ北部の都市ブレーメンまで飛んだ。

1958（昭和 33）年、ドイツへ出発前、見送りにきた家族らと。2 列目の右から著者、父、母

出発前、広島文理科大学の福田八十楠《やそな》教授に、「アメリカでもヨーロッパでも、空港に迎えが来ることはないだろう。向こうに着いたら自分で研究所を探して行きなさい」と助言されていた。

ブレーメンまでの飛行機の窓から、小雨が降っているのが見えた。少し不安に思っていると、客室乗務員の女性が近づき「宮脇さまですか。空港でドクター・クラウジングが待っているそうです」と伝えられた。

ドクター・クラウジングは、チュクセン教授が所長を務めるドイツ国立植生図研究所の研究員である。

空港に着いたのは深夜零時半。当時は、滑走路のそばまで車が入ってこられた。タラップを下りると、すぐ長身のドクター・クラウジングに迎えられ、彼の運転するフォルクスワーゲンに乗せられた。車はブレーメンから南へ、内陸に向かって走り続けた。辺りは真っ暗だが、平原や農耕地が続き、所々、集落があるのは分かった。三時間ほどかけて約三〇〇キロ走り、四時半ごろ、ストルチェナウ（Stolzenau）という人口五千人の町に着いた。

ガストホフと呼ばれるごく小さな宿泊施設で、いったんクラウジングと別れた。宿の一階は居酒屋で、まだ客が飲んでいた。その朝八時、再び彼が車で来て、研究所まで連れて行ってくれた。

研究所は三階建ての建物の一、二階にあり、三階はラインホルト・R・チュクセン教授の住まいになっていた。教授の部屋に通され、初対面のあいさつを交わした。白いあごひげを蓄え、背筋を伸ばし、紳士的な態度を崩さない。〝ゲルマン最後の古武士〟という印象だった。少し話した後、教授に言われた。

「明日から一緒に現場に出よう」

ドイツに着いた感激に浸っている暇などなかった。

チュクセン教授との出会い

チュクセン教授と初めてお会いした晩、教授夫妻の住まいでごちそうになった。チュクセン教授はその数年前、パリの国際植物学会で日本人を遠くから見たことはあるが、間近で見るのは初めてと言われた。

百科事典で「日本人」を引き、「蒙古属の一亜種。体つきは小さく、頬骨が出て、目と髪は黒い」などと読みながら、私をしげしげと眺めた。それから合点したかのように「君は、本物の日本人(エヒテ・ヤパーナー)だ」と言われた。

チュクセン教授の奥さまのヨハナ夫人に何度か話しかけられた。ところが、私のドイツ

ラインホルト・チュクセン教授。1970 年代に著者が撮影、教授の 80 歳記念論文集に掲載された写真

語が通じない。その様子を見てチュクセン教授は「心配するな。学問的なことは、私とこの日本の若い青年とで話ができるから」と夫人に説明されていた。確かに教授との会話では苦労しなかった。

チュクセン教授はハイデルベルク大学で、植物と直接関係のない有機化学を専攻された。物質に含まれる化学成分を調べる分析化学を研究するうち、「分析だけでは、地球規模の人間世界のことについて何も比較できない」などと、物足りなさを感じられるようになった、という。

ハノーファーの自然史博物館に勤務されていたとき、「植物社会学の祖」と言われる、スイス出身のヨセフ・ブラウン＝ブランケ博士と出会われた。博士が世界中の研究者とともに行うアルプスの植生調査に参加されたのだ。

それをきっかけに植物社会学や植生学に打ち込まれ、論文や著書を出されて認められていく。

森や林、草原などのさまざまな植物の集まり（群落）は、優占種により見かけ上の「マツ群落」などと呼ばれている。ブラウン＝ブランケ博士は、群落にどの種の植物が優占しているかではなく、どのような種の組み合わせがあるかという、質的な視点で体系化を行う植物社会学を創始された。

ブラウン＝ブランケ博士はスイス生まれで、群落を地球規模で客観的に比較するためのシステムを作られた。チュクセン教授はこのシステムを分かりやすくするため、植生の空間的な配分を示す植生図を考えだされた。

ヒトラー政権下、チュクセン教授の教え子の一人が統合参謀本部にかかわり、「植生図は国土計画、地域計画、戦略にも重要」と説いた。それにより一九三七年、ドイツ北西部の都市ハノーファーにドイツ帝国中央（戦後「ドイツ国立」に改称）植生図研究所が設立され、所長としてチュクセン教授が招かれた。

そのとき、チュクセン教授は、「ヒトラーには反対する。自分の意志で研究する」と決意されたという。

戦争が激しくなると、研究所はハノーファーからストルチェナウに疎開。それにより、多くの貴重な資料も戦災を免れた。

チュクセン教授はまた、ドイツ軍の捕虜となったフランスやベルギー、ポーランドなどの若い植物生態学者を研究所に引き取り、自国の研究者同様に待遇された。

そのことで戦後、多くの国々から感謝され、各国の大学から十二の名誉博士号や教授の称号を受けられた。

チュクセン教授の教え――「なめて、触って調べろ」

私は、ドイツ国立植生図研究所の研究員という身分をいただいた。実際には来る日も来る日も、チュクセン教授に連れられて現地植生調査に出かけた。文献でしか知らなかった植生調査法を、実地で学ぶことは貴重な体験だった。だが、せっかくドイツに来たのだから、という気も起きる。

あるとき、チュクセン教授に「大学で講義を聴いたり、いろいろな論文を読んだりもしたい」と申し出た。チュクセン教授は毅然として言われた。

「おまえは、まだ人の話を聞くのは早い。その話は誰かのまた聞きかもしれないぞ。まだ人の論文を読むな。それは誰かの引き写しかもしれないぞ。大事なことは、部分的な話や、結論だけの本の中にはない。まず大地を見なさい。本物のいのちのドラマが展開しているのだ」

そしてこう続けられた。

「おまえは現場に出て、自分の体を〝測る器械〟にして、自然が発するかすかな情報を、目で見て、においをかぎ、なめて、触って、調べろ」

こうして現地植生調査を続けた。帰ると、今度は研究所の机に向かった。

日本から、私が日本全国の田んぼや畑、路傍で現地調査した雑草群落の「緑の戸籍簿」と呼ばれる植生調査データを八千点以上持っていった。研究所からは、イタリア北部のポー

1959年、ドイツ国立植生図研究所の研究者。右端がチュクセン教授、右から4人目がオットー・クラウジング。著者撮影

川流域など、主に中部ヨーロッパの水田や畑地の雑草群落の研究データを提供された。疎開で守られた貴重なデータである。

それらをもとに、一年半ほどかけて、ドイツ語で、私の最初の博士論文になった「中部ヨーロッパとの比較における日本列島の雑草群落*」という論文を書いた。書き終えたころ、チュクセン教授に言われた。

＊ Pflanzensoziologische Untersuchungen uber Reisfeld-Vegetation auf den Japanischen Inseln mit Vergleichender Betrachtung Mitteleuropas. Gegetatio, 9(6): 345-402, 1960.

「雑草の研究も大事だが、それ以上に、その土地がどのような自然の緑、森をつくる潜在能力を持っているか。現場から理論的に考察することが重要だ」

チュクセン教授は一九五六年に「潜在自然植生」の理論を発表された。

それ以前、ある土地にどの植物がどういう組み合わせで生えるか、という概念には二種類あった。人間の影響が加えられる直前までの「原始植生」と、人間が手を加えて、今見られる「現存植生」である。チュクセン教授が発表した「潜在自然植生」は、それらとは別の第三の植生概念だ。

今、「人間活動がすべてストップした」としたときに、その土地の自然環境の総和は、どのような緑・森を支える潜在能力を持っているか、という理論である。人間活動を止めても、すぐに原植生に戻るとは考えにくい。人が長い間、手を加えたことで地形や環境が変化しているからだ。その土地の潜在能力が明らかになれば、何を残し、また何を再生・植樹するのが適しているかも分かり、土地利用、農林業にも役立つ。

こうした現場植生調査からの理論を、チュクセン教授は私にたたき込もうとされていたのだ。

見えないものを見る

その時の私には、潜在自然植生理論がよく分からなかった。

チュクセン教授は、土地を掘って、その断面にのりの付いた布を張って、土壌断面というサンプルを取り出すという特別な技術をお持ちだった。

潜在自然植生の基本単位は「群集（association アソシエイション）」というが、どの群集かを知るには、土壌断面が一つの手がかりとなった。例えば、広く砂地でアスパラガスやジャガイモを栽培していて、土壌断面にゴマ塩のようにぽつんぽつんと砂質土壌の有機物が混じっている土地「ヨーロッパミズナラ–ヨーロッパシラカンバ群集」だと説明された。また、河川の堆積作用によって形成された沖積低地で、サトウダイコンや果樹を栽培し、生け垣にシデ類があり、土壌断面が黒いところは「ヨーロッパナラ–ヨーロッパシデ群集」であるという。

なぜ、こうした断片的な情報だけで、その土地の潜在能力が分かるのか。私には理解で

フランス・モンペリエのブラウン=ブランケ博士の研究所（古城）で。左から同博士夫人、チュクセン教授、ブランケ博士、チュクセン教授夫人ヨハナ。著者撮影

きない。とても人間業とは思えない。はじめは忍術ではないかとさえ思った。戸惑う私にチュクセン教授は言われた。

「今の若者には二つのタイプがある。一つは、見えるものしか見ないタイプだ。そういう連中は計算器や現在のコンピューターに熱中していればいい。残りは、見えないものを見ようと努力するタイプだ。そういう者は徹底的に現場で、全体で、潜在自然植生が分かるリーダーの下、現場で、自然が発しているかすかなサインを見逃さず、目で見て、においをかぎ、なめて、手で触れて学べば分かるようになる。おまえは後者のタイプだ」

この言葉で大切なのは、「見えないものを見ようとすること」だと、気付かされた。

私はチュクセン教授からも、他の研究所の人からも「イシ」と呼ばれていた。ドイツ語の「私は」は「Ich（イッヒ）」だが、私の発音が悪く、向こうの人には「イシ」と聞こえたらしい。

あるとき、チュクセン教授が、「日本語でイッシにはどんな意味があるか」と尋ねられたので、「硬い石や意思」と答えた。すると、うれしそうに、「ミヤワキはわかりにくい。これからイシと呼ぼう」と言われた。

チュクセン教授は私のことを、何かにつけて気にかけてくださった。現地植生調査以外にも、講演会、研究会など、いろいろなところに連れて行ってくださった。

教授夫妻とフランス・モンペリエへ、チュクセン教授の恩師で、植物社会学の創始者、ブラウン＝ブランケ博士を訪ねたこともある。博士は、ガブリエル夫人が相続した古いお城に住んでおられ、そこを研究所として、世界中から多くの若い生態学者、植物社会学者たちが訪れて、研究していた。

ブラウン＝ブランケ博士は私に、「私が始めた植物社会学が、東の果ての日本で根付くとは考えてもいなかった。君が根付かせてくれて、大変うれしい」と言われた。

さらに「植物が地球上にどのような配分で存在するか知るうえでも、日本での植生調査研究は重要だ。日本のノウハウを世界へ発信するために、がんばってほしい」と話しながら、若い私の手をかたく握ってくださった。

留学生どうしの交流

研究所には、私以外にも海外から次々と多くの若い研究者や留学生が来ていた。同じ留学生同士で交流し、勉強になることも多かった。イタリア人のエミリア・ポーリさんもその一人だった。大学で学位を取得後、私より半年遅れて研究所に研究滞在していた。シチリア島東部のカターニア県の知事の娘だった。

私はよく、チュクセン教授夫妻の夕食に招かれた。パンとスープとチーズ、ザワークラウト（ドイツ風のキャベツの漬物）といったシンプルな食事だった。その後、居間のステレオでクラシック音楽を鑑賞したり、ワインを飲んだりすることもあった。

あるとき、エミリアさんと二人で招かれた。その帰り、私が彼女を下宿まで送るよう言われた。男は騎士（ナイト）として、常に女性をエスコートするもの、という西洋の考え方をこのとき、初めて学んだ。

彼女と並んで歩こうとすると、「私より三歩後ろから付いてきなさい」と、軽くにらんで明るく言った。

その前に、ドイツ人の若い研究者の奥さんから、こんなことを言われていた。

「悪いけれども、ドイツ人の女性が日本人の男性に一目ぼれするということはありません。もし、そう言ってくる人がいたら、お金か何か、目的があることを警戒すべきです。でも、日本人と長く付き合ってみると、優柔不断というか、イエスかノーかで割り切らないところなど、欧米の男性にない魅力があるので、そこに惹かれることはきっとあるはずです」

この助言を聞いて以後、現地の女性に冷たくされても気にしないようにした。ただし、エミリアさんの態度の理由は、敬虔なカトリック教徒なので、異性との潔癖な付き合いを心掛けていたからだった。

研究所では夜、各自が所内の小さな台所で、勝手に夕食を作って食べていた。

同じ留学生だったイタリア人植物学者のエミリア・ポーリさん

エミリアさんが研究所に入所して三カ月ほどたったころ、突然、「私の手料理を一緒に食べてほしい」と言ってきた。今まで何となくつんとしていた彼女の言葉に、驚きながらも喜んで応じた。彼女は、母親の書いたレシピ通りに作った。煮込み料理のようなものを出され「味はどう」と聞かれて、「塩味があまりない」と答えると、「あら、いやだ。ママが塩を入れること、書いてなかったの」と言い、二人で大笑いした。

以後、毎晩のようにイタリア料理を一緒に食べた。親しさは増したが、同じ研究所の留学生同士という関係を貫いた。私の手がうっかり彼女に触れただけでも、すぐに「あなたは勉強しに来たのだから、そういうことはダメですよ」と軽く注意された。

彼女は、シチリアの有名なエトナ活火山の植生を研究していて、火山の多い日本の植生にも関心があった。そのため、その後、日本を三度も訪れ、われわれの研究者としての関係も一層深まり、生涯の友となった。

「本物」にこだわる国

私は留学中、研究所近くにある、保健所の所長宅の二階に下宿していた。

ある時、のどが痛くなった。

日本で、学会前などに徹夜して無理をするとよく、扁桃炎になった。そういうとき、病院に行くと「これはドイツのバイエル社の最新の抗生物質で、よく効きますよ」と言いながら、すぐに抗生物質の薬を処方してくれた。

本場ドイツならこの手の薬は簡単に手に入るだろうと薬局へ行くと、「医師の処方箋がないと売れない」と断られました。そこで、ストルチェナウの町に一軒しかない顔見知りの老いた内科医を訪れた。

診察した老医師に「薬局でドクターの処方箋がないと売れませんと断られました。何でもいいから、抗生物質を処方してください」と頼むと、私の口を開けて、のどを診ながら、

「これぐらいでは、われわれは抗生物質の処方箋は書けない」と言う。私が粘ると、「あなたが死ぬわけではないから大丈夫だ」と笑って言いながら、一枚の紙に何か書いて渡してくれた。処方箋かと思ったが、下宿の奥さん宛ての手紙だった。「このヤパナー（日本人）は風邪でのどが腫れているから、熱袋（日本の氷枕）に湯を入れて、背中の下と足元に入れて、毛布を三枚掛けるように」と書いてあった。汗をかけば治るから、ということだった。

下宿したストルチェナウの保健所長の家。借りたのは玄関上の左側の窓の部屋

その後、フンボルト財団の助成で留学した人のためのツアーに参加した。三週間ほどの日程で、ドイツ国内のいろいろな新施設や新しい企業などを見学した。そのとき、バイエル社の製薬工場にも行った。見学後、営業部長が「何でも質問してください」と言うので、私は「工場内には抗生物質が山と積まれているのに、ストルチェナウの薬局では売ってもら

えなかった。どこで売っているのか」と尋ねた。彼は笑いながら、「ヤパン、答えは日本と開発途上国が一番の顧客です」と。同行の日本人も笑いながら聞いていた。

そのころ、日本からたまに送られてくる新聞には、大きくバイエル社の抗生物質の広告が載っていた。ところが、ドイツではよほどのことがない限り抗生物質は使わないという。これがドイツだ。人の健康やいのちにとって本当に大切な「本物」と、一見健康によさそうだが、実はためにならない「偽物」を見分けたうえで、本物にこだわる国だと理解した。

ストルチェナウも、農薬を一切使わない野菜や卵などを売る店があった。チュクセン教授の奥さまのヨハナ夫人が買い物に行くので、時々ついていった。値段は通常の店より二〜三倍高く、大きさもふぞろいだった。

ヨハナ夫人は「値段や形にかかわらず、私たちは健康を害するものは絶対買いません」と話していた。

その後、日本でも無農薬への関心が高まっていった。ところが「有機野菜」のブームが過熱して、偽の有機野菜が出回ったりもした。その様子を見て、私は本当に大切なものは何かと考えて行動するドイツとは違うと感じた。

中学生も堂々と意見を言う国

私はストルチェナウの町にとって〝初めての唯一の日本人〟ということで、ちょっとした有名人だった。

小さな子から「ネガーだ」と指さされたことがある。アフリカ系の人の蔑称だ。日本人を見たことのない子どもにとって、自分たちより肌の色の濃い人はみな同じに見えたのだろう。すると、子どもの母親が慌てて、「違うわ。日本のドクターよ」と説明していた。

ある秋の陽射しの昼ごろ、バス停にいると、知り合いの下宿の女子中学生など二〜三人が、リンゴをかじりながら、時々、何かをプップッと吐き出していた。リンゴの中に入っている虫である。

私が「ドイツは野蛮だね。日本のリンゴには虫なんか一匹も入っていない」と言うと、一人の女の子が反論してきた。

「ドクター、あなたは生物学者なのに、なぜそういうことを言うのですか。虫がいるのは毒が入っていない証拠ではないですか。虫は吐き出せばいいではないですか」

当時のドイツは小学校が四年制で、大学を目指す九年制のギムナジウム高校と、四年制の中学校（卒業後は職業学校）のどちらに進むか、その子の資質や能力などを基に担任の教師が判断して決めていた。高校に進まない子でも、日本から来ている唯一人の専門家に、堂々と意見を言ってきたことに驚いた。どの学校に進もうと、自分の考えを、自信を持って発言できるようにする教育が行われているからだ。

この町で私は自動車の免許を取った。

日本で助手をしていたとき、月給九千円、ルノー車は百二十万円、国産車で「すぐ駄目になる」といわれたダットサンでも六十九万円。給料をすべてつぎ込んでも、買えるまで最低七十七カ月かかる計算だ。自分が生きているうちに自分のお金で車を買い、自分の調査に使うとは夢にも思わなかった。ところが、ドイツに来たら、五人に三人が、カブトムシと呼ばれていたフォルクスワーゲンなどの車を持っていた。研究所で調査などに行くときには、個人の車に相乗りした。

月給は八百マルク受け取った。当時のレートは一マルク百十六円だから、十万円ほど。しかも下宿代も二百マルクで済んだので、かなり余った。

「ドイツの思い出に車を」と、まずは免許を取ることにした。

ドイツで免許を取得、研究員に車を借りて運転した

日本の自動車学校のようなところはなく、個人が少し大きな自宅で数人の生徒を指導していた。私の先生は、初めての日本人だからと特別な配慮をしてくれた。「運転技術のことは、後で研究員に教わりなさい。ただ人を殺しては困るから、交通ルールだけはしっかりやりなさい」と言い、一五〇マルクで免許を出してくれた。

すぐ車を買うつもりだったが、チュクセン教授に「万一のことがあったら大変だ。どこかに行くときは、ほかの研究員の運転する車に乗せるから」と強く反対され、結局、ドイツでは買わなかった。

日本から恩師が来訪

ドイツに来てから最初の一年半、日本人には一人も会わなかった。一度、ハノーファーで、背が低い、東洋系の顔つきの男性を見かけ、日本人かと思い、声をかけたら「私はタイから来ました」と。

当然、日本語を話す機会などない。「ネコの鳴き声も豚の鳴き声もドイツ語」という環境で過ごした。

そのうち、日本から知り合いの大学教授らが、研究所を訪ねてくださるようになった。東京大学理学部の服部静夫教授も来られた。カナダで国際植物学会があり、そのついでにヨーロッパも回ってみたいということで、奥さまと一緒に立ち寄られたのだ。

前にも書いたように、服部先生がドイツ語の添削をしてくださったおかげで、私の論文が国際的な植物学雑誌に載った。先生のお力添えがなければ、チュクセン教授が私の論文を読み、声をかけてくださることもなかった。ドイツ留学の大恩人である。チュクセン教授も、私を引き合わせた服部先生に感謝したいと、手厚くもてなしてくださった。後にチュクセン教授が来日された際には、服部先生ご夫妻が椿山荘での会食にお連れして、行き届いたおもてなしをされていた。

留学中、ドイツ最高峰ツークシュピッツェ（2962m）にも調査に出かけた

ストルチェナウは小さな町で、ハンブルクなどの大都市にあるような立派なホテルはないが、三泊四日の服部先生ご夫妻の御滞在中に不快な思いをさせることはなかった。

これがフランスだと、おそらくこうはいかなかっただろう。フランスは、都市なら一流ホテルはいくらでもあるが、田舎に行くと、ホテルで出されたサラダに、時にアブラムシが入っているなど、手抜きというか、いいかげんさを目の当たりにした。その点、ドイツでは、地方のホテルでも信頼がおけて、ありがたかった。

服部先生は、私が、ドイツ語をよく話せると驚かれた。先生の教え子には、アメリカ留学支援のフルブライト奨学金などで留学する人が多かった。ところがニューヨークやボストンに二年も三年もいて、帰ってきても、英語が話せるようにならないと嘆かれた。

理由は、私が日本人と全く会わなかったからだ。ニューヨークなどの、日本からの留学生が多い大学では、日本人のグループができ、留学中、そういう仲間としか付き合わない人がほとんどという話だった。それでは語学は上達しない。

確かに私はドイツ語がうまくなったが、代わりに、できると思っていた英語が、話しにくくなった。

国際学会などで、英語が母国語の人と話すと「あなたの英語は、ドイツ語なまりがあるので、分かりにくい」と言われる。逆にドイツ語圏の人と英語で話すと「あなたの英語はわれわれには分かりやすい」と歓迎される。

融通のきくドイツ警察

横浜国立大学の学芸学部長で、私の上司に当たる酒井恒教授も、パリでの学会の帰りに研究所に来られることになった。酒井先生は甲殻類の分類学の専門家で、昭和天皇の研究のご相談相手として、葉山の御用邸近くの海をよくご案内されていた。

酒井先生が来られたとき、レカーテ研究所のレカーテ事務局長の車で、ハンブルクの空港まで迎えに行った。途中、事故で渋滞があって遅れてしまい、空港に着いたら、飛行機の到着時刻ぎりぎり。遠くの駐車場に止める間がないので路上駐車した。その現場が警察に見つかり、「すぐ警察に出頭するように」という紙が貼ってあった。レカーテ事務局長と恐る恐る出頭すると、対応した若い警官が、「駐車違反の罰金を払いなさい」と言う。二百マルク、当時のレートで二万円以上だった。しかも、レカーテ事務局長が国家公務員と分かると、罰金はその三倍だという。公務員が罪を犯すと、一般の人より罰が重くなるのだ。

1960 年ごろ、ドイツ・ハンブルクの街角。著者撮影

出てきた警察署長に、私は「日本から来た私の上司で、偉い大学教授を迎えるため、やむを得なかったのです。責任は私にあります」と説明し、許してほしいと訴えた。

署長はにやにやしながら、「あなたの上司が遠い日本から来られたということなので見逃します」と言う。次に事務局長に向かって「今回は君のためではなく、日本から来たお客さんのために見逃すのです。またやったら三倍です」と告げた。とかくドイツ人は、何事も規則が大事で、杓子定規な民族と思われているが、こういう融通の利くところもある、と分かった。

ほかにも何人かの教授が来られた。日本では私が助手だから、お願いしたり、指示に従う立場だったが、ドイツに来たら逆転した。「そちらに寄ってもいいですか」と下手から頼まれ、どこへ行くのも、何をするのも私が主体となった。

当時、東京都立大学教授で、後に日本植物学会会長なども務められた、植物生態学の宝月欣二先生が来られた時のこと。三カ月間、アメリカに滞在される予定だったが、「居心地が悪くなり、ヨーロッパに行きたくなった」と私を頼って来られ、研究所でひと月ほどご一緒した。

その間、オランダのナイメヘン大学のビクトル・ベストッフ教授から講義を頼まれたので、私は出張することになった。宝月先生も同行したいと言われたので、大学に問い合わせると、かまわないという。ところが、向こうから送られてきた招待状に、私と宝月先生のことを「ドクター・ミヤワキと彼のアシスタント」と書いてあった。国内なら、出張講義に目上の人を連れていくことは、ふつうはない。大学が誤解したのもうなずける。私は、その招待状を宝月先生に見られないようにするのに苦労した。

望郷の念がわく

ドイツに来て二年近くたった一九六〇（昭和三十五）年夏、横浜国立大学の学芸学部長の小林甲子郎先生（酒井先生から代わられた）から国際電報が来た。「十月までに帰国せよ」という。助手も文部教官で、二年以上、席を空けると休職扱いになるからという。

ドイツに来てから、チュクセン教授に「潜在自然植生を見抜く力を身に付けるには、私のもとで三年間は勉強しないと」と、何度か言われていた。私も三年間はドイツにいようと決めていた。ドイツ人に囲まれた生活にもかなり慣れてきた。言葉には不自由しない。食生活も問題なかった。日本の味が恋しくなるときもあるが、パンくずと塩を混ぜたところにキャベツを漬けてしばらく置くと、ぬか漬けの味になる。そんな工夫で乗り切れた。

最初は一人もいなかった日本人も、短期滞在者も含めて五人ほどになった。私の帰国後はさらに増え、研究所を訪れたり、ここで学んだりした日本人は、最終的に五十人ほどに上った。それでも「研究所を訪れた一番目の日本人」という私の「肩書」は変わらない。しかも一番手というのは、二番手との間に百番ぐらいの差がある。私の記憶が、私の後に滞在した人とは比較にならないほど、チュクセン教授や研究所の人に強く刻み込まれた。後に研究所を訪れた先輩教授らから、「チュクセン教授は、案内しながら『このブナの

研究所のあるストルチェナウで行われた復活祭の様子。著者撮影

木は、ドクター・ミヤワキが写真を撮るために登って落ちた木だ』などと、君の話ばかりする。他の日本人のことは全く話題に出なかった」などと、嫉妬交じりに話されたりした。すっかりドイツの生活になじみ、時には自分がアジア系の人種であることも忘れてしまった。空港へ日本からの訪問者を迎えに行ったとき、タラップから下りてくるヨーロッパ人ばかりに目が行く。小柄な日本人を見ても、すぐには懐かしさや身近さが感じられなかった。

ところが、日本から電報が来たとたん、急に帰りたくてしょうがなくなった。ひと月に一回程度、簡単な手紙のやりとりしかしなかった家族のこと、大学の研究室のことなどが頭に浮かび、離れなくなった。こうなったら、チュクセン教授にお願いするしかない。恐る恐る話すと、今まで見たことのない厳しい表情で言われた。

「今、日本に帰って『チュクセンに学んだ』と言われたら、私の顔がすたる。どうせおまえは壁に突き当たるだろう。あと一年はドイツで勉強しなさい」

小林学部長は、席を空けて待っているので、私の側に立ってくださった。学部長とチュクセン教授が国際電報で連絡を取り、「横浜国大が宮脇を、三年以内にもう一度、ドイツに来させる」という条件付きで、帰国を許していただいた。

ふるさとの森の夢

帰国が決まると、うれしかったが、同時に不安に襲われた。

——チュクセン教授から学んだ潜在自然植生は、いわば厚化粧の上から素顔を判断するというような、極めて難しい理論だ。ドイツや周辺の国の現場でたたき込まれ、理解できるというようになったが、日本に帰っても、同じように見抜けるだろうか——。

実家近くの「御前さん」。鳥居左側の背の高い木がウラジロガシ、社の右側に立つ木がアカガシ。社殿は最近建て直されたもの

そんな時、ふるさとの夢を見た。家の近くにあった無人の社「御前《おんざき》さん」（現・中野神社）の鎮守の森だった。毎年、そこで秋祭りが行われる。その日は、夜中の十一時ごろから、家で酒盛りが始まった。子どもだった私たちも、刺し身などのごちそうが食べられた。深夜零時ごろ、御前さんの境内の紅白の段幕の中で備中神楽《かぐら》の奉納が始まる。現在、国指定の重要無形民俗文化財だ。神楽は午後五時ごろから早朝四時か五時ごろまで続く。

ある年、神楽が終わって空を見上げると、日は出ていないが、ほんのり明るい空に、鎮守の森の、身震いするほど太い木の枝が、黒々と広がっていた。

その時の光景が夢に出てきた。目が覚めて「ひょっとして、あの巨木がチュクセン教授の言われた潜在

今では、ドイツ語の会話には不自由しない。1980年ごろ、来日したドイツ・ザールランド大学のP・ミューラー学長（右）と議論

自然植生の主木では」とひらめいた。鎮守の森は、古来、神聖な場所として守られている。人が入ったり、木を切ったり、手を加えたりすることを禁じられている。鎮守の森には、伝統的なその土地本来の緑や森が残っているのではないか。ふるさとだけでなく、全国の鎮守の森を調べれば、日本の潜在自然植生が分かるかもしれない。

　そう気がついた時、帰ってもやっていける気がして、少し希望が湧いてきた。

　後に調べた結果、御前さんの鳥居脇に立つウラジロガシとアカガシは、この地方、すなわち、中国山地の南側、海抜四〇〇メートルの地域の潜在自然植生の主木だと確かめられた。

　一九六〇（昭和三十五）年十一月、帰国した。二年より少しだけ長引いたので、始末書は出したが、休職は免れた。出発前は横浜国立大学の助手だったが、帰国して間もなく助

1958 年に最初に行って以来、現在までに 85 回以上、ドイツを訪れた。80 年代、ドイツ植生図研究所で。右から 2 人目が著者

教授になった。私は何も変わっていないが、「留学した」というだけで、世間から一種のステータスを与えられた。教授夫人で、かつて私を見下すようにしていた人が、私を見かけると、立ち止まって深々と頭を下げてきた。

住まいは、当時、横浜市内の新子安にあった、2DKの国家公務員住宅を用意していただいた。ずっと別々に暮らしていた息子の功は、二歳になっていた。家内が私を「パパ」と呼ぶよう教育してくれた。息子には、ママに世話を焼かせる私が、時としてうっとうしい〝お客さん〟に思えたらしい。家内にたびたび「パパはいつ帰るの」と尋ねたという。

第六章　ふるさとの森を守る——横浜国立大学時代

全国から学生が集まってきた

ドイツで不十分ながら学んだ潜在自然植生の理論は、日本で発表すれば多くの関心を集め、すぐ広まるだろう。そう信じて意気揚々と帰国した。主な新聞に投稿したが、反応はさっぱりだった。周りからは、「日本とドイツは違う。日本には日本のやり方があるのだ。ドイツかぶれもいいかげんにしろ」と言わんばかり、何となく冷たい目で見られていたようだ。

　とにかく全国の緑（植生）の実態を明らかにしようと考えた。潜在自然植生を探るため、鎮守の森に注目しながら現地植生調査を始めた。以前は雑草群落の調査が主だったが、今度は森林から草地まで、すべての緑を対象とした。

　幸いにも、帰国後、全国の大学から、卒業したばかりの若い研究者が私のもとに集まり、調査に関わってくれた。おそらく「宮脇が唱える理論は正しいのではないか。宮脇のところに行けば、最新の考え方に基づく方法で、日本全国の植生調査ができるはず」などと考えたのだろう。私の勤めていた横浜国立大学教育学部には当時、学位権、つまり学位を与える権利がなかったが、みな、自分の意思で来たのだ。私は「来るもの拒まず、去るものは追わず」の方針をとった。やって来た若者を研究生などとして受け入れ、学位はほかの大学で取らせた。若い彼らは、私とともに日夜、各地の現地植生調査と、その大量の植生調査資料（アウフナーメ）の整理に追われた。

　しかも一九六〇年代の後半からは、東南アジア・ボルネオ島などでの長期植生調査も始まり、正月を挟んで三カ月近い海外調査も加わった。「宮脇は殺す気なのではないか」と陰でささやかれたりした。その代わり、研究室のデータはオープンにした。共同研究時間のあとは、全調査データを自由に使ってかまわないとした。

研究室に二十数年間でやって来た二十人のうち十九人に、私が推薦して、学位授与権のある大学（元の旧制大学など）で学位を取らせた。その一人が東北大学理学部生物学科出身で、横浜国立大学学長を三期もつとめた鈴木邦雄君だ。一時期、鈴木教授を含め、私の研究室出身者が五人、横浜国立大学の正教授をしていたこともある。

また、東京農業大学教授をつとめた中村幸人君も、東海大学の海洋学部を出ながら、植物学に関心を持って私のところに来た。そして国際生態学センター専門研究員の村上雄秀君は、立教大学物理学科を卒業している。東京農業大学教授の鈴木伸一君は、明治大学農学部を卒業して私のところに来ている。みな、共同研究と自分自身の研究のため、よくがんばってくれた。

私は、それぞれの意欲に応えようと、当時、横浜国立大学には学位授与権がなかったので、学生たちの学位取得のため、論文審査を他大学の教授に依頼する手間を惜しまなかった。学位授与権のある大学の先生方は、それぞれ自分の学部から上がってきた学生を抱えているため、そのためにはそれ以上の内容の学位論文が必要であったが、お願いした各先生方が快く審査を引き受けてくださったことに、今でも感謝している。

「自然保護」が受け入れられない高度成長期の日本

かつて雑草群落を調べていたころは、雑草以外、ほとんどが自然の緑、つまり、その土地にもともと生えている草や木が生き続けていると思っていた。

ところが、ドイツでチュクセン教授に潜在自然植生の理論と判定法を学んで、帰国して現場を調べると、全くそうでないことが分かった。ドイツはじめヨーロッパ各地の緑は、長い間の人間活動の結果、土地本来の緑・森が破壊された後、パイオニアとして二次的に生育している代償植生か、人為的に植えられているものばかりだ。土地本来の潜在自然植生ではない植生ばかりなのだ。日本の緑も同様だった。こうした成果をつかんで発表しても、周りの反応は相変わらず冷たかった。

当時の日本は、高度経済成長期に突入しようとしていた。「開発は錦《にしき》の御旗《みはた》」という風潮で、海岸から山地まで、緑は急速に減る一方だった。「〝本物の森〟を守り、増やしていかなければならない」という、一生物学徒の本能的危機感から、ドイツで学んだことや、日本の緑の現状を訴えても、誰も関心を寄せてこない。一方、ドイツでは自然保護が行政の中で重要な政策の一つとなっていた。

ドイツに着いて間もなく、「ドイツでは、各分野で自然保護（Naturschutz）が強く叫ばれている。日本でも開発と同時に必要だ」と、ドイツから日本の主な新聞に投稿したが、全く反応がない。一九五〇年代末ごろの日本のマスコミには、おそらく自然保護という言葉もなかったのでは、と考えている。

ドイツでは、ボンから時々、植生図研究所に来ていた食糧農水省のオーフナー博士局長と親しくなった。

当時、たった一人の日本人の植物生態学徒に興味をもたれたのか、ボンに招かれて、自宅に泊めていただき、休日にキャンピングカーでライン川沿いの河原に行き、炭焼きの料理を一緒に食べたり、野宿をしたりした。局長は、「これは植物生態学を研究する宮脇への、私の最高のもてなし」と、自信を持ってもてなしてくださった。だが当時の私は内心、町

1960 年代後半、植生調査。右端が著者

1962 年ごろ、伊豆大島で、横浜国立大の学生を連れて植生調査の実習。
左端手前、立っている人物が著者

の名所見物や、レストランで食べる方がよいと思っていた。実に申し訳ないことだった。

局長は、〝日本の自然保護の祖〟と言われている田村剛《つよし》先生をよくご存じだった。昭和初期、日本で初めての瀬戸内海国立公園を指定したり、尾瀬の保存活動などに関わられたりした方だ。日本自然保護協会を設立し、当時、会長をされていた。

「日本人なのに、知らないのか」と驚かれ、紹介状を書いてくださった。

帰国後、自等然保護協会を訪れた。厚生省（当時）の建物の一角の屋根裏の小部屋のようなところだった。

田村先生は、オーフナー博士からの〝将来、日本の自然保護（当時はまだヨーロッパでも環境保護という言葉は聞かなかった）に役に立つ青年だから〟というその紹介状を読むと、眼鏡を通して温顔で迎えてくださった。そして「横浜国立大学の教授など、いつでもできるではないですか。明日からうちで働きませんか」と言われた。そばで事務局長の石神甲子郎さんが、甲高い声で「来てもいいけれど、お金はありませんからね」と念を押された。

結局、週三日、協会に通い、欧米先進国の自然保護関係の論文を訳して、「自然保護」という協会の案内の小冊子（パンフレット）に書いたり、また、協会に委託された国立・

国定公園関係の現地調査を手掛けた。それにより若狭湾などで細かく植生調査を行うことができた。

人生というのは、おもしろい。歴史に「イフ」はないと言われるが、もしドイツでオーフナー博士に会わなかったら、そして帰国して田村剛先生に会い、無給に等しい当時の日本自然保護協会に週三回、通わなかったら、雑草群落から高山植生まですべてを網羅した『日本植生誌』全十巻をまとめるプロジェクトを思いつかなかっただろう。御嶽山、白馬嶽、乗鞍岳、荒川岳、赤石岳やその周辺域など、雑草群落の研究に専念してきた滞独以前、一九五八（昭和三十三）年以前の研究に専念し続けていたことが想像できる。

NHKに出演

若い研究生と、日本全国の森を調べるため飛び回っていたので、自宅にいることはほとんどなかった。

ドイツから帰国後二年ほどたった、ある春の日。大雨が降って調査に行けず、新子安の

1960年代、若い研究者と全国を調査して回り、家にいる暇がなかった（左から5人目、富士山麓の調査で）

国家公務員住宅の三階の2DKの家にいた。コンコンとドアをたたく音がした。

家内がドア越しに「どなたですか」と尋ねると、「NHKです」と言う。受信料の集金かと思い「受信料はこの前、払いましたが」と言うと、「いいえ、受信料の徴収ではなく、宮脇先生にテレビに出演していただきたいのです」と言う。

驚いた家内の様子を見て、私が出ていくと、レインコートを着て、びっしょりぬれた若い男性、岡田さんが立っていた。

当時、朝八時四十分から二十分間、NHK総合テレビで、家庭にいる主婦らを対象に「茶の間の科学」という番組が放送されていた。

そこに私が出演して、NHKアナウンサー第一期生の後藤美代子さんと、日本と世界の森づくりをテーマに対談してほしいという。

まさに青天の霹靂《へきれき》だったが、「ぜひ」と言われたので応じ、生まれて初めて東京・渋谷のNHKの中に入った。

番組終了後、後藤さんは「今までいろいろな名士の方と対談させていただきましたけれども、宮脇さんのように生《なま》の話をもとに、緑の重要性について主婦の心にしみるような話をしてくださった方は初めてです」と、感動した様子で話してくださった。

NHKテレビといえば、一九七一（昭和四十六）年、新日本製鐵（現・新日鉄住金）大分製鉄所を訪れたときのこと。詳しい経緯は後で述べるが、東京にある本社の環境管理室長・式村健さんから森づくりの相談を受け、まずは現場の工場を見ようと出かけたのだ。

大分行きが決まると、NHKから、それなら四国・愛媛県の石鎚《いしづち》山の山岳道路の建設現場の収録に立ち会ってほしいと頼まれた。自然破壊が進み、マスコミが問題にしているという。

大分の前に四国へ回り、その現場に行った。このままでは斜面が崩れて危険だ。森をつくらなければと感じた。

そのことをスタジオで再確認しながら話してほしいということで、翌日、大分に向かう前に松山のＮＨＫ放送局に出向いた。

当時のビデオ録画は、テープをつなぐのが難しく、途中で失敗すると、最初から撮り直しになった。今度はうまくいったと思ったとたん、テープが終わってしまい、再度撮り直しになったりして、収録時間が長引いてしまった。

スタジオの外では、一緒に来た新日鐵の環境管理室長の式村さんと中川浩総括環境室長の二人が待っていた。しかし、われわれが乗る別府行きの船が松山港に着く時刻になっても収録が終わらない。

するとＮＨＫの人が船会社の本社に電話して頼みこみ、別府行きの船の出発を十分遅らせてくださって、やっと出航に間に合った。

大学の火災から免れる

ドイツから帰国して一年半後には、長女の景子が生まれた。その一年後の一九六三（昭和三十八）年十月、チュクセン教授との約束通り、ドイツ植生図研究所に戻り、一年間かけて潜在自然植生の勉強を仕上げた。最初の留学の時にはフンボルト財団の支援を受けるのに苦労したが、二回目はすんなり通った。以後、ドイツには、数カ月から数日と期間はさまざまだが、今まで八十回以上、出かけている。

二回目のドイツ留学から戻って三カ月ほどたった一九六五（昭和四十）年一月十二日の夜中、日付が変わって深夜一時ごろのこと。新子安の国家公務員住宅の自宅にいると、階下に住む横浜国立大学の事務室の係長に起こされた。「鎌倉校舎が焼けている、という連絡があったので、行きましょう」と言う。すぐに私の車で鎌倉・雪ノ下の校舎に向かった。

ドイツで免許を取って、帰国後、間もなく車を買った。調査に行くときに、いろいろなものが詰めこめるので、やはり車があると便利だ。

帰国した昭和三十四年ころには、日本は経済成長を続けており、所得倍増と田中角栄総理ら歴代総理も呼んでおられた。しかし私自身、それまでは歩いて雑草群落の調査をしていた。車がほしい。中古のダットサンを五万〜六万円ほどで購入したが、すぐに駄目になった。次に、当時三十五万円ほどしたトヨタの小型車「パブリカ」を手に入れた。

当時の給料は月二万円で、新車を買う余裕はない。同じ大学の心理学の間宮武教授が乗っているのを見て、うらやましくなった。鎌倉のトヨタの販売店で、見るだけのつもりで立ち寄り、試乗もさせてもらった。そこへ学生が通りかかった。私が国大の教員だと分かると、店員は「先生、そのまま乗って帰ってください。お金はいつでも結構です」と言う。「それはありがたい」と乗って帰ったら、家内にひどく怒られた。その車を飛ばして、鎌倉校舎へ駆けつけた。神奈川県師範学校から学芸学部が引き継いだもので、関東大震災で被災後、一九二七（昭和二）年までに建てられたという。

木造の本館と隣の二番館が真っ赤に燃えていた。消防車が何台も来て消火していたが、らちが明かない。二番館の裏手の建物に、生物学研究室が入っていた。火が移って調査データがみな灰になったらと思うと、居ても立ってもいられない。研究室の方へ行こうとすると「先生、入っちゃダメだ」と止められた。

幸いにも、私の研究室には火が回らなかった。だが、二番館にあった地質学教室は全焼し、フィールドワークで集めた資料や記録などが焼失した。地質学の三上敬三先生は「石しか残らなかった」と嘆いておられた。

この後、学芸学部はかつて横浜高等商業学校（後に横浜経済専門学校）の校舎で、経済学部が引き継いだ、横浜市南区の清水ヶ丘校舎の敷地内の空き地にプレハブの仮校舎を建てて引っ越した。

学生紛争でも、門を突破して研究を続ける

学芸学部は、清水ヶ丘に移転した翌一九六六（昭和四十一）年四月、教育学部に改称した。その前に、学生による学部名称変更への激しい反対闘争があった。名称の変更で、教員養成だけを目的とした学部となり、大学発足以来の自由な学問研究の雰囲気がなくなる、というのが、闘争を主導した学生グループの主張だった。彼らは大学を封鎖した。構内を

占拠し、門を閉ざして、教授や職員を閉め出したのだ。封鎖すると、門扉の内側に学生たちが並んで、押し入ろうとする教授や職員を押し返した。そのうち先生方は出てこなくなった。

私は、現地植生調査の後の標本整理などがあるので、力ずくででも入ろうと決意した。中に入ることができても、今度は出られなくなるかもしれないと、インスタントラーメンなど一週間分の食料を入れたリュックを背負い、大学へ向かった。ヘルメットをかぶり、軍手をはめて門扉を押し続けた。

こういうとき、手を出してはいけないと、労働争議に詳しい教授に教えられていた。学生も決して暴力はふるわず、ただ力いっぱい押し返してきた。一年生で泣いている学生もいた。押したまま十分ぐらいいたっただろうか。誰かが指示を出したらしく、急に扉が開いた。私が入ると、また閉まった。

研究室で作業しながら、学生グループの誰かが来るのではと心配した。反対闘争の本部の建物は、研究室から十メートルほどしか離れていなかった。だが誰も来ない。どうにでもなれ、という気持ちで、その日は夜中の二時ごろ帰った。

翌日は車で出かけた。門は閉まっていたが、私と分かるとすっと開き、すぐに閉まった。こうして封鎖された二カ月ほどの間、私だけが自由に自分の研究室に毎日出入りすることができた。おかげで毎日の調査・研究は支障なく進められた。

その後、教授と学生の団体交渉があった。「総括」といって、水戸部君という全学連（全日本学生自治会総連合）委員長以下、学生が教授を一人一人壇上に上らせ、批判する。寒い冬の二月ころだろう。雨天体操場内いっぱいの熱い学生に包まれていた。保守派の教授はさんざんに非難されたが、進歩的な教授に対してはそれ以上で、徹底的にたたいた。

学生たちは、「最初は、俺たちにやれやれと言いながら、文部省が口を出してきたら、やめろと言う。裏切り者だ」などと手厳しかった。

助教授の私は最後に壇上に上がった。すると水戸部委員長は「先生、どうしてここにいらっしゃるのですか」と尋ねる。

次に他の教授陣の方を向いて「よく見ろ。宮脇昭先生は、われわれが封鎖したら、それをうち破って入り、研究を続けられた。てめえらは封鎖をいいことに、家で昼寝したり、アルバイトしていたではないか」とさかんに毒づいた。

再び私の方を向いて「宮脇先生、どうぞ、研究室にいらしてください」と言った。学生運動は、学部名称変更の最初のころは純粋だったように今でも感じている。

教授会での爆弾発言

学部名称変更反対闘争で大学が封鎖された問題で、学芸学部では何度も大学の外の民間の会議室などを借りて、教授会が開かれた。

私は初め、各地の植生調査などと重なって欠席が続いたが、あるとき、初めて参加した。学生が教授との団体交渉を望んでいる、どう対応すべきか、学部長が教授・助教授一人一人に意見を聞いていき、最後に私の番が来た。

私は「学生たちはいのちを張ってやっているのですから、先生方もいのちを懸けて、逃げないで、団交に出るべきです。学部長が出てダメなら、お辞めになって、次の方が学部長になればいい。その方がダメならまた次、とやっていけば、教授は二十四人いるのですから、二十四日間はもつことになる。そうするうち、何とかなるのではないですか」と、教授会では、はじめて大きな声で発言した。

司会の学部長が「宮脇先生から今、新しい提案が出ましたけれど、みなさんいかがですか」と尋ねると、みな、下を向いて黙ったままだった。

その後、学生による封鎖は解かれた。それでもまだ不安があったので、教授・助教授がペアを組んで、毎晩、交代で学部本部の宿直をすることになった。

このとき、私と組んだある老教授からしみじみと言われたお言葉を、今でもはっきり覚えている。

「あの教授会で、宮脇先生は素晴らしいことを言われた。私も賛成だったけれど、先生はここを辞められても行くところがありますが、私は行くところがないから、発言したくてもできなかったのです」

それから二年半後、一九六八（昭和四十三）年秋から翌年末にかけ、清水ヶ丘キャンパスで再び大学紛争が起きた。前より長く続いたので、学内はかなり荒れた。今度はどうしようもなく、私は一九六九（昭和四十四）年六月から九月にかけ、再びドイツに出かけた。

帰国して数カ月後、封鎖が解けた。解除後、初の授業は、経済学部の一般教養の教室に五百人ほどの学生が入っていた。学生たちには、大学紛争に区切りがついて、卒業という現実の課題を何とかしなければ、という思いがあったのだろう。

ドイツに出張中、当時の東ドイツ共和国のハーレ大学に講演に招かれた。大学の学部長をしている友人のシュルーター教授に、私が「共産圏では、いつでもストライキができるからいいな」と言うと、「とんでもない。日本の大学紛争を東ドイツやソ連でやったら、大学の教授だけでなく、その家族や大学の守衛まで捕まる」と、厳しい表情で説明された。

その話を、大学封鎖がとけて、最初の私の講義で話すと、二百人ほどの教室には、「うそだろう」といったしらけた雰囲気が漂い、後ろの方で何人かの学生が、がたがた騒いだ。私は「事実を話しているのだ。聞きたくなければ出て行け」と怒鳴った。

しかし、机にしがみついて、誰も出ていかなかった。素直に授業を受けようとする姿勢を見て、彼らは本気で大学を叩こうとしたのでなく、一部の学生に踊らされただけだったのではないか、と感じた。

日本生態学会で講演

ドイツ留学から戻って以後、「日本の土地本来の森は、ヨーロッパと同様、ほとんどが人の手によって変えられ、失われている」という私の提言が、見向きもされない状態が何年も続いた。

だが、一九六六（昭和四十一）年、大阪市立大学で開かれた日本生態学会で、かすかな手応えがあった。私に講演の機会が与えられたので、「関東地方の潜在自然植生」と題して十五分、次のような話をした。

――関東地方では、国木田独歩の『武蔵野』に出てくるようなクヌギ、コナラ、エゴノキ、ヤマザクラなどの落葉広葉樹林が、自然の森のように思われている。人類が地球上に誕生して五百万年、そのうち四百九十九万年近くは、森の中で猛獣におののきながら生き延びてきた。しかし縄文後期ころから定住生活をはじめ、火を使うようになった。

しかし里山の雑木林は、人が燃料を得るため十五年から二十年に一回ぐらい伐採。また化学肥料がなかったので、肥料にするため二〜三年ごとに下草刈り、落ち葉かきをしてきた。つまり、雑木林は人の手によって変えられた二次林だ。これが現在広く言われている。

土地本来の潜在自然植生は、古い屋敷林や鎮守の森に残っている。関東地方の屋敷林は深根・直根性のシラカシ、アカガシ、ウラジロガシ、海岸や河川沿いの低地、丘陵、山麓では、スダジイ、タブノキを含む常緑広葉樹の森で囲まれていた。鎮守の森もそうだ。

このような樹林は、北風から屋敷を守ったり、養蚕農家では蚕への西日よけなどの役割を果たした。東京の浜離宮や芝離宮、芝白金の自然教育園の周りなどに残る常緑広葉樹林は、度重なる火災にも、関東大震災にも、戦争中の焼夷弾にも耐えた。こうした屋敷林などを調べた結果、関東地方は、シラカシを中心とする常緑広葉樹林が潜在自然植生で、それ以外は人の手によって変えられた森である——。

こう話すと、会場にウォッというどよめきが起きた。「そんなことがあるのか」といった疑念と、真実を知った驚きが混じった声だったのだろう。

その講演会には、当時、東京大学教授で植物分類学の大御所とも言うべき前川文夫先生、ドイツでご一緒した宝月欣二先生ら、学会の大先生方も来られていた。同じ時間に、同じ大学内で、学会の他の講演があったはずだが、わざわざ私のところに来てくださったのだ。私は「ドイツかぶれ」などと批判されたが、分かる人は分かっていてくださったのだ。

このとき、私が話した「日本人のほとんどが現在定住している地域（北海道などを除く）の潜在自然植生は常緑広葉樹」という理論は、今では常識になっている。これまでの調査の結果、日本の人口一億二千万人の九二・八％が住んでいるところは、シイ、タブノキ、カシ類の常緑広葉樹林。いわゆる、照葉樹林と言われる植生の土地である。各地に残存している社寺林や屋敷林、人手の届かない急斜面などに残っている樹林を調べると、本来の植生であるシイ、タブノキ、カシ類の森。つまり日本固有の文化を支えてきた照葉樹林は六％しかないことが分かった。

自治体や企業からの委託調査、そして文部省から

一九六〇年代の私の研究室では、自治体や先見性を持つ企業などからも、調査研究を委託されることはほとんどなかった。それでもわずかながら私のことを理解して、植生調査

などを委託してくださるところもあった。

最初に受けた委託研究は、六〇年代の半ば、当時の鈴木重信・神奈川県教育長からの依頼だった。国立公園の箱根の自然や、県立公園の真鶴《まなづる》半島の自然が荒れているので、詳しく調べてほしいという依頼だった。

日本住宅公団（当時）の依頼で、茨城県の筑波地区も手掛けた。まだ研究学園都市が計画段階で、街の影も形もないころ、都市計画の基礎資料を取るため、東京大学の造園学教授の横山光雄先生に調査が委託された。横山先生は、これからの造園学はエコロジカルな視点が必要というお考えで、助手（当時。その後東大教授を経て名誉教授）の井手久登さんは一時期、私の研究室に出入りされ、現地調査に同行されたりしていた。

そういう関係から、筑波の調査は私と井手さんが共同で、三年かけて引き受けることになった。当時、桜村（現・つくば市）に一軒だけあった旅館に、研究生らと泊まりこんで植生調査した。現在のような町ができる前の筑波地区は、冬になるとひどく寒かった。十一月、小雨の中で調査をして、氷雨でぬれたズボンが凍ってしまい、動くと肌に当たって痛かった。

1970年代、北海道サロベツ湿原の植生調査で。右から２人目が著者

六〇年代後半は、ほかにも横浜の港北ニュータウン予定地区、多摩ニュータウン、藤沢市西部開発事業地区などの調査を手掛けた。

一九六八（昭和四十三）年ごろ、神戸市の依頼で六甲山の現地植生調査を行っていたときだ。夜半、山の上の小屋にたとえられるような小さな山小屋の宿泊先に、文部省学術国際局審議官の手塚晃研究助成課長（当時）から突然、電話がかかってきた。「山から下りたら文部省に来てほしい」と言う。

大学教授の中には、文部省の委員を引き受けるなど、何かと関係を持っている先生方もおられたが、私はそういう関係も全くなかった。何か怒られるのだろうかと心配になった。

言われた通り、調査を終えると、その足で本省の会議の場に出向いた。汗まみれの作業着に泥靴のまま、大きなリュックを背負った格好でその会議場に入ると、東京大学や京都大学などの著名な教授らが十人ほど並んでいた。

座長で、同省学術国際局の渋谷敬三審議官（当時）が、会議の趣旨を説明された。

――国土の開発が進むにつれ、公害や自然破壊の問題も出てきた。この問題に対応するため、文部省としては「人間生存」というテーマのプロジェクトを展開したい。それにふさわしい研究テーマを提案していただきたい――。

科学技術庁（当時）では、すでに多額の政府予算を獲得して、公害対策などに取り組んでいた。文部省でも、何とかしないと予算を吸い取られてしまうといった危機感も察せられた。

第七章　『日本植生誌』完成、いのちの森づくりへ

文部省から予想外の予算――『日本植生誌』刊行へ

「人間生存」の会議では、各大学の教授一人一人に、このプロジェクトにふさわしい研究テーマについて意見を求められた。大先生方からはいろいろなアイデアが出た。その後、座長の渋谷敬三審議官が「それは誰がやりますか」と尋ねられると、みな「他の研究員の方と共同で……」などと答えた。

新制大学の横浜国立大助教授だった私には、最後に発言の順番が回ってきた。

――それまで、私が全国で行った植生調査の結果をまとめた群落システムは、抽象的なデータで、利用される研究分野が限られる。隣接する各研究・応用分野で広く利用してもらうためにも、客観的に決定した群落システムの具体的かつ空間的なデータ、つまり植生図を作る必要がある。

一番に作りたいのは日本の中心、東京です。首都圏および関東地方の現存および潜在自然植生図を描きたい。――

こうした計画を述べると、渋谷審議官は「それは誰がやりますか」と尋ねられた。他にいるわけがない。「私、宮脇昭が自分で責任を持って進めます」と言い切った。続いて「それには予算がいくら、いりますか」と問われた。

それ以前、文部省から科学研究費をもらったことはあったが、何枚も申請書を書いて、いただいたのは一万円か一万五千円ぐらい。首都圏全域を踏査し、そのすべての資料から植生図化するには、相当の経費が必要だ。思い切って、震え声で「三百万円」と答えた。

しばらく間があって、渋谷審議官は「分かりました。そのプロジェクトは非常に大事で、

『日本植生誌』の植生図製作に向け、研究生と話し合う（左から４人目が著者、1977年、横浜国立大学の研究室）

その程度の予算ではできないと思いますので、あとで審議官室に来てください」と言われた。

審議官室に行くと、最初に私に連絡してきた手塚晃課長も同席して、「文部省は宮脇先生のお仕事をよく理解しています。やるからにはよい成果を残していただきたい。予算も遠慮しないで言ってください」。

ドイツの光学機器メーカー、カールツァイス社製の大型光学測定器が頭に浮かんだ。これがあれば、植生の広がりをより正確につかむことができる。価格は約八百万円。これに三百万円を上乗せして、「一千百万円」を要求した。驚くことに、それに上乗せして一千三百万円の予算が付いた。

『日本植生誌』全10巻

　私の地味な、現地での植生調査・研究など、文部省では誰も知らないと思い込んでいたが、渋谷審議官も手塚課長も、以前から理解してくださっていた。官僚にもこんな素晴らしい方がいるのだと認識を新たにした。これが私のもっとも重要な、ライフワークの一つとなった『日本植生誌』の発端である。

　それにはドイツから帰国後の一九六〇年代、ほとんど誰にも相手にされなかった十年間の積み重ねがある。各大学を卒業したばかりの若者たちが、将来、学位も地位も、何も保証のない新制大学教育学部の私のところに集まった。宮脇と一緒に各地の植物を調べられるということだろう。

私は彼らと十年間、徹底的に北海道から鹿児島まで、あらゆる植生の現地調査を集めてきた。この、地味であっても、まちがいのない、「緑の戸籍簿」とも呼ばれる膨大な植生調査資料があったから、一九八〇年から毎年一巻ずつ、全十巻の『日本植生誌』を出せた。どんな困難な時も、〝危機はチャンス。不幸は幸福の前提〟とめげず、迷わず、がんばってきた。現在でも毎日、国内外での植生調査、いのちの森の再生に取り組んでいる。

これはその後、「日本列島の現存および潜在自然植生図を」という企画に発展した。植生図と植生誌を、現地植生調査をもとに研究成果をまとめて一年に一巻ずつ刊行、十年で十巻刊行し全国を網羅するという大事業だ。

一九八〇年に『日本植生誌』第一巻を刊行、八九年、全十巻が完結した。

一般向けの本『植物と人間』

一九六三(昭和三十八)年、日本放送出版協会(現NHK出版)から、『富士山　自然の謎

を解く』という小冊子を、火山（木澤綏氏）、気象（飯田睦治郎氏）、野鳥（松山資郎氏）の専門家と共著で出版した。今でも続く「NHKブックス」というシリーズの一冊だ。私は植物の専門家として、無名だったが、富士山麓の現地植生調査の成果をもとに論ずるとともに、現存および潜在自然植生のことにも触れた。その評判がよかったらしく、「今度は宮脇一人に一冊書かせよう」という企画が持ち上がった。同ブックスの田口汎編集長（当時）から、植物社会学や植生について、一般の人向けに書いてほしいと依頼された。

担当編集者は竹内幸彦さんという新人だった。父上は地球物理学者の竹内均先生。有名な物理の参考書を何冊も書かれているので、十代のころからお名前を存じている。幸彦さんに親しみを感じ、〝タケちゃん〟と愛称で呼ぶようになった。

当時、週三日、東京・虎ノ門の日本自然保護協会の事務所に出向いて仕事をしていた。そこへタケちゃんが毎週のように来て、「先生、原稿はどこまで進んでいますか」と言う。私はその都度、「十ページ、書いた」、「原稿用紙二十枚まで」、「原稿は自宅にある」などと返事をしていた。

そのころ、自宅は現在と同じ、横浜市保土ヶ谷区の市立桜丘高校の近くだった。それまでの、新子安の国家公務員住宅の２ＤＫでは、夫婦二人と子ども二人が暮らし、私の書斎を確保して、時には海外の研究者を泊めたりしていると、かなり手狭に感じられた。ちょうど横浜国立大学で一緒に植生調査などに協力していた大場達之さんから、お兄さんのご自宅近くの元農家の人が土地を売りたがっているという情報をもらった。価格もかなり安くしていただいたが、私一人の力では無理だった。家内の母が新子安の家に来て、「これでは大変だ」と、援助してくれた。まずは平屋を建て、その後、少しずつ建て増したり、土地を広げたりして、現在まで住んでいる。

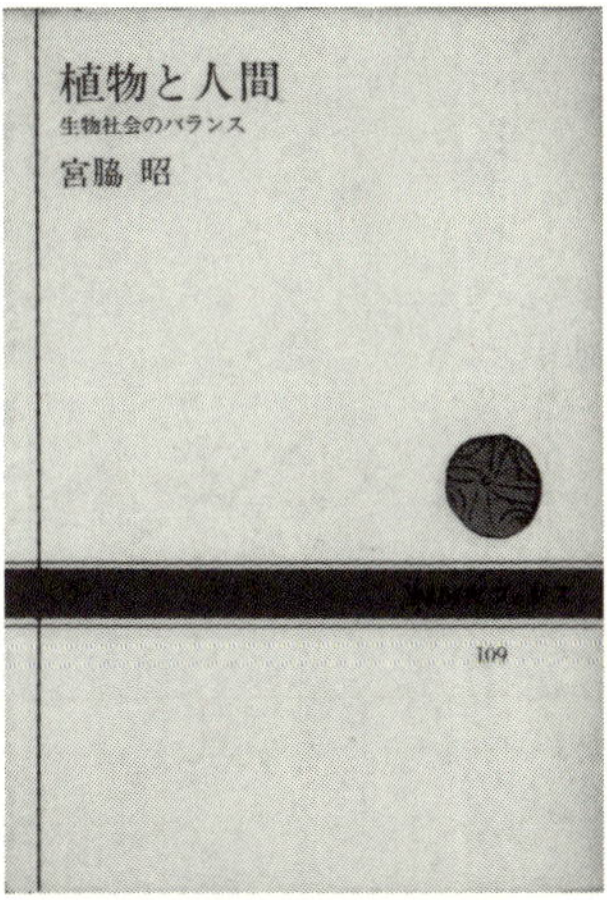

初の一般向け単行本となった
NHKブックス『植物と人間』

この家で一九七〇（昭和四十五）年の元旦、私が風邪をひいて寝ていると、田口さんとタケちゃんが菓子折りを持って訪ねてきた。原稿がどこまでできているか、確かめに来たのだ。寝ている場合ではなかった。実は、私は一枚も書いていなかったのだ。研究者はエゴイストだ。自分の研究に直接役立つことを優先し、一般向けの本を書くことは後回しにしていた。

タケちゃんから報告を受けた編集長の田口さんが、「そういう返事をする人は、一枚も書いていないものだ。一度、自宅へ見に行った方がいいよ。私も一緒に行くから」という話になったと後から聞いた。

『植物と人間』が毎日出版文化賞を受賞

元旦に訪れた田口編集長から、私の本を、その年、一九七〇（昭和四十五）年三月中に出版することになっていると言われた。私は発奮し、本の執筆に全力投球すると決めた。

タケちゃんは毎日、書き上がった原稿を取りにわが家に通ってきた。「明日は夜十時に来てくれ」と言うと、その時刻に貸し切りのハイヤーで来る。途中までしかできていないときは、何時間でも、わが家の空き地にハイヤーを止めて待っていた。こうして、二十日間で一気に書き上げた。

発行日は三月二十日で、最終校正はその月の十日だった。翌日、私は沖縄へ行くことになっていた。二年後の沖縄返還が決まり、その前に沖縄本島や西表島の植生調査をしてほしいと、厚生省（当時）から依頼されたのだ。出発の前の晩は自宅で徹夜となり、朝六時ごろ、ようやく校正を終えた。例のごとくハイヤーで待っていたタケちゃんが、校正紙を持ち帰るのを見送ると、私は羽田空港へ向かった。

「ＮＨＫブックス」の編集委員の間では、私の書いた原稿について、「分かりにくいから書き直そう」という意見が出たそうだ。だが田口さんが「いや、文章に勢いがあるから、これでいい」と言われ、そのまま『植物と人間――生物社会のバランス』と題して出版された。

この本がその年末、毎日出版文化賞を受賞した。年間十万冊にも上る出版物の中から、自然科学部門で二冊前後、各部門合わせて十冊前後（当時）しか選ばれない中の一冊に私の著書が入ったというのは驚きだ。日本放送出版協会でも、梅原猛さんら三人共著の『仏像――心とかたち』以来五年ぶりの同賞受賞で、大いに喜ばれ、お祝いの会を開いてくださった。途中でわざわざ元トルコ大使、元文部大臣の遠山敦子さんがご出席くださった。

その時、営業部長から「タイトルに植物と付いた本が売れたためしはない。普通、初版一万二千冊刷るのだが、半分の六千冊に抑えておいたのです」と言われた。それが受賞により増刷、増刷となった。当時、鉛版がへって不鮮明になったので、新しく新版を起こして、六十八刷も出しているそうだ。

この祝賀会に元神奈川県知事で、当時は横浜国立大学教授・経済学部長の長洲一二先生がいらした。毎日出版文化賞の審査委員のお一人だったのだ。

私は助教授で学部も違うが、同じ大学の教員同士、顔を合わせることもあった。

長洲先生は、「ときどき、リュックを背負って、長靴を履いて、汗びっしょりになって、山から帰ってこられる姿をお見かけするだけで、研究のことはよく知りませんでしたが、この本を読んだら、なかなかしっかりした内容だったので推薦したのです」と言われた。

長洲先生のほかにもうお二人、確か大阪大学の遺伝学の先生も「これからはこういう学問が大事だから」と推されたそうだ。

企業と初の森づくり

各地で公害問題が深刻化し、市民の環境への意識が高まるなか、一九六七（昭和四十二）年、公害対策基本法が制定された。このころから、企業活動と環境という課題に本腰を入れて対応する企業が増加した。

一九七一（昭和四十六）年、私ははじめて経済同友会で講演した。日本自然保護協会の田村剛《つよし》先生が紹介してくださったのだ。当時、同会の代表幹事で東京電力社長の木川田一隆さん、日本興業銀行相談役の中山素平さんをはじめ、日本を背負うような大企業トップの前で思い切ったことを発言した。

——土地本来の森がどんどん消えていく。産業を優先すれば、一時的には儲かっても、みなさんのいのちが危なくなる。〝本物の森〟をつくるべきだ。木を植えるべきだ——。

このとき「若造の言うことに腹は立つが、ひょっとするとこの話は本当かもしれない」といった反応があったようだ。「実務を担う部課長クラスに聞かせるべきだ」という意見が出たので、その後、部課長向けの講演も行った。

実務者向け講演の翌朝七時、横浜国立大学に電話がかかってきた。このころの私は毎朝七時には研究室に行っていたので、「ミスター・セブン」とあだ名されていた。

新日本製鐵（現・新日鉄住金）に新設されたばかりの環境管理室の式村健室長からだった。

「先生のおっしゃる森づくりを、ぜひ、わが社でやりたい」と言う。

今でこそ、冠講座をはじめ、企業と大学が提携する例は少なくない。だが当時の大学には、利潤を追求する企業と大学が手を組むべきではないと考える傾向が、きわめて強かった。

しかも横浜国立大学は新制大学で、学生運動が激しかったので、教職員に対する偏見や誤解もあった。そういう大学の助教授の私が、大企業と手を組んで何か問題を起こしたら、私ひとりの首が飛ぶだけではすまないだろう。

よほど慎重にしなければならない。しかし、相手が本気なら、ぜひ、一緒にやりたい。どこまで本気か確かめるため、「大分製鉄所の敷地で森づくりを」と望む式村さんに、二つの条件を出した。

新日鐵を皮切りに、国内外の多数の企業の森づくりを指導（2013年12月、トヤマ（本社は座間市）新工場建設予定地（山北町）の植樹祭で。中央の麦わら帽姿が著者）

一つは、「潜在自然植生の森が育っていれば、裁判になっても、私は新日鐵側の証人として対応します。しかしもし、突然枯れたら、人のいのちにも影響していると考えられるので、溶鉱炉の火を止めることを決意してほしい」。

もう一つは、「やるからには大分だけでなく、新日鐵の製鉄所すべて（当時十カ所）で森づくりを」。

「三日ほど考えさせてください」と言って帰られた、式村さんの三日後の回答は、「やりましょう。ご指導ください」だった。こうしてたぶん世界ではじめての、土地本来の木による、ふるさとの森づくりの第一

ポット容器の中には、幼苗の根群が充満している

号が、新日鐵大分製鉄所でスタートした。

新日鐵は、環境管理室だけでなく、会社全体で製鉄所の森づくりに力を入れた。二酸化炭素と窒素化合物の排出を抑えるため、チェコスロバキア（当時）製のフィルターを導入した。

私も、もしうまくいかなかったら責任をとるつもりで臨んだ。大分製鉄所の工場建設予定地では、私が関わる前に成木を植えたが、沿岸部の埋め立て地で、塩分を含んだ地下水の影響でほとんど枯死していた。

近くの宇佐神宮と柞原《ゆすはら》八幡宮の鎮守の森を調べて、潜在自然植生を確かめた。

鎮守の森のタブノキの橡果《しょうか》やシイ、カシ類の堅果（いわゆるドングリ）を拾い、それを植えて苗を作ることにした。植物は根で勝負する。試行錯誤の末、ビニール製のポット容器を用い、幼苗を根群が充満するまで育てて、森の予定地に混植・密植した。

こうした森づくりを十カ所の製鉄所で行った。これには環境管理室の式村健室長の熱意も大きいが、経営陣の決断力、実行力も大きかったと思う。

その後も多くの企業の森づくりに関わっているが、そのたびにトップの姿勢に感動する。東日本大震災の被災地復興の「瓦礫を活かす森の長城プロジェクト」(二〇一六年から「鎮守の森のプロジェクト」)をご支援くださっている横浜ゴムの南雲忠信会長も、尊敬する経営者の一人だ。

ことしの年頭のあいさつで「二〇五〇年にどうなっているか」という話をされた。目先のことにとらわれず、二十年先、三十年先も考えられる経営者の支援を得られたことは、がれきを使った森づくりプロジェクトにとって心強い限りだ。

環境庁で「緑の戸籍簿」づくり

このような先見性や決断力があり、私の森づくりに理解を示してくださった人は、政治家の中にもいる。

元首相の三木武夫さんもその一人だ。一九七二（昭和四十七）年に環境庁長官に就任されて間もない土曜日の夕方、突然、わが家に電話をかけてこられた。環境庁の仕事のことで教えてほしいと言われ、翌日曜日に東京・渋谷区のご自宅に伺った。

「宮脇先生が私の立場になったら、最初に何をやりたいですか」と尋ねられた。私はドイツの事例を説明し、「日本も、都市や産業地域の緑を増やすべきです。それには、行政も企業も教育者も市民も分かる植生図が必要です」などと話した。

潜在自然植生図を作るには、植物生態学などの専門知識が必要だが、現存植生図は植物の名前が分かればよい。「ぜひ国家プロジェクトとして、全国の現存植生図作りをやっていただきたい」とお願いした。現存植生図の作成は、それ以前、環境庁計画課長の大井次郎さんに持ちかけたが、結局、予算が付かなかったという経緯があった。

三木さんは私の提案を受けて、大蔵省（当時）主計局に話をした。その結果、国から県に予算を下ろすという方法で、各自治体で現存植生を三カ年かけて調査し、五万分の一の地形図に表す「緑の国勢調査」の事業が実現した。

世界の植生、地域の植生

一九七三（昭和四十八）年、横浜国立大学教育学部の教授に昇任、同じ年、大学に新しく設置された環境科学研究センターに移った。一九八五（昭和六十）年にはセンター長も兼ね、一九九三（平成五）年の退官まで続いた。

それまで大学で「センター」と名が付くところは、電算機センターのように、機械や施設に関連する組織だった。環境科学研究センターは、環境をテーマとする研究者の集まりである。こうした異例の組織が設置された背景には、環境問題に対する社会の関心の高さや、専門的な人材のニーズの広がりがあったようだ。

またこの年、国際植生学会の国際シンポジウム等の実行委員長を任されて、日本で初めて同学会主催の国際シンポジウムを「植生科学と環境保護」というテーマで開いた。自然保護や植生学的な緑の創造は日本だけの課題ではない。海外の状況を学ぶことも、日本の問題をより明確にして、有効な対策を考える上でも役に立つのではないか。

そういう思いを抱いているときに、神奈川新聞社が主催する「ヨーロッパ自然保護・環境創造現地調査団」に指導役として同行することになった。一九七四（昭和四十九）年に第一次調査団、翌年に第二次調査団と続き、計四回のツアーが行われた。

訪問国は回ごとに多少変化した。第一次はデンマーク、ドイツ、オランダ、スウェーデン、フランス、イタリアの六カ国を約半月かけて踏査した。

各国で高速道路建設後に再生された森、樹林緑地帯で囲まれたコンビナート群といった先端的な取り組みや、研究機関などを調べた。

参加者は、第一次の場合、全国の自治体、自然保護団体、企業から三十六人、第二次には電力、製鉄、土木建設などの企業から十八人が集まった。

職業や専門分野の違う人々が、同じテーマで同じものを見ても、理解の仕方は異なる。それぞれの意見を交わすことで、より客観的・総合的で深い見方ができる。神奈川という限られた地域から広い世界を見たり、逆に、世界から神奈川、さらに日本を見ることもできた。

いろいろな意味で有意義な企画だった。私も、国際植生学会などのネットワークを生か

月刊
機
2019
6
No. 327

発行所　株式会社 藤原書店©
〒一六二―〇〇四一　東京都新宿区早稲田鶴巻町五二三
電話　〇三・五二七二・〇三〇一（代）
FAX　〇三・五二七二・〇四五〇
◎本冊子表示の価格は消費税抜きの価格です。

編集兼発行人
藤原良雄
頒価 100円

世界の一七〇〇ヶ所に、四千万本の木を植えてきた男の生涯！

人間は、「森の寄生虫」

――『いのちの森づくり――宮脇昭自伝』刊行――

宮脇　昭

東日本大震災後、大地震・大津波からいのちを守る〝緑の防潮堤〟〝鎮守の森〟プロジェクトを提唱し、実践してきた宮脇昭。不可能といわれた熱帯雨林を再生させ、日本全国津々浦々の植生調査に基づく日本初の浩瀚の書『日本植生誌』（全10巻）を完成させた宮脇昭。その宮脇昭が、土地本来の木を見極めた〝宮脇方式での森づくり〟の方法論を、生涯を通してどのようにして獲得することができたか、を熱く語る初の自伝。

編集部

● 六月号目次 ●

今、生きていることが、宇宙の奇跡

森は、そこで働き、また共に周りで生活している市民の命と、地域に根差した文化を創造する心を守る。そして何よりも皆さん、いま生きているというのは宇宙の奇跡でございます。四〇億年前にたった一つ地球に小さな原始の命が生まれて、それから三〇数億年、長い長い間水の中で生活していたわけですが、四億年前にビッグバン的な大変動があって陸地に這い上がりました。長い長い時間をかけて植物、動物、そして人類が出たのは、つい最近の五〇〇万年、あるいは六〇〇万年前と言われます。それは長い地球の命の歴史に比べれば、命の歴史を一年の映画にしたら、三六五日の除夜の鐘が鳴る前の一分間とか、あるいは数分間とかと計算されています。その五〇〇万年のうちの四九九万年以上は、皆さんの先達は、森の中でびくびくしながら、猛獣に襲われるのを逃げ回りながら、落ちてくるドングリを拾ったり、あるいは若草を摘んだり、小川の小魚を、あるいは海岸では貝を拾って生き延びてきたわけです。

ただ、人間が他の生物と違うことは、二本足で立つことが出来るようになった。両手を使うことが出来るようになりました。そして今日、ご出席の医学関係の皆さんはご承知のように、まさに唯一の、どう言いますか、奇形的に人間だけが大脳皮質が異常に発達しました。そこでかつて手で、そして人間だけが知恵によって土で、石で、そして銅で、鉄で、今や原子力まで使って私たちの刹那的な願望を、生理的、物質的なあらゆる欲望を満足させている。まさにかつて人類が夢にも見なかったほどの、豊か過ぎるほどの生活をしています。それにもかかわらず、なぜ、動物でもやらないような、家庭において、学校において、簡単にちょっと困ればすぐかけがえのない自分の命を絶つ、あるいは相手を殺すという極めて不安な状態になっている。これは一体どういうことであるか。

人間は「ふるさとの森の寄生虫」

もう一度我々は、この単に科学・技術的に死んだ材料での規格品づくりの工業製品的なこと、もちろん本田技研の車も大事でございますが、それを造れば造るほど、もう一つ生き物としての人間の本質的な、基本的な理解を持たないと、一時的には商売も、経済も発達しますが、一番大事な命が維持出来ない。現在すでに、そのクリティカルポイントに来ているわけです。

どうか日本を代表する識者の皆さん、どんなに我々が科学・技術・医学を発展させ、どんなに財を積んでも、実は腹が立っても、皆さんはこの地球では、生きている緑の植物、しかも芝生の三〇倍の緑の表面積が濃縮している、**土地本来の本物のふるさとの木による、ふるさとの森の寄生虫の立場でしか生きていけない。**その寄主の立場の緑の森が、今やほとんど破壊されている。私は五八年間、日本列島各地、現地を調べた結果を国際会議でも発表していますが、今一億二千万人の九二・八％が住んでいる、いわゆる照葉樹林、冬でも見られる常緑広葉樹林、植物の名前をあまり言うと判らなくなりますが、シイ、タブノキ、カシ類などを主木とした、植物社会でもトップの三役、五役の樹種が本物なら、子分も本物です。

▲植樹をしている宮脇昭氏(1928–)

タブノキ、シイノキ、カシ類

では、皆さんが住んでいる照葉樹林帯とも言われる、冬でも見られる常緑広葉樹林帯の三役は、せっかくいらしたので覚えていただきたい。それは**タブノキ**。浜離宮、芝離宮に今から二五〇年前に植えられたあのタブノキが、一五〇回あった江戸の火事にも、関東大震災にも、焼夷弾の雨にも生き残って、今日なお東京砂漠の緑のオアシスとなっています。

その次は**シイノキ**。スダジイとコジイとありますが、関東はスダジイだけですが、シイノキでいいです。これは芝白金の自然教育園、かつてどこかの殿様の江戸屋敷をつくるのに、周りに小さな土塁を築きまして、そこに植えたシイ、スダジイが、同じく二百数十年前に植えられたのが火事にも地震にも台風にも生き残って、今、国の天然記念物になっています。

そして**カシ**。昔から生き残った集落は、北風を防ぐため、西日があたれば蚕も死ぬ。そこには土地本来の本物の、根がまっすぐ深根性で台風にも地震にもびくともしない、火事に対しては火防木《ひぶせぎ》になる。あるいは冬は北風を防ぐシラカシ、アラカシ、ウラジロガシ、関西ではイチイガシ、ツクバネガシ、沖縄ではオキナワウラジロガシ。カシ類が主木です。

どうか、シイ、タブ、カシ類が三役、五役でございます。一億二千万人が住んでいる照葉樹林帯で、それは東京、関東では海岸から海抜八〇〇メートルまで。そして北に行きますと、海岸沿いでは釜石の北まで。タブノキ荘という国民宿舎があります。

火防木のタブノキ

そして日本海岸側ではあの山形県の酒田市で、今から三〇数年前に大火事がありました。一七〇〇戸の家が焼けたのですが、たまたま本間家という古い家敷に、北限に近いのですが冬も緑のタブノキが二本あって、そこで大火が止まっていました。我々の調査結果を踏まえて酒田市長は、「タブノキ一本、消防車一台」というかけ声で、町のモール街、小学校の周り、下水処理場の周りに植えました。木は生物としての人間が、健全に生きている証ですが、人間の刹那的な欲望を満足させるのに都市の中では邪魔になる、落ち葉が落ちる、商売の邪魔になると言われます。むしろプラスになるのですが、せっかく学校で子どもたちが植えたのに、次の教育委員会や校長がどうも日陰になるとか、あるいは変なやつが来たら見えないからと切ってしまった。

皆さん、本日は教育関係の方もいらっしゃいますが、入ろうと思う輩は木があろうとなかろうと入るのですよ（笑）。それをたまたま三万いくつある日本の小中学校で一つのところに不埒者が入ったからと言って、全部の学校で木を切ってしまえば免罪符になるというふうな行政は、一面的で間違っているのではございませんか。不埒者をつくったのは、彼らも日本の小学校、中学校を出ているのですから教育の問題です。違うことを同じテーブルで議論すれば引き算ばかりで何も出来ません。私は引き算は一切やりません。前向きに足し算です。

今できることは、木を植えること

例えば今のCO_2の問題でも、省エネはいろいろとやらなければいけません。何をやっても今に戻すのが精一杯、引き算であります。我々は車も、電気も使わなければいけない、機械も動かさなければいけない。

いちばんのプラス思考とは何か。今の問題の地球温暖化でも、三億年前にはまだ植物の進化の途中でシダ植物の時代でしたが、今と同じような間氷期で、高温多湿でシダ植物が木生化した大森林が出来ました。そして光合成で太陽の光のエネルギーをどんどん吸収して、次のビッグバン、たぶん氷河期で土の中に埋まって、三億年間バランスが取れていたわけです。

幸か不幸か一八世紀の終わりに蒸気機関が出来、産業革命をしました。人間も含めた生物圏、そして海も含めた地圏、さらに大気圏とのバランスが炭素の循環で取れていたのを、今まで土の中に埋まってバランスが取れていたのに、化石燃料として引っ張り出して燃やすものですから、すぐ化学反応を起こしてカーボンが空中に放出され、O_2と一緒になってCO_2が増えてきている。

いちばん間違いなく、すぐ、誰でも、どこでも出来ることは、もう一度小さな木を植えて大きくして、その中にカーボンを閉じ込めることです。例えば本田技研で植えていただいた、小さなポット苗を植えた時はせいぜい樹高三〇センチ、乾燥重量が三〇〇グラムぐらいの幼木が大きくなれば、根も茎も枝も含めてドライウェイトが二トンになっていたとすれば、どんな計算をしても一トンはCO_2なのです。（全文は本書所収　構成・編集部）

（みやわき・あきら／横浜国立大学名誉教授）

＊二〇〇八年九月　本田財団懇談会講演より抜粋

▲**管理のいらない、本物の森**（本田技研　宇都宮テストコース脇）

いのちの森づくり

写真多数

（宮脇昭自伝）

宮脇　昭

四六変上製　四一六頁　二八〇〇円

■**宮脇　昭の好評既刊書**

東京に「いのちの森」を！

「ふるさとの森を、ふるさとの木で」を国民運動に。千年先に残る本物の緑の都市づくりのための提言。【対談収録】ワンガリ・マータイ／川勝平太

カラー口絵４頁　一六〇〇円

見えないものを見る力

（「潜在自然植生」の思想と実践）

「人間は森の寄生虫」「自然が発する微かな情報を、目で見、手でふれ、なめてさわって調べれば、必ずわかる」「災害に強いのは、土地本来の本物の木です」――宮脇昭のエッセンス！

カラー口絵８頁　二六〇〇円

人類最後の日

（生き延びるために、自然の再生を）

「私たちが今、未来に残すことのできるものは、目先の、大切ないのちに対しては紙切れにすぎない、札束や株券だけではないはずです」。少年少女への渾身のメッセージ。

カラー口絵４頁　二二〇〇円

ロシア式交渉と日本式交渉とは、どう違うのか？　碩学による本格的検証。

今、ロシアにどう向き合えばいいか？

——『対ロ交渉学——歴史・比較・展望』出版にあたって——

木村　汎

日ロ間の交渉の難しさ

この世に生きているかぎり、人間は意見の違いや利害の対立とは無縁でありえない。これらの相克を解決する方法は、大別すると二通りしかない。武力に訴えるか、平和的な手段によるか。前者の武力解決は、流血を伴い高価なものにつくばかりで、長い眼でみると、揉め事や紛争を真に解決するやり方とはいえないだろう。後者の代表的なものが、交渉である。交渉は、たしかに、実に多くの時間とエネルギーを費やす非能率な手法ではある。だが交渉する以外に、対立や紛争を平和的に解決する術は存在しない。

ところが、帝政からソビエト、現代に至るまでのロシアの歴代指導者たちは、交渉と戦争を必ずしも二律背反のものと捉えない。両者は共に国家目標を達成するための一手段であるかのようにみなす。即ち、対話、交渉、謀略、武力行使の脅し、戦争等は必ずしも対立概念でなく、全て国際紛争を解決し、国家目標を達成するための手立てである。極論すれば、戦争が許されないと考えるがゆえに、ロシア人は渋々交渉のテーブルに就く。

本書は、日ロ交渉史を扱うことを目的としていない。とはいえ、次の事実が念頭から離れないことも、たしかである。戦後七〇年以上にもなるのに未だ日ロ間で平和条約が妥結されず、完全な国交正常化が実現していない。このような異常事態の真因は、いったい何なのか。国境線画定の難しさに加えて、日ロ間の交渉を巡る態度や手法が懸け離れていることもその一因なのではなかろうか。

北方領土返還は実現可能か？

交渉において、日本人は「信頼関係の構築」こそを最重要とみなす。だが、このような考え方は、必ずしも現実的とは評しがたい。というのも、国際交渉では、価値観が異なり、信頼しえない「ならず者国家」とすら交渉せねばならないからだ。いや、まさにそのような者とこそ交渉する必要があろう。

プーチン大統領は、国民のナショナリズムにアピールする狙いのもとにウクライナへ軍事介入を敢行した。クリミアの併合はロシア国民によって拍手喝采を浴びる一方、それは日本への北方領土返還を難しくすることにもなった。大概のロシア国民にとっては、一方の手でクリミアを奪還し、他方の手で北方領土を喪うことなど考ええないことだからである。

▲木村 汎 氏（1936-　）

ロシアを取巻く内外情勢の変化を知ってか知らずか、安倍首相は、プーチン大統領とのあいだで、日ロ平和条約の締結を必ずや実現しようと意気込んでいる。だが、自身の任期は二〇二一年九月には終わる一方、プーチン大統領のそれは二〇二四年五月まで保障されている。みずからデッドラインを定めると、交渉は往々にして「独り相撲」に終る。

安倍首相は、ソチでの会合で、プーチン大統領に対して「新しいアプローチ」を提案したと噂される。果たしてこれは、十分考え抜かれた対ロ戦略・戦術だったのだろうか。この具体的内容とされる「北方領土での日ロ共同経済活動」がもし実施されるならば、それは同領土の対日返還を導くのではなく、その事実上の放棄につながる可能性のほうがより一層高い。筆者個人は、そのように懸念する。

（全文は本書所収　構成・編集部）

（きむら・ひろし／北海道大学名誉教授）

対ロ交渉学
歴史・比較・展望

木村 汎

A5上製　六七二頁　四八〇〇円

■木村 汎の好評既刊書

メドベージェフ vs プーチン
（ロシアの近代化は可能か）
メドベージェフとプーチンを切り離し、ロシアの今後の変貌を大胆に見通す労作。
六五〇〇円

■プーチン三部作

プーチン——人間的考察
集めた資料やエピソードを再構成し、人間的側面から全体像を描き出す！［2刷］
五五〇〇円

プーチン——内政的考察
「強いロシアの再建」を掲げ、国内には苛酷な圧政を敷く一方、経済は低迷、内政の矛盾は頂点に達している。
五五〇〇円

プーチン——外交的考察
内政の停滞をよそに、世界を相手に危険な外交攻勢を続ける真意を読み解く。三部作、遂に完結！
六五〇〇円

中村桂子コレクション（全8巻）『ひらく——生命科学から生命誌へ』

科学技術に吸収されない新しい知「生命誌」

中村桂子

日常とつながる生命科学を

この巻は、今では私の日常そのものになっている「生命誌」が生まれるときを扱っています。

幸いなことにいつもよい先生に恵まれ、文学もスポーツも音楽も……といろいろなことを楽しみながらの学校生活の最後のコースで出会ったのが、ＤＮＡであり、そこから分子生物学へ、生命科学へという道を歩いたのには、たくさんの偶然があったように思います。

幸いＤＮＡが生命現象を支える基本物質であるととらえる学問が急速に、しかもおもしろく展開するなかで、すばらしい先生や先輩、仲間に恵まれ、教えてもらうのは得意という性質を生かして日々を楽しんでいました。

ところが、四〇代半ばになるころから、生命科学のありようへの疑問がわいてきました。生きている、暮らしていくという生きものの日常を大切にする気持ちと生命の理解を目的とする生命科学とがつながっていないことが気になりはじめたのです。研究者仲間ではそんな話題はまったく出てきません。だれも悩んでいるようには見えません。専門家は科学と日常がつながらないことなど気にしてはいけないのかもしれない。あれこれ思いをめぐらせましたが、日常に眼を向けたいという気持ちは減るどころか、どんどん大きくなっていきました。

科学を否定せず、自然の一部であることを忘れない

そこで、生まれて初めて独自に考え、自分だけのものをつくろうと決心したのです。ぼんやりとしたイメージをもちはじめてからはっきりと考えがまとまるまでには一〇年近くかかりました。まず生命科学の現状に疑問があるとしても、科学を否定はしないと決めました。当時、組換えＤＮＡ技術、臓器移植、体外受精など、新しい技術が生命操作につながることを恐れての科学批判がありました。

もちろんそれらの技術の用い方には気をつけなければならないけれど、生きているとはどういうことだろうという問いに向きあう科学を否定してはいけないだろう。私はそう考えました。

次に、人間は生きものであり、自然の一部であるという事実を忘れないことです。現代科学技術は利便性を求めた結果、自然離れにつながりました。自然を征服し、自由に操作することで暮らしやすい日常をつくりだそうとしています。人間は自然の一部であるという事実から離れたところでは本当の暮らしやすさは得られず、自然を生かす技術を工夫する必要があります。それを支える科学が必要です。

▲中村桂子氏（1936-　）

「科学」は今、科学技術に吸収され、経済効果だけが求められるようになってきています。とくに生命科学でそれが目立ちます。しばらく前までは生物学は役に立つ学問とはされていませんでした。けれどもＤＮＡ研究が進み、そこから技術が生まれると、新しい芽生えであるだけに期待も大きく、時代の流れに乗って科学技術として評価される研究――主として医学に近い研究が主流になりました。科学技術となると、特許を求めての競争、経済効果での評価が優先します。生きているってどういうことだろうと問うたり、生きものを見ているとおもしろいと感じたりする喜びからは遠くなっていきました。

科学技術に吸収されない新しい知として考えだしたのが「生命誌」です。五〇代も半ば近くになって、やっと自分で考え、自分でつくりだしたものを世に問うことができました。

（第Ⅰ巻「はじめに」より／構成・編集部）

（なかむら・けいこ／JT生命誌研究館館長）

中村桂子コレクション
「いのち愛づる生命誌」全8巻
＊各巻に口絵、解説、月報　＊季刊　＊内容見本呈

1 **ひらく**――生命科学から生命誌へ〔第2回配本〕 **解説＝鷲谷いづみ**　二六〇〇円
2 **つなぐ**――生命誌とは何か　**解説＝村上陽一郎**
3 **ことなる**――生命誌からみた人間社会　**解説＝鷲田清一**
4 **はぐくむ**――生命誌と子どもたち　**解説＝髙村　薫**〔次回配本〕
5 **あそぶ**――12歳の生命誌　**解説＝養老孟司**〔第1回配本〕 二二〇〇円
6 **いきる**――17歳の生命誌　**解説＝伊東豊雄**
7 **ゆるす**――宮沢賢治で生命誌を読む　**解説＝田中優子**
8 **かなでる**――生命誌研究館とは　[附]年譜、著作一覧　**解説＝永田和宏**

四半世紀間の書評約一二〇本と書物論を集成。珠玉の書評集。

書物に抱かれて

――『書物のエスプリ』刊行にあたって――

山田登世子

水を愛する者

水を愛する者は夜を愛す。光の支配が終わって暮れなずむ夕べ、ひたひたと薄闇がひろがってゆく、あの薄明の白さ。あるともないともつかぬ〈あわい〉の時のえもいわれぬ魅惑。その白い夜のなかを流れてゆくのは、銀の河。ふうわりと、ゆれるように、流れただよう。ものの重みを失って、宙にただよう霊の流れ。透きとおった銀の河。

そう、水を愛する者は、霊の世界とこたえかわすのだ。〈水の種族〉というものがたしかに存在していると思う。たとえば、何度読みかえしてもひきこまれずにはいない、あのモーパッサンの傑作『オルラ』。

夜な夜な水差しの水を飲み、ひとの血を吸って生きるオルラは〈水〉の魔物だ。いつかしら姿の見えない魔物が棲みついて、どこからか自分を見ている――。水の魔の不気味さをそくそくと伝えるこの名篇は、水のマインドが感応する霊的な恐怖を描いているのだ。水のマインドは〈無意識〉の淵にふれるのである。そう、霊が宿るのは無意識の深み、サブリミナルの中空だ。理性の眠りの向こうにひろがる薄明のア・トポス。あわいの時のなか、水の種族は霊の流れに浮かびただよう。

こうしてひとを理性の〈果て〉に運び去る水の流れは、しかし、明白にトポグラフィックな方位を有している。その流れは、〈北〉のアクアティーク、太陽を遠く離れた北の流れなのだ。薄明に白くただよう銀の河は北から湧きいで、北に向かって流れてゆく。まさしく、モーパッサンの作品に流れる仄蒼い水がノルマンディーのそれであって、決して地中海の紺碧の青ではないように。

デュラスの愛した海

そう、北のアクアティークは無意識にふれる。理性の知らぬ場所、蒼ざめたア・トポスに湧きいでてくる。こう言いながらわたしのこころのなかにひたひたと溢れてくる水、それはデュラスのあの海である。デュラスの〈声〉たちが棲むところ、それもまた水辺。太古の無意識が眠る無辺の海だ。そういえばデュラスもまたノルマンディーの海を愛してやまなかった。雲が空を走り、もろい陽のうつろいがたちまちに影をつくるノルマンディーの浜辺は、うるみがちな瞳のよう。沈む陽に、ものみなアモルフにうるみ、ソリッドな輪郭を無くして、ゆらゆらとゆれる。ノルマンディーはまことに北のプラージュである。その海の色は、涙の葬列のように蒼ざめたブルーだ。デュラスの遺した小品『書かれた海』の一頁はまさにその〈蒼〉を語っている。

▲山田登世子（1946-2016）

　デュラスが愛してやまない無辺の海は、はるかなはるかな旧約の昔、千年の叡知が声になってざわめくところ、理性の果てでつぶやく声たちが聞こえてくるところだ。ところを得ずに溢れだしてくるもの、中心の支配を逃れてつぶやくもの、それらのアトピックな声のざわめきをデュラスほど見事に聴きとる作家はいないだろう。聴くということは愛の身ぶりだ。それは、うなずくことであり、うべなうことであり、受容することだから。だからこそ、声の身ぶりは〈女〉の身ぶりなのだと思う。力は支配するけれど、声は聴く。聴きしたがいつつ、不条理を忍ぶ。聴く者は「待つ」のである。声は待ちのぞむのだ。自分たちの時の到来を。

（全文は本書所収　構成・編集部）

（やまだ・とよこ／フランス文学）

書物のエスプリ

山田登世子

珠玉の書評集！

四六変上製　三二八頁　二八〇〇円

■山田登世子の好評既刊書

都市のエクスタシー

「私の街歩きは、ほとんど常に忘我の体験だ。」

二八〇〇円

モードの誘惑

「モードは殺されるためにある」。鮮烈に時代を切り取る「モード」論を集成。

二八〇〇円

女とフィクション

「女はいつも鏡の中で生きている」

二八〇〇円

「フランスかぶれ」の誕生

〔「明星」の時代 1900-1927〕

〝編集者〟与謝野鉄幹、そして上田敏、石川啄木、北原白秋、永井荷風、大杉栄、堀口大學らを通じて描く日本近代文学の系譜。

二四〇〇円

月の別れ

〔回想の山田登世子〕

山田鋭夫編　口絵四頁

〈追悼〉池内紀／石井洋二郎／今福龍太／鹿島茂／工藤庸子／清水良典 他

二六〇〇円

一九七三年を期してなくなった、日本最大の在日朝鮮人の集住地を描く。

〈インタビュー〉在日朝鮮人の源流、猪飼野

金時鐘

「朝鮮人としての原初さ」

——『猪飼野詩集』にとっての猪飼野というのは。

「あとがき」にこう書いているな。「それでも朝鮮人としての原初さを風化されずに持ち続けているのは、粗野なまでに〝朝鮮〟そのものである在日朝鮮人の原型像が、そこここに集落を成して存在しているからです。本国でさえ廃れてしまった大時代的な生活慣習までが、そこでは今でも大事な民族遺産のように受け継がれていたりします」。その源流みたいなところが、猪飼野。「**在日朝鮮人の集落体であり、その集落の本源に、猪飼野は存在するのです**」。

つまり在日朝鮮人の集落はほかにもかなり大きい集落があるんですよ。川崎にもありますし、京都にもありますし、下関にもあるし、兵庫県にもある。そのような集落の源流のようなところだね、猪飼野は。一番人数も多いし、早くから居ついたという点でもね。いま猪飼野というところはもう呼び名そのものがありません。ただ、今里から大池橋に向かう大通りに「猪飼野橋」というバス停留所がある。その標識が一つ残っているだけで、あれはほとんど乗り降りのないところですけどね。

「おまえ、飯食べたか」

——ずっと苦しい時代から支えてくれたのは、猪飼野のおっちゃんだったと。

そうそう、文庫版『猪飼野詩集』（二〇一三年一一月／岩波現代文庫）のあとがきに書いているとおり。僕は何度も病いに倒れてもう小遣い一銭もないのよね。それを、このおっちゃんたちが見舞いに来ては、枕元に押し込んで帰ってくれたりね。路上で会っても、まず挨拶が「おまえ、飯食べたか」やねん。有無を言わさず食堂に連れていってくれたりね。帰りは必ず金をポケットにねじ込んでくれたり。金源植というおっちゃんは、お父さんがわりで順喜の家に結婚を認めてほ

しいと、お願いにいってくれたり。朝鮮総連からの組織的圧力からも囲うようにかばってくれていた、おっちゃんたちやった。特に金和千というお医者さんが僕のために、ちょうどソビエトの医学界で始まったという、子供の胎盤をゼリー状に練って、皮下筋肉の間に注入する治療を施してくれた。その注入器具まで開発してね。僕の、ここのところに（胸の肋骨の間）入れたらピンポン玉の大きさぐらいに膨らむのよね。それが半年かぐらいするとずっと吸収されていって、それが効いたな。僕はもう心臓が弱ってるし、喘息はぶり返すし、もうほんまに枯れ木のようになっていた。お金もかかったと思うけど、それを半年に一遍ずつ四回、打ってくれてね。

　僕はこちらに来て、逃げてきたことも負い日であって、同族の在日朝鮮人組織の常任活動に入っていきますけど、民戦〔在日朝鮮統一民主戦線〕活動で文化関係の仕事を始めたときから、寝泊まりも僕はその閉鎖された学校でしてた。ちょうど猪飼野のど真ん中の中川通りにある学校。うちの同胞の主立ったお方たちをそういうことで知って、おっちゃんたちからすると、若い青年が文化活動を各地域の拠点づくりとして組織的に活躍するのを見たこともないわけや。労働運動なんかは見たことあるけど。だから非常に親身に手助けしてくれたね。学校で暮らしてる、寝泊まりとは何ちゅうことやと、おっちゃんらがアパートを借りてくれたりして、下宿も後、知ってるおばちゃんとかに下宿さしてもらったりした。民戦の文化活動家になったことで、催し物、何かイベントを組むためには最小限、金が要るのやな。出演者たちの昼食代とか、その日の交通費ぐらいは出してやらんならんしね。結局そういうおっちゃんたちの伝手でカンパを集めた。民戦本部は名ばかりでな、その予算なんか、ほんまに金一封程度やねん。そういう僕の活動を支援してくれる後援会みたいなのができていて、それの中心になったお方たちが、『朝鮮と日本に生きる』（岩波書店、大佛次郎賞受賞）に名前の出てる方たちです。

（全文は第四巻所収）（キム・シジョン／詩人）

金時鐘コレクション 全12巻 内容見本呈

四六変上製 各巻解説／月報ほか

1 **日本における詩作の原点** 解説・佐川亜紀 三二〇〇円
詩集『地平線』ほか未刊詩篇、エッセイ

2 **幻の詩集、復元にむけて** 解説・宇野田尚哉、浅見洋子 二八〇〇円
詩集『日本風土記』『日本風土記II』

4 **「猪飼野」を生きるひとびと** 解説・冨山一郎 四八〇〇円
『猪飼野詩集』ほか未刊詩篇、エッセイ

7 **在日二世にむけて** 解説・四方田犬彦 三八〇〇円
「さらされるものと、さらすものと」ほか 文集I

8 **幼少年期の記憶から** 解説・金石範 三二〇〇円
「クレメンタインの歌」ほか 文集II

〈寄稿〉『象徴でなかった天皇』刊行に寄せて

岩井忠熊先生の存在

京都大学人文科学研究所教授、歴史学者　高木博志

岩井先生のご指導を受けて

二〇一九年五月一日、滋賀県大津市の岩井忠熊先生を、同窓生の四人でうかがった。期せずして、「令和」の一日目で、メディア報道の「奉祝」への違和感を共有しながらの道行きとなった。

岩井忠熊先生は、一九二二年生まれで、京都帝国大学文学部の二年時、一九四三年に「学徒出陣」で海軍予備学生をへて「水上特攻隊で九死に一生を得て生還」する。

私は一九七九年に立命館大学文学部日本史学専攻に入学し、岩井先生に一回生の日本史学入門の授業で、難解な戸坂潤『科学論』の哲学に触れ、科学として日本史学を学ぶという洗礼を浴びた。一学年五〇人程度で大きなクラスであったが、大学に入ったという実感がわいた。

その後、岩井先生には大学院の博士課程まで指導いただいた。すべての学生に対して平等に接し、各自がどのような研究対象であろうとも、寛容であった。印象的なのは、学園紛争時における教授から学生までの、研究室の政治的な亀裂を踏まえて、現役時代は、すべての学生に対して等距離で、政治的発言をされなかったことである。

最近、年に一度は先生をおたずねするが、そのたびに新しい論考を示され、史実や見方を教えていただく。今回も、以下のお話をうかがった（高木の聞き取りに誤解があるかもしれない）。

戦争体験を経た「戦後歴史学」

特攻志願へと踏み出さざるを得なかった理由について、岩井先生は、海軍特攻作戦の立案者、大森仙太郎海軍中将から直接、「死んでくれ」と声をかけられたことの大きさに言及された。「偉い人からいわれ」、「逃げるのは男らしくない」と思ったという。そして特攻兵器「震洋」の訓練を指導することとなる。一九二二年前後生まれの学徒兵は、特攻による犠牲が多かった。しかし大森本人は一九七

四年まで生きている。

また旧制姫路高校で江口朴郎に教えを受け、江口からは「平泉澄の東京帝国大学国史学講座には進むな」とのアドバイスを受け、江口史学の世界史認識が岩井先生の「戦後歴史学」への礎ともなった。その一方で、戦場に赴く学生が愛読した京都帝国大学の田辺元の哲学から影響を受けた自身の矛盾を、かってよりうかがっていた。田辺元については旧制高校時代から難解な著作を読んでいたが、大学の受講によってはじめていわんとすることを理解できた。しかし三木清と違って、田辺元の哲学には希望や未来はなかった、との感想。

今回、興味深かったのは、東京帝国大学とは違い、京都帝国大学の国史学講座の教授は、僧侶と神官（坊主と神主）の関係者が教えているという指摘であった。西田直二郎（浄土宗）・赤松俊秀（真宗）、中村直勝は長等神社、柴田實は石門心学のお家芸など。そんな講座の中で、富山の真宗地帯に生まれ、戦後に権門体制論を提示する若き黒田俊雄に対しては、圧力があったという。黒田は、地域の出自に関わる真宗を批判的に捉えようとした。

また学史の問題として紀元二千六百年記念事業の時に、秘匿された社寺宝物を出陳して、それが林屋辰三郎の芸能・文化史に役立ったこと。国民精神文化研究所に足繁く通う西田直二郎が授業に不真面目であったのに対し、宮崎市定や梅原末治は極めて厳しく内容がある授業であったと話された。

戦後のレッドパージの時に、北山茂夫・林屋辰三郎・奈良本辰也の先輩諸氏とともに、二八歳で立命館の専任講師になったばかりで「無名」の岩井先生を「売り」、警察に情報を流したのは、漢文学の白川静であった事実は、やはり衝撃であった（岩井忠熊「レッドパージ事件の体験」『燎原』二三五号、二〇一八年）。

私にとっての岩井忠熊先生の存在とは、戦争体験を経た「戦後歴史学」――世界や未来を示し得た歴史学の全体性、あるいはマルクス主義の良質な側面など――を体現する。その視点は、本書『象徴でなかった天皇』のあとがき、広岩近広氏の牧歌的な象徴天皇制の評価を、相対化しうるものと思う。なぜなら私には、個人としての天皇と、制度としての天皇制は別であろう、という疑問が根本にある。

象徴でなかった天皇
明治史にみる統治と戦争の原理
岩井忠熊　広岩近広
四六判　三〇四頁　三三〇〇円

レギュラシオン理論の決定版、『資本主義の政治経済学』完訳版、刊行迫る！

今、レギュラシオン理論から何を学ぶか

植村博恭

経済と政治の世界的な相互作用

ロベール・ボワイエ『資本主義の政治経済学——調整と危機の理論』（藤原書店）が出版される。期待どおりの大著であり、まさにレギュラシオン理論体系の集大成である。レギュラシオン理論は、一九七〇年代中葉にフランスで生まれ、その後、アメリカのリベラル派やラディカル派の政治経済学、そしてヨーロッパの様々な進化経済学とも連携をとりつつ、一大理論体系を生み出してきた。また同時に、経済政策論としては、ヨーロッパ社会民主主義の重要な担い手となってきた。

本書のタイトル中のキーワードは、「資本主義」「政治経済学」「調整」「危機」である。しかしそれらは、経済学の主流である新古典派経済学によって近年遠ざけられてきた概念であり、そこで使われている言葉は、「市場」「経済学」「均衡」「経済成長」である。翻って、これまでの経済学の長い歴史をふり返ると、状況はまったく異なっていたことがわかる。

昨年私たちが出版した『市民社会と民主主義——レギュラシオン・アプローチから』（藤原書店）で確認したように、戦後日本の社会科学、特に内田義彦や都留重人に始まる戦後リベラル派の政治経済学では、本書で重視されている概念はつねに研究対象とされてきたものである。市民社会の社会認識、現代資本主義論、制度派ケインズ経済学など、レギュラシオン理論と共通する認識をもっていたのである。しかし、日本では、それらはゆるやかな共通認識をもっていたものの、一つの理論体系へと収斂するには至らなかった。そこに、ロベール・ボワイエの大著で示されたレギュラシオン理論の理論体系を私たちが学ぶ意義がある。

それだけではない。一九八〇年代には、国際政治経済学において国際レジーム論や世界システム論が大きく発展したが、日本ではそれらは必ずしも経済学との連携をもってきたとは言えない状況であった。本書で示されているように経済と政治の世界的レベルでの相互作用を視野におさめたレギュラシオン理論の体系

は、このようなわが国における研究史上の空白を埋め、政治経済学を大きく発展させるものである。

資本主義を解明する社会科学

本書の成果を確認することは、このリレー連載全体の課題であるが、ここでは、さしあたり次の三点を指摘しておきたい。

▲R・ボワイエ（1943-　）

第一に、「レギュラシオン（調整）」概念を有効に発展させている点である。特に、「レギュラシオン」を、国民国家レベル（le national）、地域レベル（le régional）、超国家レベル（le supranational）、世界レベル（le mondial）と多層化されたものとしてとらえていることである。また、各レベルにおいて、政治的領域と経済的領域のあいだで固有の相互規定的な動態が存在しており、それが調整を生み出しているのである。ここには、欧州統合に関する近年の研究成果が活かされている。

第二に、国際経済関係のもとでの各国資本主義の動態を、各国の成長体制・発展様式の相互依存性の観点から分析していることである。特に、各国の不平等が生み出される論理を「不平等レジーム」として解明している点は、近年の大きな成果であるといえよう。

第三に、現在さまざまな制度経済学や政治学が研究対象としている資本主義の多様性を、市場―企業―国家―市民社会という四つの主要なコーディネーション領域がもつ総合作用の異なる構造的パターンとして解明していることである。これによって、レギュラシオン理論、資本主義多様性論、市民社会論を歴史的制度主義の観点から総合する体系的枠組みを提起している点は、特筆すべきものである。

このようにみてくると、私たちがロベール・ボワイエの大著からあらためて学ぶものは、政治経済学の原点であり、それは資本主義の歴史を理論的に解明する社会科学であるということである。

（うえむら・ひろやす／横浜国立大学教授）

資本主義の政治経済学
調整と危機の理論
R・ボワイエ
山田鋭夫監修、原田裕治訳
●9月刊予定

■好評既刊
作られた不平等
〔日本、中国、アメリカ、そしてヨーロッパ〕 三〇〇〇円

リレー連載 近代日本を作った100人 63

由利公正——「五箇条の御誓文」の草案者

本川幹男

「議事之体大意」

「庶民志を遂《とげ》け、人心をして倦まさらしむるを欲す」。

これは慶応四(一八六八)年三月一四日に発布された「五箇条の御誓文」の草案ともいうべき一部で、福井藩出身の由利公正が書いた「議事之体大意」(福井県立図書館蔵)全五箇条の第一条目にあたる。庶民が生き甲斐を感じられる国家の実現を掲げている。

由利は三年一二月、新政府から「徴士参与」に任じられ財政を担当した。翌四年一月、大久保利通たちと会計基立金調達を評議したとき、それを説く大義が必要と訴えた。だが意見がなかったため、宿に帰ると自ら懐紙に認めた。それが「議事之体大意」になったという。その後修正が加えられ「御誓文」に改まったのである。しかし、由利が示した万機公論、殖産興業、開国和親という近代国家を目指す理念は残された。「御誓文」は現代の民主主義にも通じる面があると評価されることがあるが、その意味からもかれの存在はまことに大きかったといえる。

小楠に見込まれ、龍馬と意気投合

由利は石高一〇〇石の家に生まれた。そのかれが歴史に残る足跡を残すことになったのは、藩が熊本から招聘した儒学者横井小楠に見込まれたことによる。小楠は安政大獄後の福井藩政を殖産興業、富国強兵へと導き、一方で公議政体・共和政治を構想した革新的思想家であった。由利はかれに傾倒して殖産策を進め、長崎交易に乗り出して厚い信頼を得る。文久三(一八六三)年、前藩主松平慶永(春嶽)と対立して処分され、小楠も帰熊したが、蟄居生活の中でも研鑽を積み、小楠からの評価は更に高まった。

ところで、稀代の志士坂本龍馬は、慶応三年大政奉還後の新体制を構想する中、福井の由利を訪ねた。龍馬は勝海舟を通して小楠とも交わり、由利の近況も小楠から聞いていたようだ。会った二人は政情を論じ合いたちまち意気投合、龍馬はかれに新政権の財政を託す決心をする。

由利は小楠に信頼され、龍馬には財政を語って即座に自論を披露できる闊達な人物だった。

太政官札の発行

龍馬の遺志が実現し、由利が新政権でまず取り組んだのは、会計基立金として三〇〇万両の御用金を大坂の豪商たちから集めたことである。政府はこれで討幕資金のメドがつき一安心できた。

より重要なのは太政官札（金札）の発行である。由利は福井で小楠から民富に基づく富国策を学んでいた。領民に藩札を貸与し、それを元手に特産物生産に励ませ、他領・他国に販売して民が富み富国を実現する方策である。同じ方法で政府が新規に太政官札を発行して財政を安定させ、一方でそれを都市豪商や各藩に貸与し、殖産興業を図ろうとした。批判はあったが総額四八〇〇万両発行し、それは近代産業形成の出発点となる。

実は、由利が幕末期に正しく右の財政策を理解し実践していたかどうかは実証されていない。当時福井藩内で小楠の殖産策を先頭に立って推進したのは、財政トップの長谷部甚平（恕連）であった。かれのことは龍馬も知っており、慶応二年一二月、天下の人物として由利と並べ名を挙げている。だが龍馬は由利を選んだ。

四賢侯として名高い前藩主慶永は、由利を君臣の大義名分を忘れた人物と断じて処分し、新政府に登用されることにも反対した。しかし、龍馬が推し岩倉具視などが認めて実現する。由利は「天下ノ人才ニシテ一国ノ人才ニアラス」と評され（『松平春嶽未公刊書簡集』）、このときただ一人藩とは離れて参与に任じられたのだった。

由利には後年、自伝を誇張したりする弊があった。だが、維新時には庶民に視点を置き、日本を近代国家へと押し上げる役割を果たした稀な人物だったのである。

（もとかわ・みきお／福井県史研究者）

▲由利公正（1829-1909）
福井藩士。洋式銃砲の製造に従事していたが、横井小楠に見い出され、制産方頭取として藩の殖産策に専念した。1867年12月、「徴士参与」となり、「五箇条の御誓文」の元となる「議事之体大意」を書き、また財政を担当して新政府の財政安定と殖産興業に貢献したことで知られる。69年帰福して参与職を免じられると、藩の殖産策に再び尽力した。70年に姓を三岡から祖先の旧姓由利に改めた。翌年7月東京府知事に就いたが、翌年欧州視察中に罷免となった。74年民撰議院設立建白書に加わり、翌年元老院議官、87年華族に列せられ子爵となった。その後も政財界や産業界に関わり、死去に際して従二位を追贈された。

連載　今、日本は　2

禁じられた遊び

鎌田　慧

ユーラシア大陸の西側から遠望すれば、はるか極東の海に弧状の影を落とす島嶼国家は、身体に似合わずというべきか、身のほど知らずというべきか、夜郎自大の虚栄心から、隣に位置する三つの巨大国、露西亜、中国、米国の順に、隙を衝いて急襲、ほどなく破綻、破滅した。

海行かば　水漬《づ》く屍
山行かば　草生《む》す屍
大君の辺《へ》にこそ死なめ
かえりみはせじ

衆寡敵せず敢えなく玉砕したものたちは、この美しい旋律の歌とともに慰霊されたといわれるが、その数無量。国破れて覚醒してみれば、無謀なばかりか、加害の罪はあまりにも深い。

それから七四年がたって、北方の島・国後島へ上陸した元官僚の若手国会議員が、露西亜に奪われた島を戦争で奪還しないのか、と望郷の念篤き元島民を挑発、戦争が鼓吹される時代をまた迎えた。

すでにこの国の首相は、米国大統領と接待ゴルフに興じながら、「視えない戦闘機」ステルスF35を、一四七機も購入する大盤振る舞い。なにしろ一機一一六億円（二〇一八年度の契約ベース）。ロッキード・マーチン社の新製品である。

すでに導入された一二機のうちの一機が、四月上旬、青森県の三沢航空自衛隊基地を飛びたったまま、行方不明。太平洋に没した。米軍、自衛隊共同で大捜索したのだが、いまにいたるもまったく手がかりはない。

操縦士は飛行歴三二〇〇時間のベテランだった。それでも、超高度なシステムをうまく運用できなかったか、機体に欠陥があったのか。調査のための機体が回収される見通しはない。

さらに、墜落事故多発のオスプレイを一七機（一機一〇〇億円）。イージス・アショア二基維持運用費もふくめて、四三八九億円。これだけ兵器を買いそろえれば、戦争をやっても勝ちそうだと思い込む、バカげた国会議員がまたぞろでてきた。不思議な国だ。

（かまた・さとし／ルポライター）

■〈連載〉沖縄からの声［第Ⅴ期］

ニコライ・ネフスキーと宮古島 2

安里英子

宮古島の漲水港《はりみず》（現平良港）から、坂をのぼりきったところに「ネフスキー通り」はある。ロシアの言語学者、ニコライ・A・ネフスキーが、はじめて宮古島を訪れたのは一九二二年のことである。ペテルブルグ大学東洋語学部日本学・中国学科を卒業後、一九一五年官費留学生として日本に留学した。

宮古を訪れて後七〇年を経て『宮古のフォークロア』が沖縄の研究者らによって、宮古語と日本語訳で出版されたが、そのロシア語版を編集したリジア・グロムコフスカヤは「なぜ宮古島なのか。それはたぶん『神話創造の中心』の一貫した探求のなかで、宮古は探求者にとってこの意味における『約束の地』だからであるだろう。そこには独特な宗教儀式の諸要素、さらに言語、民俗においてもその地域独特なものが残っている」からだと、述べている。

ネフスキーが聞いた月の話に「月のアカリヤザガマ」がある。昔々大昔、お天道様がアカリヤザガマに「人間に変若水（シリミジ）を浴びせて、長命をもたせよ、蛇には死水（シニミジ）を浴びせよ」と二つの桶をもたせて下の島に遣わされた。ところが、アカリヤザガマが用を足しているあいだに、蛇が変若水を浴びてしまった。仕方がないから人間には死水を浴びせた。以来、蛇は常に脱皮し生まれ変わり、人間は死んでいかなければならなくなった。

この話を受けて、折口信夫は「若水の話」（『折口信夫全集』第二巻・中央公論社）で、万葉集に出てくる「月読の持たる変若水（ヲチミヅ）」の変若水という用語は、支那起源説としてきたが、これを改めた。「宮古方言のシジュン――日本式に言ふと、しでる――は、若返るというのが正しい用語例である」と。

沖縄本島でも、再生・長命を意味する孵《すで》るという言い方がある。不老不死を求めて旅する人類の最大の普遍的欲望の物語が琉球弧の島々にも存在している。「すでる」あるいは「しじゅん」とは、言葉を超えてなんと命の妙を語っていることか。

ネフスキーはソ連に帰国後、一九三七年に日本人の妻と共に粛清にあい銃殺される。死後復権をはたし『西夏言語学』等でレーニン賞を受賞する。

（あさと・えいこ／ライター）

Le Monde

■連載・『ル・モンド』から世界を読む［第Ⅱ期］34

スペインの極右化？

加藤晴久

去る四月二八日に行われたスペインの総選挙。わたしの見ている日本の新聞（四月二八日付）の観測記事（三段八二行）の見出しは「スペイン右翼 国政でも躍進へ」。結果を伝えた記事（三〇日付。三段五八行）の見出しは「スペイン右翼 国会進出」。いずれの記事もその大半を新興右翼政党Ｖｏｘの伸長ぶりに費やしている。

『ル・モンド』が二ページを費やした観測記事（四月二七日付）の見出しは「ペドロ・サンチェス、スペインの再制覇へ」。結果を伝えた二ページにわたる記事（三〇日付）のタイトルは「ペドロ・サンチェス賭けに勝つ」。社説（同日付）のタイトルは「スペイン穏当な投票」。

社説の出だしは「穏健諸勢力の勝利、高い投票率、左翼の伸長、ただし、絶対多数党の不在、したがって複数の連立政府の可能性。今回の選挙結果は、ダイナミックな民主政と変貌しつつある政党制の表れである」。「最大の勝利者は現首相・社会労働党党首であるサンチェス氏。議席を八五から一二三に増やし、得票率も二八・七％に伸ばした。若いリーダー［四七歳］にとって、また、彼が党に採択させた社会保障重視路線への転換の勝利である。社会民主主義的政策を成功裡に推進しつつあるポルトガルとともに、イベリア半島は欧州で衰退気味の改良主義的左翼勢力を再活性化しつつある」。「より左のポデモス党は、社会労働党に食われて、議席を七一から四二に減らしたが、連立の一翼を担う有力勢力である」。「極右政党Ｖｏｘだが、保守本流の民衆党を壊滅的敗北［一三七→六六議席］に追い込むことによって、二四議席を獲得したが、得票率は一〇％で、国政への影響力は限定的。むしろ、国民の警戒心を呼び覚まして、左翼勢力の動員に寄与した」

日本の新聞の、針小棒大なセンセーショナリズムとの違いは一目瞭然。ひとりでも多くの日本人が、『ニューヨーク・タイムズ』、『ガーディアン』、『南ドイツ新聞』、あるいは『ル・モンド』によって「世界を読む」ようにならないと、日本は、その新聞同様、ますます三流化してしまうのではないか。

（かとう・はるひさ／東京大学名誉教授）

■連載・花満径 39

独り子の歌（三）

中西　進

前号で『論語』顔淵第十二の詩が『万葉集』の市原王の「独り子の歌」に投影しているのではないか、と書いた。

ところが、この孤独とその四海による救済の一詩は、『万葉集』のみならず、さらに末長く日本の歴史に影を落としつづけた。

『論語』のこの詩の中で、「人皆、兄弟あり」と呼応するように「四海の内、皆兄弟なり」という、その個所によってであった。

誰もが気づくように大陸に位置する中国で、いかにして四方の海という概念が成立するのだろう。

その通り、多分に理想的に国土の果てを、こう言ったらしい。

『詩経』（商頌「玄鳥」）でも境界や朝貢の範囲をいう版図を、一宇（家）とした時に、四海に同胞、兄弟の想定が生まれたのだろう。

そこで話が飛ぶが、五〇〇〇年以上も後の日本の昭和のころ、亡き昭和天皇が第二次世界大戦に心を痛くされて、つぎの御歌を口ずさまれたという。

よもの海　みなはらからと　思ふ世に
など波風の　たちさわぐらむ

じつは明治天皇の御製。「四海兄弟」と題されたもので、「四方の海がみんな兄弟のはずだのに、世界はなぜこのように波風が立って騒がしいのだろう」という御歌である。

この時、明治三十七（一九〇四）年は、明治天皇が御歌をもっとも多くよまれた年で、七五二六首に及ぶ。いうまでもなく日露戦争が勃発した年だからだった。

昭和天皇はこの祖父帝と苦衷をひとしくして、不本意な戦争を「四海の内、皆兄弟」だのにと、批判されたのだった。

市原王の「独り子の歌」によって輸入された『論語』顔淵第十二の一詩は、一方に「四方の海」も絆として捉え、長く日本で愛誦されつづけられることとなった。

わたしはここに、個人の境遇から大きく飛躍してゆく、ことばのすばらしい力を、感じないわけにはいかない。

（なかにし・すすむ／高志の国文学館館長
国際日本文化研究センター名誉教授）

〈連載〉生きているを見つめ、生きるを考える 51

人類すべてを一集団とするモラルを求める

中村桂子

ゲノム編集による人間の操作や人工知能など、人間を機械のように考える従来の科学がこのまま進展すると、生きものとしての人間はどうなるのだろうという疑念がわく。そこで、数ある生きものの中での人間の特徴は何かを考える論文に眼を通すことがふえた。

この種の研究は、遺伝子のはたらきの発見のように明快な結論を出すことが難しく、このような考え方が有力だという話が多いのだが、その一つを紹介する。モラルの誕生である。

基本は、人間は個体としては決して強い存在ではなく、生きるために不可欠な食べものを手に入れるために協力する必要があったというところから始まる。二〇〇万年ほど前のホモ属の誕生後間もなく、地球の寒冷化と乾燥化が進み、果物などが得にくくなった。当初は他の動物が食べ残した獲物で食べつないだが、四〇万年ほど前から道具を用いて自身での狩猟を始めた。

ここで協力が必要になったのである。やる気があって他者と協力する人であれば、他の人からよい仲間として選ばれて、生きのびられることになったのだ。チンパンジーの場合、果物探しは協力するけれど、採集は各自で行ない、自分だけで食べる。人間は、お互いに分け合うところを特徴とする。協働によってこそ安定した食が保障されるという体験が続くうちに、獲物の独り占めはよくないという気持が育っていったようだ。協働が義務、つまりモラルになってきたのである。〝私〟よりも〝私たち〟のためにという気持での行動が、よりよい生き方につながるとする協同の志向性の誕生である。

一五万年ほど前になると、集団のサイズが大きくなり始め、皆が共有する習慣、つまり文化と呼べるものができ始める。集団の志向性であり集団としてのモラルの共有である。

二〇〇万年前に始まったこの流れでいけば、現在は人類全体を一つの集団とするモラルを生み出す時になっているはずではないだろうか。ここで生きものとしての人間のありようをしかと考えたい。

(なかむら・けいこ／JT生命誌研究館館長)

連載　国宝『医心方』からみる　27

鮒鮓《ふなずし》のルーツが明らかに

槇　佐知子

　琵琶湖特産の似五郎《にごろ》鮒で作る鮒鮓は、食通のあいだで珍味とされている名物だ。それだけでなく、腹痛や下痢、カゼの妙薬ともされている。

　私は二十年ほど前、鮒鮓の老舗を訪れ、御主人から製法を見学させていただいたことがある。

　三月下旬から五月初旬にかけて産卵期のフナを捕り、新鮮なうちに鱗と鰓《えら》を除き、卵嚢を残して内臓を抜きとる。その腹に塩をぎっしり詰め、塩とフナを交互に桶へ漬けこみ、重石を置く。夏の土用にフナを取り出して洗い、塩抜きして一晩干す。そのフナの腹へ固めに炊いた江州米に塩を加えたものを詰め、塩で桶へ本漬けにする。

　十一月頃には頭から尾まで骨がすっかり軟くなり、一年もたつと乳酸発酵がすすみ、各種のビタミンが増加し、独特の酸味があるえもいわれぬ味を醸し出す。その臭気のため好き嫌いが真っ二つに分かれ、うっかり嫌いな人に土産物として贈っても捨てられてしまう。

　大好き派の私は酒滓状になった飯を除き、薄く切った二、三片を熱い御飯にのせて熱湯を注ぎ、醤油少々とだし汁をかけていただく。（酒滓状の飯を買いに来る客もいるという）。

　食べ終るとじんわり汗ばみ、さっぱりした気分になる。

　この鮒鮓は、平安初期には太宰府から宮中へ献上された記録がある。

　鮒鮓のルーツについては東南アジア説、朝鮮半島説、中国説などがあったが、『医心方』によって、そのルーツが明らかになった。

　巻十一痢病篇の第二十一章の「熱に冒《おか》されて赤い血が膿《うみ》に混じる下痢の治療法」の一つに、

○薤《かい》一把煮鯽魚酢内秫米食之多瘥

がある。

　薤はラッキョウ、秫米《じゅっぺい》は粘りけのある米。鯽魚は鮒に同じ。「ラッキョウ一把と鮒鮓に秫米を入れて煮て食べれば瘥《い》える場合が多い」と。処方の出典は葛洪（二七八―三三九）の著書『葛氏方』。江蘇省江寧県出身の仙医で、『医心方』には彼の処方が最も多い。

（まき・さちこ／古典医学研究家）

五月新刊

現代美術は「事件」だ！

現代美術茶話

海上雅臣

「板画家」棟方志功を世界的注目へと導き、孤高の書家・井上有一の評価に先鞭をつけた「行動的美術評論家」が、三〇年以上にわたって書き綴ってきた、井上有一、同時代美術、美術市場そして現代社会をめぐる随想を初集成。

口絵16頁

四六上製　四八〇頁　三〇〇〇円

島嶼群からみた日本とは？

別冊『環』㉕ 日本ネシア論

長嶋俊介編

第1遍 **特別遍**／第2遍 **先島ネシア**／第3遍 **ウチナーネシア**／第4遍 **小笠原ネシア**／第5遍 **奄美ネシア**／第6遍 **トカラネシア**／第7遍 **黒潮ネシア**／第8遍 **薩南ネシア**／第9遍 **西九州ネシア**／第10遍 **北九州ネシア**／第11遍 **瀬戸内ネシア**／第12遍 **日本海ネシア**／第13遍 **北ネシア**／番外遍 **済州島海政学**

〈附〉参考図書100冊　関連年表

青木さぎ里／伊東豊雄／岩下明裕／遠部慎／可知直毅／全京秀／高江洲昌哉／高梨修／津波高志／鶴間和幸／延島冬生／長谷川秀樹／伴場一昭／本間浩昭／前利潔／三木健／三木剛志／溝田浩二／湯本貴和／吉岡慎一　ほか100名

菊大判　四八〇頁　四二〇〇円

文明は、時空を変えて生き続ける！

転生する文明

服部英二

ユネスコ「世界遺産」の仕掛け人であり、「文明間の対話」を発信した著者が、世界一〇〇か国以上を踏破するなかで見出した、文明の転生と変貌の姿を描く、初の「文明誌」の試み。大陸を跨ぎ、時代を超えて通底し合う諸文明の姿を建築・彫刻・言語など具体的事象の数々から読み解く。

図版・写真多数

四六上製　三二八頁　三〇〇〇円

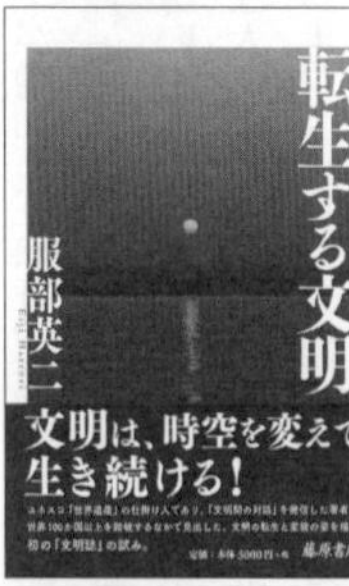

〝アナールの父〟ミシュレは、いかにして誕生したか

歴史家ミシュレの誕生

一歴史学徒がミシュレから何を学んだか

立川孝一

〝民衆の自発的な連帯〟を跡づける『フランス革命史』に至る格闘の前半生を辿る。初期の著作『世界史序説』『フランス史(中世)』等に見られる如く近代主義者だった〝青年ミシュレ〟の転機とは？〝民衆〟〝女性〟〝自然〟、そして反権力・反近代という視座は、どのように獲得されたか。

四六上製　四〇〇頁　三八〇〇円

読者の声

中村桂子コレクション「いのち愛づる生命誌」V
あそぶ　12歳の生命誌■

▼科学への関心は子ども時代にもっていたが、久しく遠のいていたが、本書でもって新たな芽ばえを感じる。この身、このいのちとは何かといった素朴な疑問を解く糸口となる。コレクションとあるから、著者の文集だと思うが、各巻のテーマに沿った編集で興味がつのり、次巻以降が楽しみです。新たな書き下ろしも入るそうで期待が膨みます。
（三重　**藤田悟**　67歳）

「雪風」に乗った少年■

▼入手して一気に読みました。できるだけ幅広く読まれてほしい本。ベストセラーになる要素は十分備えている。あえて取り上げれば、海戦とその後の救助の状況を詳しく知ったのは初めてでした。（埼玉　**山本孝志**）

▼昭和九年、生を享け、国民学校生として、太平洋戦争を経験した小生、本書からは、多大の感銘を受け、且、学習させて貰いました。重要語彙に朱印を施しつつ読みました。

懐しい言葉としては、予科練、防空頭巾、手旗信号、潜望鏡、陰膳、グラマン、MP、復員、シベリア抑留 etc. 海軍用語として、新規学習した言葉としては、舷梯、舷窓、殿艦座乗、測距儀、之字運動、手先信号、錨鎖口、艦内神社、酒保（canteen）、火艇、遠漕 etc.

シンガポールには、昭南神社が祀られていた由。この島を、当時、昭南島と改名していたように、子供心に覚えているのですが？　不一
（兵庫　**柴垣重夫**　84歳）

▼小川万海子さんが或る海軍兵士の方のお話をもとに本を書いておられることを知り、出版を心待ちにしておりました。そして上梓されたばかりの『「雪風」に乗った少年』を本屋で見かけ、早速読ませていただきました。

私は年寄りなので、読むのに時間がかかりますが、一気に読み感銘を受けました。すばらしい方に出会った心地がしました。少年から若人の頃までの過酷な戦場での体験を、このように克明に、しかも冷静に語ることのできる方がおられるとは！　体験の凄さはもとより、西崎信夫という方の人間性に深く心を打たれました。同時に、その西崎さんのゆかりの地を探訪なさった小川万海子さんの文章から、西崎さんの人間味と平和の尊さがより味わい深く伝わってきました。ありがとうございました。（東京　**三宅進**　81歳）

▼去年一月十三日（享年八十八）に他界致しました父（瀬尾貢）が海軍特年兵でした（第三期生、針尾海兵団）。もう少し生きて、この御本を読ませてやりたかったです。大変喜ぶと思います。仏前に供えてやります。ありがとうございました。
（広島　会社役員　**瀬尾一明**　60歳）

▼藤原書店が新宿区早稲田鶴巻町なので、勤務先（以前）にほど近いのでびっくりした。

私の父よりも五つほど若い著者西崎信夫さんが、青春時代の大事な時間を、幸運にも恵まれた自分史として残したものと読後感を持った。亡き父はシベリア抑留で四年も帰国を長びかされたが、自分史を残したいと言っていたので、この本のような形にして完成させたかったのではと今頃思う。東京での語り部の機会をつかまえて是非足を運びたい。
（神奈川　**大月恵太**　64歳）

▼臨場感溢れる体験記に圧倒されながら、ただただ感動でした。自分は終戦時五歳、その体験は、焼夷弾の落ちて来る火のカーテン、翌日の空はどこも焼けた赤一色を、今の北池袋駅前で見ました。当時東武堀ノ内

と思います。上野か東京駅か、ホーム一杯に真白な遺骨がひな段のように屋根まで積まれ、間に太いローソクがとてもきれいでした。今思うとその下に、沢山の悲惨な犠牲者がいた事に思いを馳せることができませんでした。（埼玉　**清水竹志**　80歳）

宿命に生き　運命に挑む■

▼平成時代末、意味や実体が不明の「IoT」「ソサエティー5・0」等の言葉が氾濫し始め、それを財界トップや首相が嬉々として使用する光景に寒々とした物を感じました。

　そうした時代に藤原書店から橋本五郎氏の『宿命に生き　運命に挑む』が刊行され、私は熟読させていただいて非常に勇気づけられる思いが致しました。それは橋本氏が先人の思想に敬意を持って接し、歴史との対話を持続しながら、現在生起されている事象を批評しておられるからで、その言葉一つ一つに魂が宿り、実感が伴い、読む者の心に響いてくるのだろうと推察致します。

　橋本氏の著書に収録されている風雪に耐えた言説を、私たちは二読、三読して思想として鍛え、時代末に浮遊する空疎な言説と対峙していかなければなりません。

　そのためにも藤原書店様の志有る出版活動に今後も期待し、応援させていただきたく存じます。

（東京　**松本朗**）

▼大変おもしろく為になりました。

　八年前の『範は歴史にあり』も求めています。読売新聞の五郎ワールドのコラムを楽しみにしています。政治の事がよくわかりやすく、読みやすいです。（五郎さん、ガンバレ）

（茨城　**久保谷清**　74歳）

▼今のジャーナリズムの中に、多くの人材がいるはずなのに、大衆迎合主義のようなものが底流にあるようで、今の混乱の一因となっているような気がしてならない。

　この一冊、全てジャーナリズムに関わる人々に一読をすすめたい。大へんな勉強量にも感動！

（宮崎　宮崎市公民館事業を担当する嘱託職員　**中田典明**　69歳）

▼感涙なくして読めないよい本でありました。完読しました。ありがとうございました。

　その他、『日本の「世界化」と世界の「中国化」』も読ませていただいておりますが、まだ未完読であります。楽しみであります。

（千葉　**池田良広**　84歳）

日本の「世界化」と世界の「中国化」■

▼「新しい中国観にむけて」は、専門家の指針として素晴らしい内容と思われます。

　今こそ意識の変革が、チェンジ・オブ・デザインが、是非必要と言われており、とても良い勉強をさせていただきました。

（神奈川　出版　**高橋敏雄**　74歳）

▼定年後、世界情勢？　人間とは？といろんな本を読んでおります。

　現在は大川周明、石橋湛山の世界観に私は同感しております。でも漢字が難しくて、なかなかすらすら読むことが出来ません。どうにか現代版のものがないかと思っております。『大川周明「世界史」』を読んでおります。

（広島　主婦　**横田みどり**　69歳）

新しいアジアの予感■

▼一〇年ぶりのご出版となる本書を幸運にもご子息より贈っていただきました。安里英子さんの作品を読むときはいつも楽しみであり、またとても緊張します。在地の身体性がにじみでる美しいことば。ときに鬼気せまるものがあり畏怖します。

　長い複雑な文脈的状況を描いた先に普遍につながっていく物語に希望を頂きました。私も私自身の内なる御嶽（うたき）を探し続けたいです。

（東京　教育研究職（東南アジア地域研究）　**青山和佳**　50歳）

人生の選択■

▼全部が（とりわけ少年の話の部分

が）心にひびいた。今の世の中は命がけで行うことが少なくなっているので、自分や他の人々の命という最も大切なものを軽く見る風潮があると思った。子供にも読ませたい。又読んで聞かせたい大人のための絵本だと思う。　（東京　**江連恵美子**　78歳）

▼文を担当された堀妙子さんのファンです。『心のともしび』の「今日の心の糧」の原稿をいつも楽しみにしていました。『人生の選択』は感動的な物語として読ませていただきました。ステキな絵本で大人でも十分に読みごたえがありました。また原案アルフォンス・デーケン氏、文・堀妙子さんの作品を作って下さいませ。

（東京　会社員　**中村貴美子**　51歳）

『ル・モンド』から世界を読む■

インドネシアとエジプトで墜落したBoeing 737 MAXが「ドリームライナー」どころか「ナイトメア（悪夢の）ライナー」であることは、すでに『機』二〇一三年三月号で取り上げています（p. 272）。なぜ、その後も製造され、世界で運行されていたのでしょうか？　背筋が寒くなるような話です。

（東京　**加藤晴久**（著者）84歳）

※みなさまのご感想・お便りをお待ちしています。お気軽に小社「読者の声」係まで、お送り下さい。掲載の方には粗品を進呈いたします。

書評日誌（四・一～五・一三）

（書）書評　（紹）紹介　（記）関連記事
（テ）テレビ　（イ）インタビュー

四・一　（書）改革者「宿命に生き運命に挑む」（「市井にあるジャーナリストとしての真摯な問いかけ」／谷藤悦史）

四・五　（イ）中日新聞（夕刊）「『雪風』に乗った少年」（「大和の最後92歳目撃　本に」／『救えなかった…』後悔74年」／西崎信夫、小川万海子、足達優人）（六日に再掲載）

四・七　（記）読売新聞「『生きものらしさ』をもとめて」（「追悼抄」／「いのちの原理　問い続け」／安田幸一）

四・一〇　（記）朝日新聞（夕刊）「機」（「NEWS＋α／取材考記」／「新元号を追った6カ月」／『令和』に込められた思いは」／田嶋慶彦）

四・一三　（記）読売新聞「大清帝国隆盛期の実像」（「五郎ワールド」／「万人の師表、亀鑑たらん」／橋本五郎）

四・一四　（書）週刊東洋経済「宿命に生き運命に挑む」（「書物、人物通して現代を切り取るコラム集」／中沢孝夫）

（イ）しんぶん赤旗「長崎の痕」（「戦争は『終わらない』」／「消せない傷と記憶を撮り続け40年」／大石芳野、金子徹）

（書）読売新聞「『雪風』に乗った少年」（「『奇跡の艦』で見たもの」／本郷恵子）

四・一五　（紹）ほすぴすNewsletter「人生の選択」

四・一七　（記）朝日新聞（夕刊）［石牟礼道子一周忌］（「read & think 考える」／「一周忌の集い　吉増剛造さん×今福龍太さん対談」／「石牟礼さんの原点に『はは』がいる」／上原佳久）

四・二三　（記）毎日新聞（夕刊）「入門・世界システム分析」（「読書日記」／「AI万能論　罠に敏感に」／西垣通）

四・二六　（書）中国新聞「『雪風』に乗った少年」（「軍の不条理　語り尽くす」／佐田尾信作）

五・四　（記）朝日新聞「金時鐘コレクション 8 幼少年期の記憶から」（「ひもとく　時代を見送る」／「家族の肩越しからのまなざし」／鷲田清一）

五・五　（紹）東京新聞「長崎の痕」

五・一三　（紹）共同通信（net）［後藤新平賞］（「後藤新平賞に黒柳徹子さん」）

七月新刊予定

＊タイトルは仮題

後藤新平と実業家たちに共通する公益と実学の精神とは

後藤新平と五人の実業家

公益と実学の精神

渋沢栄一・益田孝・安田善次郎・大倉喜八郎・浅野総一郎

後藤新平研究会編著　序＝由井常彦

熊澤蕃山は古代中国の皇帝、堯・舜・禹を絶賛した孔子を、真の意味での実学思想家と評し、その考えは横井小楠、そして後藤新平へと継承された。孔子を実学思想の大先輩と見る伝統は渋沢ら五人の実業家にも受け継がれ、彼らの事業には公益と実学の精神が貫かれているのである。

真に「書くべき程の事」を書き留めた詩的批評文集

詩情のスケッチ

批評の即興

新保祐司

孤高の基督者・内村鑑三、宗教哲学者・波多野精一ら、近代日本において信仰の本質を看取した存在を通して、〈絶対なるもの〉に貫かれる経験を批評の軸としてきた新保祐司。すべてを〈人間〉の水準へと「水平」化し尽くす近代という運動の終焉を目の当たりにして、「上」からの光に照らして見出された文学・思想・音楽の手応えを簡明かつ鮮烈に素描した、珠玉の批評を集成。

権利としてのホスピタリティとは何か

移動民と私たち

M・アジエ　吉田裕訳

二〇一五年、百万人以上が欧州に移動した難民危機。受入れの是非などの政策的対応ではなく、人間が移動することの本質と、移入／受入れの分断の自明性を問い直す。

広島の演劇史に埋れた名作を今、読み解く

ヒロシマの『河』

劇作家・土屋清の青春群像劇

土屋時子・八木良広　編

占領下広島で理想社会の実現に向け疾走した「原爆詩人」峠三吉（1917-53）らを描いた、土屋清の名作戯曲『河』。二〇一七～一八年、約三十年ぶりの復活を遂げた本作は、核時代再来の今、何を訴えるのか？

ラフェリエールとは何者か？　自伝！

書くこと生きること

ダニー・ラフェリエール

小倉和子訳

書くことは、生きること。生きることは、書くこと――。ハイチ出身のケベックの国民的作家が、自伝的小説群「アメリカ的自伝」完結を迎え、幼年期から現在までを初めて明かす。

「ユーロ」から日本は何を学ぶのか？

ユーロ病と日本病

フランスのEU離脱と、日本の緊縮財政・消費増税からの離脱

F・アスリノ、E・トッド、藤井聡、田村秀男他　荻野文隆編

欧州統一通貨ユーロがフランスにもたらす問題を指摘するアスリノ氏の議論を軸に、デフレが続く日本が共通して抱える問題を炙り出す。

6月の新刊

タイトルは仮題、定価は予価。

いのちの森づくり ＊
宮脇昭自伝
宮脇昭
四六変上製　四一六頁　**二八〇〇円**

対口交渉学 ＊
歴史・比較・展望
木村汎
A5上製　六七二頁　**四八〇〇円**

書物のエスプリ ＊
山田登世子
四六変上製　三二八頁　**二八〇〇円**

中村桂子コレクション　いのち愛づる生命誌（全8巻）
1 **ひらく**　生命科学から生命誌へ ＊
〈解説〉鷲谷いづみ　内容見本呈
〈月報〉藤森照信／末盛千枝子／梶田真章／毛利衛　口絵2頁
四六変上製　二八八頁　**二六〇〇円**

金時鐘コレクション（全12巻）　内容見本呈
4 **「猪飼野」を生きるひとびと** ＊
『猪飼野詩集』ほか未刊詩篇、エッセイ
〈解説〉冨山一郎　口絵4頁
〈月報〉登尾明彦／藤石貴代／丁章／呉世宗
四六変上製　四四〇頁　**四八〇〇円**

7月新刊予定

後藤新平と五人の実業家
公益と実学の精神 ＊
渋沢栄一・益田孝・安田善次郎・大倉喜八郎・浅野総一郎
後藤新平研究会編著　序＝由井常彦

ヒロシマの『河』 ＊
劇作家・土屋清の青春群像劇
土屋時子・八木良広 編

詩情のスケッチ ＊
批評の即興
新保祐司

移動民と私たち ＊
M・アジエ　吉田裕訳

書くこと　生きること ＊
D・ラフェリエール　小倉和子訳

ユーロ病と日本病 ＊
フランスのEU離脱と、日本の緊縮財政・消費増税からの離脱
F・アスリノ、E・トッド他
荻野文隆編

好評既刊書

別冊『環』25
日本ネシア論 ＊
長嶋俊介編　伊東豊雄／岩下明裕／三木健ほか
菊大判　四八〇頁　**四二〇〇円**

現代美術茶話 ＊
海上雅臣
四六上製　四八〇頁　**三〇〇〇円**　口絵16頁

転生する文明 ＊
服部英二
四六上製　三二八頁　**三〇〇〇円**

歴史家ミシュレの誕生 ＊
一歴史学徒がミシュレから何を学んだか
立川孝一
四六上製　四〇〇頁　**三八〇〇円**

別冊『環』24
開かれた移民社会へ
宮島喬・藤巻秀樹・石原進・鈴木江理子編
菊大判　三一二頁　**二八〇〇円**

セレモニー
王力雄　金谷譲訳　推薦のことば＝王柯
四六上製　四四八頁　**二八〇〇円**

中国が世界を動かした「1968」
楊海英編
梅﨑透・金野純・西田慎・馬場公彦・楊海英・劉燕子
四六上製　三二八頁　**三〇〇〇円**

石牟礼道子と芸能
石牟礼道子／赤坂憲雄／赤坂真理／池澤夏樹／いとうせいこう／今福龍太／鎌田慧／姜信子／高橋源一郎／田口ランディ／田中優子／町田康／米良美一　ほか

＊の商品は今号に紹介記事を掲載しております。併せてご覧戴ければ幸いです。

書店様へ

▼**『大石芳野写真集　長崎の痕（きずあと）』**が、4／14(日)Eテレ「日曜美術館」特集、5／19(日)『産経』に続き、5／25(土)『朝日』で絶賛書評!!　「写真の中の多くは穏やかに微笑んでいる。……過酷な体験を乗り越えてきた人たちの凛とした姿が、より深く見る者に考えさせる。」（建築家・長谷川逸子さん）。

▼5／19(日)『毎日』書評欄にて、**王力雄『セレモニー』**が絶賛大書評!!　「人工知能やビッグデータといった最新の技術が独裁政治に濫用されたときの怖さを、迫真の描写を通してまざまざと示している」（張競さん）。今年は天安門事件から30年となりますが、小社では民主化運動の象徴・劉暁波の**『天安門事件から「08憲章」へ』**、**『私には敵はいない」の思想』**など、中国の民主化やリベラリズムに関する関連書籍を多数ご用意いたしております。この機にフェアのご検討を是非。

▼5／26(日)『読売』「本よみうり堂」にて藤原辰史さんが**A・G・オードリクール**の大著**『作ること　使うこと』**を絶賛書評!!　在庫のご確認とともに、歴史、人類学の棚でのご展開を!!　（**営業部**）

『金時鐘コレクション』刊行中

〈金時鐘さんの90歳と渡日70年を記念して〉

越境する言葉

〈基調講演〉**鵜飼 哲**（一橋大特任教授）

〈浄瑠璃による『猪飼野詩集』〉**渡部八太夫**

〈パネル・セッション〉**丁章**（詩人）／**宮沢剛**（二松学舎大学非常勤講師）

Catherine Ryu（ミシガン州立大准教授）

〈朗読とスピーチ〉**金時鐘**

【日時】6月16日（日）14時開会（13時半開場）

【場所】大阪大学 中之島センター

【主催】大阪大学越境文化研究イニシアティヴ

＊参加無料 ＊要申込（tcsi@let.osaka-u.ac.jp）

大石芳野写真展 長崎の痕

それでも、ほほえみを湛えて、生きる。

【銀座】キヤノンギャラリー

7月4日（木）～10日（水） 日祝休館

10時半～18時半（最終日15時）

中央区銀座3-9-7トレランス銀座ビルディング1F ℡03-3542-1860

【大阪】

7月25日（木）～31日（水） 日祝休館

10時～18時（最終日15時）

大阪市北区中之島3-2-4 中之島フェスティバルタワー・ウエスト1F ℡06-7739-2125

【ギャラリートーク】

7月8日（月）15時（予約不要・無料）

＊9月には長崎にて開催（詳細は続報）

二〇一九年 後藤新平の会

第13回 **後藤新平賞授賞式**

（撮影・下村一喜）

本賞 **黒柳徹子氏**（女優、ユニセフ親善大使）

【後藤新平没90年記念シンポジウム】

後藤新平の「生を衛《まも》る道」を考える

自治・国家・社会 *Part 2*

〈特別講演〉**五百旗頭 眞**（兵庫県立大理事長）

〈シンポジウム〉**加藤陽子**（東京大学教授）

新村拓（北里大学名誉教授）

春山明哲（早大台湾研究所）

由井常彦（三井文庫長）

〈司会〉**橋本五郎**（読売新聞特別編集委員）

【日時】7月14日（日）授賞式11時／シンポジウム14時開会（30分前開場）

【場所】明治大学 グローバルホール

【資料代】一般二千円 学生千円（授賞式無料）

【主催】明治大学都市政策フォーラム

【共催】後藤新平の会

＊申込み・問合せ＝藤原書店内 事務局

●〈藤原書店ブッククラブ〉ご案内●

▼会員特典は、①本誌『機』を発行の都度ご送付／②（小社への直接注文に限り）小社商品購入時に10%のポイント還元／③送料のサービス。その他小社催しへのご優待等。詳細は小社営業部まで問い合せ下さい。

▼年会費二〇〇〇円。ご希望の方はその旨お書添えの上、左記口座までご送金下さい。

振替・00160-4-17013 藤原書店

出版随想

▼6／2付の『毎日新聞』一面の「余録」で〝塩爺《じい》〟の愛称で国民から愛された塩川正十郎氏の一面を知った。最晩年の十年間親しく付き合わせて頂き、自伝『ある凡人の告白』を二〇〇九年に出版させてもらった。二〇〇四年から始まった企画「後藤新平の全仕事」以来の関係だが、実に読書好きの方だった。小社にも度々お見えになり、催合庵に並べてある全刊行書籍を眺めた後、笑みを浮かべながら一言「ようこんな本を出しててやっとるな、奇跡やなあ」と。ある時、「今、早稲田の近くに来とるから、あと三〇分後に行ってもええか」と。にこやかな顔で現れるや、「こないだ〇△を読んだけど、ほんま面白かった。〇△を五〇冊ほど事務所に送っといて。商売うまく行ってるか」と温かいお声を何度もかけていただいた。

▼又、新橋あたりに用事があって、「先生、これからちょっと寄らせて頂いていいですか」というと二つ返事で「いいよ」。先生は、応接間の大テーブルで大冊を読んでおられた。「何をお読みですか」と尋ねると、「久しぶりに『国富論』読みとうなってな。オモロイなあ」と。齢九十を前にしていまだ学への志は一向に衰えない様子だった。

▼大阪の千里で行われた葬儀も、大層な数の方々が詰めかけられ、弔辞に立った小泉純一郎元総理は、政治家になってからいかに〝塩爺《じい》〟に支えられ導かれてきたかを切々と話され、時には感極まり絶句されることもしばしばであった。亡くなられて今秋で早や四年。この記事を読みながら、生前の塩爺《じい》の温かい励ましに、感謝の念一入である。（亮）

して、各国のトップの研究者の方々に講義や現地調査の案内をお願いするなど、できる限り協力した。

一九七五（昭和五十）年十一月、神奈川文化賞をいただいた。植生の研究と自然保護の取り組みが評価された。

自分では「やっと第一段階が終わったばかり」という時の受賞だったので、今でも「早すぎた」と思うが、その後の環境保全や植樹の取り組みの励みになったことは確かだ。

このとき、家内のハルは神奈川新聞社のインタビューで、現地調査や植樹のため現場を飛び回って、家にあまりいない夫について「植物は私の恋敵」と発言し、話題をまいた。

いまだに、私と家内と植物の〝三角関係〟は続いている。

日本人とタブノキ

国文学者で当時、慶應義塾大学教授の池田弥三郎先生が、わざわざ一九七五（昭和五十）年秋に、横浜国立大学の私の研究室を訪ねてこられたことがあった。

愛用しているタブノキのテーブル。出雲大社相模分祠の草山清和分祠長から贈られた

池田先生の恩師で民俗学者の折口信夫が、著書『古代研究』の口絵に、石川県能登半島の巨大なタブノキの写真を四点載せている。短いキャプションはあるが、詳しい説明がない。

二十年間、調べているが、折口信夫先生がどういう理由で、終戦直後の紙のやりくりなども難しい時代に、この写真を載せたのか分からない。この疑問を東大の植物分類学者の前川文夫先生に尋ねて、宮脇を紹介されたと言われた。

——タブノキは、有史以前から、日本人の居住する場所に生えていた常緑広葉樹林の主木で、日本の照葉樹林文化の原点と言える。折口信夫はタブノキと日本人の生活・文化との関係に気付いていたのだろう。かつては低地や丘陵、山地の下の方などで、豊かな森をつくっていた。そういう場所は気候、土壌、水の便などから、居住や耕作に適しているので、真っ先に木を切られる。だからタブノキは、今われわれが生活している場所には、ほとんど残っていない――。

こうした説明をすると、池田先生は納得し、感動されたご様子だった。

その五年後、池田先生が慶應義塾大学を定年退職されるとき、退職金の一部を使ってタブノキの苗約八〇本を慶應義塾の三田キャンパスに植えられた。その後「タブノキの森由来」という碑が建てられ「池田弥三郎タブノキを植える。宮脇昭これを助く」と記された。

タブノキに対して、私は強い愛着を感じる。かつて広島で、原爆を受けても必死でいのちをつないでいるタブノキを見た（前述参照）。その強烈な印象と、日本の潜在自然植生の主木であることが重なって、特別な感情が湧くのかもしれない。よく学生から「先生はタブノキを見るだけで頬がゆるむ」と冷やかされたりした。

一九八〇年代半ば、三浦半島中央の葉山町と横須賀市にまたがる丘陵に、住宅用地だけでなく、学術研究や人材育成、文化交流なども目的とする「湘南国際村」の構想が、当時の長洲一二知事により打ち出された。

それを受けて、計画地の植生調査を手掛けた。県内の他の丘陵と同様に、スギの植林と、クヌギ、コナラなどの落葉広葉樹の二次林、いわゆる荒れた雑木林で占められていた。

その中に一本、胸高直径が一メートル近くもある老大木のタブノキが立っていた。うれしくなって近づくと、さらに衝撃を受けた。木の下に小さなほこらがあり、花とヒサカキが供えられていた。近くの住民が、タブノキを神聖なものとして信仰し、みだりに切ってはいけないという戒めを守っているのだ。そう察せられて深く感動した。

その後、長洲知事には、湘南国際村の整備にあたっては、地域の人の思いを尊重し、できるだけ自然に配慮するようにと提案した。

「いのちの森」を世界に

日本の戦後の再興は、企業の方々の先行的な活動によって進められたと実感している。地域経済と共生する未来志向の「いのちの森づくり」も、先見性、実行力を発揮された日本の企業のおかげと感謝している。お力をいただいた数多くの企業等のすべてのお名前は、

2013年4月、ケニアの植樹祭で。中央が著者

残念ながら載りきらないが、企業では三菱商事、イオン、ホンダ、トヨタ自動車、豊田合成、横浜ゴム、三五、山田養蜂場、和久傳、JR東日本、JR北海道、各電力会社。自治体では横浜、行田、東海、徳島、各務原などの各市、そして国土交通省、林野庁も。そのうえにNPOを含む市民の方々のご協力を得て、国内外で二千七百カ所、四千万本以上の木を植えて、幸いにも成功している。

海外でも、土地本来の樹種による森づくりを進めている。

中国ではイオン環境財団と、万里の長城沿いの百万本の森づくりを行った。あの辺りは、モウコナラ（モンゴルナラ）という、ミズナラの母種の木が潜在自然植生の主木と分かった。ヤギも近づけないような急斜面に残っていたモウコナラを見つけ、森づくりに生かしている。

世界三大熱帯雨林域と呼ばれる東南アジアのボルネオ、ブラジルのアマゾン、アフリカ・ケニアのナイロビ大学でも行っている。この三地域で植生調査をし、同時に植樹指導もしているのは、私だけではと自負している。人手のいる植樹活動は、多くのボランティアにも支えられてきた。私が指導するさまざまな植樹祭に、自発的に参加した人たちの〝勝手連〟的なボランティアグループも各地で生まれ、活動している。それぞれのメンバーは国内外の植樹に自費で参加されている。

昨秋、自動車部品メーカーの三五の、タイやトルコの植樹祭でも、現地の人と日本からの社員やボランティアが集まった。作業のグループ分けでは、現地の人と日本人の混成にし、リーダーは現地の人、経験ある日本人はスーパーバイザーとして、少し脇に回った。植樹法などは、言葉が通じなくても身ぶり手ぶりで伝えられる。リーダーを現地の人にすると、全体のやる気が高まる。その結果、グループ内の人同士の心がよく通じ合い、どこでも素晴らしい植樹祭になった。

〝本物の森〟づくりは、いのちを守ることにつながるだけでなく、植樹という同じ目的

1月、植樹のボランティアグループ「まじぇる会」の総会で。1993 年から三菱商事の支援で続いているボルネオの植樹会に集まった人たちが結成。前から 2 列目、右から 4 人目が著者

を通して、人間と人間同士の絆を強めることもできる。

潜在自然植生の知見を基礎に土地本来の植物群落の森をつくるために、私たちが前向きに木を植えることは、明日を植えること。そして何よりも、一人ひとりの心で植えることである。あなたのため、あなたの愛する人のため、家族のため、日本のすべての国民のいのちを守るためである。

同時にそのプロセスと成果を、日本から全世界に広げる。全人類と、それを支えるために生きている私たち、す

べてのいのちの母胎である地球とのつながりのタブノキを植えよう。

これからもいのちある限り、すべての人の心身ともに豊かな生活を支え、四十億年続いてきた私の、あなたの、あなたの愛する人の、地球上すべての人の遺伝子・DNAを未来につなぐ母胎としての「本物のふるさとの木による、ふるさとの森づくり」を続ける決心だ。

終章　森はいのちを守る——東日本大震災からの復興

「危機はチャンス」

戦前・戦中・戦後を生きてきた私の人生は、平坦ではなかった。それでも「困った」ということがない。〝生きていることが最高の幸福〟と思うからだ。そして「危機はチャンス。不幸は幸福の前提」といえる人生のドラマを繰り返してきた。

一九五八（昭和三十三）年から二年間ドイツに留学し、後年の私の「いのちの森づくり」

の基本となる〝植物社会学〟と〝潜在自然植生〟を学んだ。今では当たり前の考え方だが、当時は「ドイツかぶれ」と揶揄され、帰ってからの十年間、誰にも見向きもされなかった。

それでも、勤務していた横浜国立大学の私のもとに、若い研究者が各大学から集まった。彼らとともに全国を回って植生調査をした。季節ごとに、その土地に本来どんな植物が生えるのか丹念に調べるという手間と時間がかかる作業。互いに科学界では〝不遇な研究者〟だったからできたことだと思う。

それが一九八〇年から毎年、十年間かけて、『日本植生誌』全十巻刊行という大事業につながった。

「危機はチャンス」という言葉は、人を励ますときにも使う。今、東日本大震災後の「いのちの森づくりプロジェクト」という未来指向の復興事業にもかかわっているが、その話し合いの場でもしばしば使ってきた。

二〇一一年三月十一日、最悪ともいえる東日本大震災が起きた。あの震災を私はインドネシアで知り、三週間後に現地に入った。海岸沿いの松林は根こそぎ倒されていた。だが、常緑広葉樹のタブノキ、シラカシなどが混ざった森は津波に耐え、ある程度、くい止める

東日本大震災から１カ月半後、被災地で現地調査を行う

役目を果たしていた。

タブノキ、カシ類などは、照葉樹林と呼ばれる常緑広葉樹林域での、潜在自然植生の理論に基づく土地本来の森の主要樹種である。それらが混ざり合った森を、私は〝本物の森〟と呼んでいる。

海岸べりのマツ並木は、確かに美しい。人が美観などの目的で植えたもので、本来は尾根筋、岩場、土地の狭い急斜面、水際などきびしい立地条件下で、広葉樹に押されて局地的に自生する。本来の生育域は限られており、土地本来の木ではない。〝本物の森〟の木は、根がまっすぐに深く張り、津波だけでなく台風や大火災、山崩れ、洪水にも強い。

私は被災地の復興のため、海岸沿いに、本物の森による「緑の防潮堤」をつくるべきだと確信した。

木の根も息をしている。土中に酸素を含むすき間が必要だ。有毒物を除いて、震災がれきを活用すれば、具合よくすき間のあるマウンド（苗を植えるための土台）ができ、がれき処理の問題も解決する。このアイデアはすぐ実現できると思った。ところがそうはいかなかった。

「緑の防潮堤」とは何か

東日本大震災の被災地を訪れ、すさまじい量のがれきを見たとき、「これは使える」と思った。科学者の直感のようなものである。

がれきは廃棄物として見ればそれだけだが、そこで生活してきた人の生きた証でもある。がれきから有毒なものや、分解しにくいビニールなどを除いて、土と混ぜれば、根が張るのに好都合な、通気性のよいマウンド（植樹地）になる。硬く締まった土では根が入らず、成長に必要な酸素も不足する。

コンクリートのがれきは、人の頭ぐらいの大きさに砕けば、根がつかむように絡んで土地が安定する。このマウンドをまず、岩手から福島、茨城までの海岸沿いに、できるところから、三〇〇キロにわたり、高さ一〇〜一五メートル、幅一〇〇メートルの規模で築く。そこに私が提案した「いわゆる宮脇方式」で根群の充満した「ポット苗」を混植・密植して植える。ポット苗とは、コップ大の容器に土を盛り、種をまいてつくる、根群がよく発達した幼苗である。

何を植えるかも、大切である。土地に合わない木を植えた場合、絶えず手を加えないと安定した森はできない。災害にも弱い。

だが、潜在自然植生に基づく宮脇方式は、最初の二〜三年間の集中除草管理を除けば、手もかからず、自然淘汰に任せられる。十五〜二十年すれば〝本物の森〟になる。〝本物の森〟とは、すべての市民のいのちを守り、心も体も豊かな生活を保証する、土地本来の多層群落の森である。

植えるべき樹種は、地域によって異なる。太平洋岸の場合、北は岩手県釜石市や大槌町から、南は沖縄まで、関東地方以西では、私の住んでいる神奈川県でも、海岸から大山や丹沢の海抜八〇〇メートルぐらいまでは、冬も緑の常緑のシイ、タブノキ、カシ類だ。こ

多層群落の森

れらは高木層を形成する。さらに亜高木層を形成するヤブツバキ、モチノキ、シロダモ、ヤマモモ、できればアオキ、ヤツデ、ヒサカキなど低木の常緑広葉樹を「混ぜる、混ぜる、混ぜる」。

四十億年続いてきた地球上の生物社会は、好きなものだけで集まらない。多様な種が集まり、お互いに競争し、少し我慢しながら共生している。そうやって成り立っている森こそ、〝本物の森〟である。どんな自然の脅威にも耐えて、何千年も続く森になる。だから土地本来の潜在自然植生の主木群を中心に、その森の構成種群の混植が大切なのだ。

中心に植えるのは土地本来の主木だが、一種類に絞らない。組織で言えば、社長一人だけでなく、三役、五役といった「幹部」を入れる。その部下にもいろいろな種類を混ぜる。混ぜると強くなるというのは、会社などの組織でも当てはまる。似たような考えの人ばかりの集団よりも、時には対立し、議論を戦わせているところのほうが、組織がしっかりして発展性も大きいはずだ。このような「混ぜる」植樹法と、がれきの活用で「緑の防潮堤」をつくる。これが私の提案だった。

ところが、当時の関係省庁に、「あれもダメ、これもダメ」と机上での〝引き算〟の得意な人がいて、なかなか進まなかった。

九千年続く森の防災——「森の長城」プロジェクト

私が提案した、がれきを活用して森をつくり、「緑の防潮堤」にするという提案には、いくつかの壁が立ちはだかった。

一つは、廃棄物処理法という壁である。がれきは一般廃棄物として扱われ、土中に埋めてはならない、とされている。

これは法律制定の一九七〇（昭和四十五）年当時、ＤＤＴなどの農薬のたれ流しで、ホタルもメダカもゲンゴロウもいなくなった時代の大気汚染、土壌汚染などに対応する規定だ。しかも国交省などの計算によると、今回の東日本大震災のがれきをすべて利用して、南北三〇〇キロ、幅一〇〇メートルでできるところに、高さ二二メートルのマウンドをつくるとすると、全土量のわずか四・八パーセントにしかならないという。震災という非常事態だから、特別に許可してもらえないか。「危機をチャンスに」、二万人の貴重ないのちを失ったという事実を見つめ、旧例にこだわらないで前向きに行動していただきたいと訴えた。

〝先例がない〟とも言われた。しかし、神奈川県民なら、関東大震災のがれきで横浜の山下公園が造られたことを知る人は多いだろう。ドイツのミュンヘンや、ベルリン郊外のグリューネバルト、トイフェルスベルクなどでは、第二次世界大戦で出たがれきを埋めて、緑豊かな都市の森の公園を造った。

がれきには、震災で亡くなった方々の歴史が濃縮されている。新しく焼却場を建てて焼いたり、わざわざよその土地に運んで処理したりするのでなく、その土地に埋めることに意義がある。そういう思いも込めて、陳情して回った。

2014年1月、横浜ゴムの南雲会長（左端）、同社の野地彦旬社長（左から2人目）、小泉純一郎元首相（右端）らと

本気になれば、うまくいくものだ。事情を知った元首相の細川護熙さんが協力してくださって、二〇一二年五月に公益財団法人「森の長城プロジェクト」を立ち上げた（二〇一六年七月、公益財団法人「鎮守の森のプロジェクト」に名称変更）。

細川さんが熊本県知事時代、私は請われて熊本空港の森づくりなどにかかわった。人、人、人に助けられる。これもまた私の人生。繰り返し体験し、有りがたく感じてきたことだ。財団の設立で推進態勢が整い、運動が広がり、理解者が増えた。

財団設立の少し前には、岩手県大槌町が私の提案に賛同し、海岸でがれきを利用した植

現場に出向いて木を植えることが健康法にもなっている。宮城県岩沼市での「緑の防潮堤」植樹式で子どもと苗木を植える（2013年6月）

樹祭を実施した。

同町の取り組みは、横浜ゴムの相談役からの全面的な支援をいただいている。この会社は、以前から国内外の工場の敷地などで、宮脇方式の〝本物の森〟づくりを実施。今回の支援は、同社の南雲忠信会長の決断と実行力、持続力に負うところが大きい。

二〇一二年七月五日には、天皇、皇后両陛下に、日本の全国の潜在自然植生図である「常緑広葉樹の植樹による防災・環境保全の森づくり」についてご説明する機会にも恵まれた（『見えないものを見る力』藤原書店、序章として収録）。

ぜひ七月五日十五時から三十分の予定で話してほしいと。十五時から四十分にわたって御進講を務めた。光栄であった。入口まで両陛下に見送っていただいて感動した。

そして二〇一三年六月三十日。初めての国の直轄事業として、太田昭宏国土交通大臣（当時）主導の下、宮城県岩沼市の海岸で「緑の防潮堤」植樹祭が開催された。国が先頭に立つようになったことで、ようやく軌道に乗ったと感じている。

「緑の防潮堤」はこの先、次の氷河期が来るまでの約九千年間、大地震、大津波、大火、台風、高潮、洪水、土砂崩れなどの、あらゆる自然災害から地域の人のいのちと財産を守る役割を果たす。東日本大震災の現地植生調査の結果からの結論である。

二〇一五年、八十七歳を迎えたが、「いのちの森づくり」と名付けた、木を植える仕事で、忙しい。机上の作業もあるが、現場に出向くことが多い。十日に一度ほどの割合で、海外にも出掛けている。

現場から現場、いのちを守る現場こそ、私の人生である。

Ⅱ 詳伝年譜（一九八〇年〜）

一志治夫

＊「詳伝年譜」は、「わが人生」で語り尽くせなかった、一九八〇年以後の宮脇昭の人生を、『宮脇昭、果てなき闘い』（集英社インターナショナル、『魂の森を行け』新版）著者である一志治夫氏が書き下ろしたものである。
＊敬称は省略させていただいた。

一九八〇年

●一九八〇年は、宮脇昭にとって、内外において植生学者として大きく一歩を踏み出した年と定義づけられる。広くその名を知らしめることになった年、とも言えるかもしれない。国際的には、**国際植生学会の副会長に就任**したこと（〜二〇〇三）。国内的には、その後、一〇年にわたって続く**『日本植生誌』**（全十巻、至文堂）**の刊行が始まった**年だからだ。

●『日本植生誌』は、それまで宮脇が日本各地で断続的に行ってきた植生調査をベースに、全国の植生を調べまとめようという壮大な計画だった。横浜国立大学研究室の研究員のみならず、全国各地の大学の植物学、生態学系の研究者が参加し、一九七八年から調査は始まっていた。

「地域、地域の植生誌はたくさんあるけれど、穴が空きすぎている。やるのだったら、徹底的に調査し、穴を埋め、新しいものを発見し、システム化しなければならないとスタートした。植物社会学的なシステムは私たちの研究室でやるけれど、それぞれの地域の気候条件、温度条件、歴史条件については、地元の研究者のほうが知っている。それで各大学の一一六

名の先生方に協力を求め、共同研究していただいた」（宮脇）

「地球というラボがあり、身体という測定器がある」という宮脇の言葉に突き動かされ、研究者たちが野山を駆けまわった労作だった。

この年刊行された**第一巻『屋久島』**を皮切りに、こののち一九八九年刊行の第十巻『沖縄・小笠原』まで、毎年刊行されることになる。

●国際植生学会主催国際シンポジウム「群落分類学」で座長をつとめ、日本の照葉樹林帯について発表。

●文部省海外学術調査費で、インドネシアに出張。**ボルネオ島の熱帯雨林の現地調査**を行う。

「一番よい条件で生育する、熱帯雨林の調査をずっとしたかったが、調査費がつかなかった。旧帝大ではいろんな援助で調査を行っていたから忸怩たる思いだったけれど、ようやく調査費がついたことが嬉しかった」（宮脇）

前年にはやはり同調査費でインドネシア、マレーシア、シンガポールで植生調査を行っており、この頃より、宮脇の植生調査は、海外、それも主に熱帯林、熱帯雨林を抱える東南アジア各国で盛んに行われるようになる。そしてそれは、やがて、同地域での植樹活動へとつながっていく。

一九八一年

●四月下旬、ドイツ・リンテルン市で行われた**国際植生学会主催国際シンポジウム**に参加。宮脇は、**「森林の構造と動態」**で人為的な影響による日本列島の照葉樹林と落葉広葉樹林の変化について講演。座長をつとめる。

国際植生学会は、宮脇の師であるドイツ国立植生図研究所の所長、ラインホルト・チュクセン教授自らが立ち上げた学会だった。

「国際植生学会はいつも不便な古い城下町のようなリンテルン市で行われる。そこにはチュクセン教授の家と研究所があったから。南斜面のヨーロッパ・ブナ林と牧野の境に家を建てていた。チュクセン教授は、このとき咽喉ガンにかかっていて、この学会の一〇日後ぐらいに亡くなられた。最後に握手しましたが、声はかすれ、手は細かった」（宮脇）

宮脇は、チュクセンとの面会時、こう言われたという。

「スイスのブラウン＝ブランケが種を播き、大きくした植物社会学に私が植生図という幹を育てた。やっとお前が日本で初めて新しい緑の環境、森の再生回復という花を咲かせ、実をつけ始めてくれている」

一九五八年から二〇年以上にわたって敬愛し続けてきた師から聞いた最後の言葉だった。

宮脇は、ドイツからタイに向かい、そのままマングローブの生態調査（学術振興会）に入った。チュクセン逝去の知らせはタイのホテルで聞いた。五日後に八十一歳の誕生日を迎えるはずだった五月十六日のことだった。本来ならドイツまで駆けつけるところだったが、タイに着いたばかりで叶わず、弔電を打つにとどまった。

●この年、**ドイツ、ゲッチンゲン大学より名誉理学博士号、同国ザールランド大学より名誉哲学博士号**を受ける。

一九八二年

●文部省海外学術調査費により**タイでマングローブ調査**。

「マレー半島アンダマン海沿いを調べては止まり、調べては止まりとマングローブの生態を八〇年代前半に集中的にやりました。調査はすべて水の中。河口で腰のあたりまで水につかりながら、ボートや徒歩で進むわけです。泥地なので、とにかく歩くのに苦労した。そこ

に一〇メートル×一〇メートルの縄を張り、その中の植生を研究員たちと調べた」（宮脇）

●反対運動で頓挫していた**奈良県の橿原バイパス建設で宮脇方式が取り入れられ**、幅三・七五メートルの植樹帯に森がつくられることを条件に着工。

推進したのは、建設省の官吏、高野義武工務課長。

「バイパスの植樹帯約一八kmに宮脇方式による森をつくり、騒音と排気ガスを吸収できないか、と思いついて反対住民に提案しました。宮脇先生の森づくりの話をし、関西電力の御坊発電所で成功した先生の森を一緒に見に行ったりして、納得してもらい、反対住民の了解をとりつけた」

奈良県橿原バイパスの森

橿原市の潜在自然植生の調査地となったのは、近くの春日神社の境内やその東に広がる原生林。実際に植えられたのは、高木ではシラカシ、アラカシ、ツクバネガシ、コジイ、中木は、ネズミモチ、ウバメガシ、低木はヒサカキなど。宮脇はダムや発電所、あるいは道路、河川などへの植樹に対してはさほど積極的ではないものの、「人々がある程度の利便性を求めるのはやむを得ない。ただ、どうせつくるのであれば、緑に囲まれたものにすべき」と、請われれば厭わないという姿勢をこののちも貫く。

一九八三年

●『日本植生誌』は、資金的には文部省の補助金制度によって全十巻の作業が可能となったものだが、実は、四年目に入ったこの年、「同じ案件に長期間補助金を出し続けている」という理由で、補助金が打ち切られそうになっている。宮脇の実証主義的植生学を支持する文部省官吏西尾理弘が「この研究は、シリーズで完成して初めて意義がある。一巻でも抜けてはならない。日本全国の植生を全部解明することが必要」と主張し、決定は翻った。

●アメリカ合衆国へ出張。

タイでマングローブの現地調査。

●『緑の証言――滅びゆくものと生きのびるもの』（東京書籍　東書選書）発刊

一九八四年

●タイでマングローブの現地調査。

タイでは、ほかにも、ビルマ（現・ミャンマー）国境付近のドイ・インタノン（標高二五六五m）というタイで最も高い山に登って植生を調べたりした。熱帯雨林の調査だったが、標高の高い山頂付近は、照葉樹林帯で、日本のシイ、タブ、カシと似た植生が見られた。

この年、**タイの国立メージョウ農工大学より名誉農学博士号**を受ける。

●**国際植生学会日本大会「植生と環境創造」で大会実行委員長**をつとめる。

このとき、宮脇は、来日していたゲッチンゲン大学のハインツ・エーレンベルグ教授を新日鐵大分製鉄所に案内した。宮脇方式で半年前に植えた植樹地に連れて行ったのだ。しかし、同行した日本の植物学者から、その場で「恥ずかしいじゃないか、こんな小さな苗を世界の植物学者に見せて」と咎められてしまう。が、エーレンベルグ教授はこう言ったという。「まだ木は小さいが、世界で初めてお前が言うところのふるさとの木によるふるさとの森、我々が言うところの防災環境保全林になる」。このとき植えられていた苗は、いまや大きな森へと姿を変えている。まだ宮脇方式はさほど成果もなく、定着しておらず、国内の一部の植物学者からは冷ややかに見られていた。

●国際植生学会エクスカーションでアルゼンチンへ調査旅行。

一九八五年

●横浜国立大学評議委員に。横浜国立大学環境科学研究センター長を併任。
エネルギー庁環境審査会顧問を委嘱される。

一九八六年

●アメリカで開催された第四回国際生態学会に出席し、発表。
ドイツ（当時、東ドイツ共和国）へ出張。**国際植生学会主催の「人為的植生変化の把握と**

評価」シンポジウムで座長を務める。日本の人為植生について発表する。

一九八七年

●文部省科学技術会議専門委員に任命される。
大阪大学講師を併任。

ベルリンで開かれた第一四回国際植物科学会議において「熱帯林：植生と環境」のオルガナイザーをつとめるとともに、講演を行う。

国際生態学会副会長に就任（〜一九九〇年八月）。

ドイツへ出張、都市生態系の調査。

インドで開かれた第九回熱帯生態学会国際シンポジウムで発表。
●『森はいのち――エコロジーと生存権』（有斐閣）発刊

一九八八年

●長野・上田市の**日置電機において、宮脇方式による「HIOKIフォレストヒルズの森づくり」**が行われる。本社・工場移転に伴う自然環境破壊を再生させるために、社員全員で外周延べ一・二キロの敷地に約六万本のポット苗が植樹され、その後、新入社員の植樹を通じて累計九万二千本の木々が植えられた。

さらには、創業六〇周年を迎えた一九九五年からは「ふるさとの森づくり」と題して、長野県全域における学校や公共施設への植樹活動支援を実施。二〇一六年までに累計三一カ所で、延べ八五八〇人の手により約六万九三〇〇本が植えられた。

●文部省学術審議会専門委員に任命される。

オーストリアで開かれる国際生態学会に出席。

文部省海外学術研究調査費で**アメリカ東部文化帯の現地調査**（第一年度）。

イタリアで国際植生学会主催の「都市域の自然植生」国際シンポジウムで発表、座長をつとめる。

韓国で開かれた'88国際学術会議で講演。

一九八九年

●この年『**日本植生誌**』（至文堂、全十巻）**最終巻である『沖縄・小笠原』を刊行**。

●**日本マングローブ学会副会長に就任**。

文部省海外学術研究調査費でアメリカ東部文化帯の現地調査（第二年度）。

カナダ・イタリア・インドネシアへ出張。

スウェーデンで開かれる国際植生学会主催「世界の森林：多様性と動態」国際シンポジウムで発表、座長をつとめる。アビスコの現地調査。

一九九〇年

●**マレーシアのサラワク州ビンツルにて熱帯雨林再生プロジェクトをスタート**させる。

「『熱帯雨林は再生不可能』と植物生態学者はみんな言っていた。なぜかというと、花が咲かない、実がならない、実がなっても虫に食われて拾えない、よって植えて芽が出ても大きくならないとされていたから。ところが、双眼鏡でよく見ると、広いボルネオには花を咲せている高木がある。五月、六月になると咲いている。それをマーキングして、九月にぽろぽろと落ちている羽子板の羽根のようなフタバガキ科の種子を何千個も拾い集めた。それで芽が出たところでポットに入れる。日本ではポットに根群が充満するのには一、二年かかるけれど、東南アジアは条件がよいから半年で充満する。それを植えれば育つということを実験、証明してみせた」(宮脇)

この熱帯雨林の再生プロジェクトを持ちかけたのは三菱商事である。三菱商事でプロジェクトを推進してきた小沢正明、橋本良昭が説明する。

「六〇年代から長らく日本の商社が熱帯雨林を伐採してきたために、八〇年代に地球の貴重な生物資源が消滅すると大変な非難を浴びた。ならば木を植えようと、そのノウハウを知る宮脇先生にお願いし、プロジェクトがスタートした」

宮脇は、この年、同時に、**クアラルンプール、マラッカなどでマレーシアの都市の中の熱帯林と景観回復を開始した。**

●タイ・ラーチャブリーにおける熱帯林回復を実施指導。

●横浜で開かれた**第五回国際生態学会議シンポジウム「植生図化」においてオルガナイザーをつとめ、発表。**

開業したばかりの磯子プリンスホテルで行われたこのシンポジウムで、宮脇は事務局長として獅子奮迅の活躍をする。内外から二三〇〇名もの研究者を集め、総予算は実に一億三六〇〇万円にのぼった。

大会は成功裏に終わるのだが、宮脇はこのときもうひとつの目的を達成することを忘れていなかった。会期中に、宮脇は、「植生学の研究財団を立ち上げる」と発表したのだ。同時に、神奈川県知事長洲一二のもとを、会議に出席していた欧米の主な学者たちとともに訪ね、「国際学会の要望もあるので、研究財団の設立に協力してほしい」と懇請した。このとき一気に国際会議と神奈川県の了解をとりつけてしまったのだ。

研究財団は、こののち二年半の準備期間をおいて発足、一九九三年に「国際生態学センター」(二〇〇七年より現・地球環境戦略研究機関国際生態学センター)と命名される。植生の研究はもとより、ふるさとの森づくりを行うための基地でもある。研究員五名を抱えてのスタートだった。

●アラブ首長国連邦アル・アインで開かれた国際熱帯生態学会で招待講演。

文部省海外学術研究調査費でアメリカ東部文化帯の現地調査（第三年度）

オーストラリアで開催された国際植生学会主催の国際エクスカーションに参加し、西南部を踏査する。

ポーランドへ出張。

一九九一年

●『日本植生誌』の完成が評価され、朝日賞を受賞（一九九〇年度）。

「環境保全林創造・熱帯林回復について」でドイツのライト・ゴールデン・ブルーメ賞を受賞。

文部省海外学術研究調査費でアメリカ東南部の植生景観調査。

ドイツで開催された国際熱帯生態学会、国際生態学会共催の熱帯林再生国際シンポジウムで座長、基調講演を行う。

ハンガリーにて、国際植生学会主催「植生動態」国際シンポジウムで座長、新遷移説とその環境保全林創造への応用について発表する。

1991年3月、ビンツルでポット苗づくり

●熱帯林再生研究のためサラワク州へ。マレーシア国立農科大学ビンツルキャンパスにおいて熱帯雨林再生のための植樹を開始。七月十五日、乾期を利用し、二千人を動員して、六千本を植える。宮脇にとっては決戦の舞台ということで、自ら、この地を日露戦争の激戦地、旅順の「二〇三高地」と命名。麦わら帽子にも二〇三と記した。戦争を想起させるからやめたほうがいいという声も抑えて挑んだ。「土地本来の木で再生することは不可能」というのがこのときの世界の常識で、誰もがお手並み拝見と高をくくっている状況の中での戦いだった。

現地に投入された研究員や、現場で種子を調達する造園家の前田文和（エスペックミック株式会社）らは、「成功するまで帰って来るな」と宮脇から叱咤されていた。宮脇にとってはそれぐらいの勝負どころ、ターニングポイントだった。ここでの成否がその後の宮脇方式の評価を決定づけることになるのは明白だったからだ。

●ボルネオに加え、宮脇は三菱商事の協力を得て、ブラジル・ベレン、チリ・コンセプシオンにおける低地熱帯林およびノトファグス（南極ブナ）林の再生のため、現地で調査を行う。翌一九九二年に行われたリオ・デ・ジャネイロ地球環境サミット開催にあわせ、パラ州ベレンにおいて、主木であるビローラやセドロを中心としたポット苗づくりが開始された。ベレン近郊では、かつて永大産業のブラジル合板工場で大量の木片がれきを焼却していたが、三菱商事とともに、木片がれきを資源として活用する森づくりを開始させる。深さ六メートルの大きな穴を道路沿いに掘り、木片がれきと土を混ぜ、ほっこらマウンドをつくり、土地本来の主木群のポット苗が植えられた。そして、翌年以降ブラジルでの熱帯林再生事業が加速していく。植樹後、二〇年以上が経過した時点で、樹高二五メートル以上の自然林に近い多層群落の森が成立し、「熱帯雨林は生成不可能」の概念を見事に覆すことになる。この手法はいずれ、二〇一一年三月十一日に発生し未曾有の被害をもたらした東日本大震災後に宮脇が提唱し、官民一体での大きな動きを巻き起こす「森の防潮堤づくり」へとつながってゆく。

●この年、イオングループ岡田卓也名誉会長からの依頼を受け、「**イオン　ふるさとの森づ**

くり」**が開始**される。国内をはじめ、マレーシア、タイ、香港、中国などの海外店舗など、世界中の店舗で現地政府、地方自治体と協力の上、地域市民と共にポット苗が植えられ、世界にも例の少ない、森に囲まれたショッピングセンターとして各地のいわゆる都市砂漠の中で異彩を放つ存在となる。また、以降（公財）イオン環境財団による植樹活動も開始され、イオングループによる累計植樹本数は一一四〇万本を超えるまでとなる（二〇一七年二月現在）。

「まさに、トップの先見性と決断力、実行力、そして継続力のなせる技である。過去には『もっと他の方法を考えたほうがいいのでは？』『どうせ植えるならサクラやツツジなどがいい』という声もあったかもしれない。だが、決してぶれることはなかった。そこには、『ふるさとの森に囲まれた世界に誇る新しい時代のショッピングセンター』というビジョンを貫いた創業者の岡田会長や岡田元也社長の哲学が貫かれていた」（宮脇）

一九七一年に新日鐵が「郷土の森づくり」を開始し、それ以降一〇〇社を超える多くの企業が国内外で森づくりを行っているが、そのすべてが成功を収めている。

宮脇は先見性のある企業のトライアルに対して、こう語っている。

「先見性のある企業は長期的な視野に立って、『木なら何でもいいわけではない』ことをよく承知し、『最高の技術は本物のいのちの森とのみ共生する』との理念から、地域と共生するための森づくりに励んできた。もちろん、これら多くの森づくりを行っている企業のトップ陣の皆さんや担当者は、生物社会は競争しながら共に我慢し、共生するという知見と哲学を私と共有して下さっている」（宮脇）

●『緑回復の処方箋――世界の植生からみた日本』（朝日新聞社　朝日選書）発刊

一九九二年

●**植生学発展に寄与した研究業績に対して、紫綬褒章**。

●中国の上海華東師範大学で行われた第三五回国際植生学会の「応用植生学」シンポジウムで座長、日本の緑の景観回復の研究成果について発表。

●マレーシア、サラワク州の州都、クチン省の省都クチンにて熱帯林回復国際シンポジウム。ドイツ、ハンガリー、スイスの国際学会に出席。

●ブラジル・ベレン、チリ・コンセプシオンにて植樹祭を実施（翌年、生育成果調査）。ブラジル・アマゾン地域の熱帯林再生プロジェクトをスタートさせ、こののちビローラ（ニ

1992年2月、育ったポット苗を確認

クズク科）、スマウマ（キワタ科）など一〇万本の植樹を行う。

●**「自然との調和」をテーマとした長野冬季オリンピック会場である地附山《じづきやま》に植樹を開始。**かって地附山では斜面が地滑りを起こし、下に位置した老人ホームを押しつぶして二六人が命を落とすという悲惨な事故が起きていた。その後すぐ、土木的なアンカーの打ち込みや、外国産種の吹きつけ、ハギ、マツなどの植樹が行われていたが、いずれも定着していなかった。県民から出た批判に対し、宮脇方式を提案したのが、樫原バイパスにおいて宮脇方式での成功を収めた建設省の高野義武である。長野市に出向していた高野は宮脇や、チュクセン最後の弟子であった信州大学教授の和田清とともに、二五へクタールという広大な斜面に宮脇方式によるブナ、ミズナラやコナラの苗木を植樹。赤土が剥き出しの状態は改善され、緑で覆われることとなった。

一九九三年

●マレーシア・サラワク州での熱帯雨林の再生実験を継続。プロジェクトスタートから三年で約三〇ヘクタールの土地に三〇数万本のポット苗を植え、その後も植樹を続けた。その結果、二〇年後には二〇メートルを超える樹木が森を形成するまでに。宮脇の壮大な実験は成功をおさめたわけだ。この熱帯雨林だけでも年間ヘクタールあたり二七トンほどのCO_2を吸収することになる。

一方、こうした宮脇の現場での植樹活動に対して、批判もないわけではなかった。『朝日新聞』紙上では東大の学者が「企業におもねる似非学者、はったりの理論」といった批判を展開したりした。学者がポット苗で植樹とは、と揶揄されたりもした。が、宮脇はそういった批判は軽く受け流し、いよいよ地球規模での植樹活動へと邁進していく。

●ドイツ・リンテルルン市で開かれた国際シンポジウム「中部ヨーロッパのハイデ景観」に出

席。

●横浜国立大学を定年退官、名誉教授。（財）国際生態学センター研究所長に就任。財団法人横浜市緑の協会特別顧問（～二〇一三年）。

一九九四年

●『VEGETATION IN EASTERN NORTH AMERICA（北米東部の植生――日本列島との比較研究）』（東京大学出版会、英文）発刊

一九九五年

●一月十七日、熱帯雨林再生のための現地調査を行っていたマレーシア・サラワク州ビンツルで阪神・淡路大震災を知る。帰国後すぐに宮脇は、門下の藤原一繪（横浜国立大学教授）がチャーターしたヘリコプターに同乗し、神戸入りする。

タクシーで神戸市内の公園などをチェック、アラカシ、シイノキ、ヤブツバキ、シロダモ、

モチノキなどの木々の状態を見て回る。葉は焼けているものの、それらの常緑樹のところで火が止まり、木も生きているのを確認する。中でも、アラカシ並木の裏にあるアパートが焼失を免れている光景を目にした宮脇は、「ふるさとの木によるふるさとの森」が防災林として機能していることに安堵すると同時に自信を深める。

●この頃、NHKラジオ「ラジオ深夜便」に出演。宮脇がラジオで語ったのはこんな話だった。

「日本中から鎮守の森がなくなっている。神奈川県下でも二八五〇あった森が一九七〇年の調査では四〇になっていた」

「鎮守の森」の話は共感を呼び、こののち、幾度となく再放送されることになる。

また、こののち続編として、NHKラジオ「こころをよむ」に出演(二〇〇八年十〜十二月)。「地球環境へのまなざし——あなたとあなたを愛する人のために」と題し、全一三回にわたり放送される。さらには、「ラジオ深夜便〜ガレキの跡地に鎮守の森を作ろう」(二〇一二年九月)も収録され、いずれも好評を博した。宮脇のまっすぐな言葉に引き込まれ、植樹への関心を寄せる人が増えた大きな契機となる。

●ドイツ・チュクセン賞を受賞

一九九六年

●パリ・ユネスコシンポジウムに参加。

日経地球環境技術大賞を受賞。

長野県自然保護研究所長（〜二〇〇四年）。**国際生態学会会長**（〜一九九九年）。

一九九七年

●ボストン・ハーバード大学で**国際シンポジウム「エコロジーと神道」に招かれ渡米。主催者による招待講演。**日本からやってきた宮司、世界各国から集まってきた一二〇名の学者らを前に、**「鎮守の森を世界へ」**というテーマで講演。

「森はかつて厄介者で、ときには敵でさえあった。人間は文明の発展という名のもとに森と戦った。木々を切り倒し、森を燃やして、農場を、居留地を、村を、町を、都市をつくった。

世界文明の歴史を振り返れば、見境なく木を切り、都市の周りの森林を破壊したとき、その文明は破滅させられ、その周りは砂漠化していくということを私たちは知っている。地中海文明にそのいくつかの例を見ることができる。

日本でもまた、木を切り、森を破壊してきた。とりわけ、稲作が入ってきて、水田をつくり始めたときからは顕著になった。しかし、私たち日本人は決してすべてを殺しはしなかった。私たちはたしかに、一方で生活の基を築くために森を破壊したが、その一方ではふるさとの木によるふるさとの自然の森を再生し、保護してきた。これは日本古来の宗教である神道と、のちに入ってきた仏教のもたらしたものだ。

私たちの祖先は、自然に対して畏敬の念を持っていた。特に古くて大きな木や深く繁った森に対しては。彼らは海沿いの高いところや川の源流の近くに神社をつくり、自然の森を保護し、保存した。それらの森は、鎮守の森と呼ばれた。神道は、科学的に日本の自然の森を再生し、守る哲学的な拠り所である」

宮脇は、こう冒頭で述べたあと、四〇分にわたって神道と鎮守の森の歴史や意義について英語で語り、鎮守の森こそ二十一世紀の世界を救う足がかりになると訴えた。このとき六十九歳の宮脇は、他分野の学者たちが論じる仏教や神道にもいたく刺激を受けている。たとえば、ナポリ大学の教授が語った次のような話には、強く共感した。

「四千年の歴史を持つ自然と共生した日本の自然宗教が、ごく最近、一〇〇年足らずの間に、一部の人によって間違って利用されたために、いま、多くの日本人が宗教に無関心である。鳥居とか、神社とか、鎮守の森と言っただけで拒否反応を起こす。これはきわめて不幸なことである。我々は四千年続いてきた神仏混交の宗教をもう一度見直すべきではないか」

四日間のシンポジウムを終えた最終日の夜のパーティ会場で、宮脇はハーバード大学のエズラ・ヴォーゲル教授から声をかけられている。一九七九年に出版され、ベストセラーとなった『ジャパン・アズ・ナンバーワン』の著者である。宮脇はこのとき、教授から、「鎮守の森をモデルにしたふるさとの森づくりに期待します。しかも日本だけでなく、アマゾンやボルネオでもやろうとしているのが素晴らしい」とエールを送られている。

●ドイツ・ハノーファー大学より名誉理学博士号。

国際植生学会名誉会員に。

●『緑環境と植生学――鎮守の森を地球の森に』（NTT出版）で、日刊工業新聞技術・科学図書文化賞を受賞。

一九九八年

●七月、万里の長城で植樹祭。

戦後、中国では森林の減少と砂漠化が止まらず、この頃の森林率は一七パーセント、砂漠化は二八パーセントまで進んでいた。宮脇はその中国で、万里の長城沿いに森をつくる計画を企図。イオングループ環境財団のバックアップを受けて、三年間に約四〇万本の植樹を行うことを決める。

宮脇は土地本来の主木をモウコナラと定め、一〇〇万個のドングリを集めることを中国側に要請。当初は尻込みをした中国人だったが、最終的には八〇万個が集まり、そのうち九〇パーセントが発芽。これをポット苗とした。

万里の長城の植樹祭に日本から自費で参加した者は実に一四〇〇名に達した。これに中国側一二〇〇名が加わり、わずか一時間で四万五千本を植えきった。

「東京からリュックを背負ってやってきたという若い女性に、中国のレポーターが聞いていました。『なぜ身銭を切って中国まで来て、そこまで本気で木を植えるのですか？』、彼女

万里の長城沿いにモウコナラを主木とする森づくり

は汗を振り払いながら、にっこり笑って『私も、一生に一度くらい良いことをしてみたかった。これで私も少し落ち着きました。嬉しい』と言っていました。市民の姿勢は前向きです。木を植えることは、国境や人種、宗教を超えた、地球上全ての人たちの願いであり、積極的な意欲と活動の現れです。三〇数億年続いてきた遺伝子を未来につなぐ生物的な本能であり、人間しかもっていない知的、感性的なエキサイティングな力と言えます。」（宮脇）

その後、このとき植えた木の活着率はほぼ一〇〇パーセントだったことがわかった。万里の長城では三年間で総計四三〇〇人もの人が植樹祭に参加し、「三〇〇万本植樹プロジェクト」は達成した。

一九九九年

●二月、板橋興宗貫首のもと、**横浜大本山總持寺で「千年の森づくり」がスタート。**大本山總持寺の貫首に就任した板橋は、寺の空間に何か空虚さを覚え、明治神宮にひとり足を運んだ。わかったのは、そこには神域に入ったとたんに静寂を呼ぶ深い森があることだった。寺を包み込むような緑が不足していたことに気づくのだ。そして、そのとき、思い出したのが何年か前に「ラジオ深夜便」で聞いた宮脇昭という植物学者の語る「鎮守の森」の話だった。

板橋は、宮脇に連絡をとり總持寺内で会談、森づくりを要請する。

「宗教は単に念仏を唱えるだけでなく、やはり社会のために何かしなければいけない。いま、私たちは千年の森づくりを計画し、進めているが、どのような森をつくっていいかわからない。是非、宮脇さんの鎮守の森の話をもう一度聞かせていただき、ご指導していただきたい」

宮脇は、この言葉を受け、恩師チュクセン教授の話、潜在自然植生の話、鎮守の森の話をよどみなく話した。そこからが宮脇の本領だった。貫首に対して、いまこの場で植樹祭の日程を決めてほしいと迫ったのだ。時間を置くことでしばしば話が立ち消えになるという経験を何度か味わってきた宮脇ならではの方策だった。もっとも貫首は、宮脇の話を聞いたときから植樹祭を行う決意は揺らがなかった。千年の森をつくるには、この植物学者は不可欠、と確信したからだ。

二人の出会いから数カ月がたったこの年の二月、一〇〇人近い僧侶たちが五千本のタブノキ、シイ、カシ類のポット苗を参道に植える植樹祭が実施された。しかし、この森づくりは、三年で頓挫してしまう。板橋貫首が曹洞宗管長を辞し、福井の山寺に入ってしまうからだ。だが、もちろん、三年の間に参道に植えられた一万本近い木々はいまも成長を続け、森を形成し続けている。

●（財）日本ナショナルトラスト　観光資源専門委員会委員長に。

●『森よ生き返れ』（大日本図書）発刊

二〇〇〇年

●上海華東師範大学　顧問教授

上海市からの依頼を受け、**上海浦東地区での植樹を開始**。かつて湿原であった浦東《プードン》地区は一九九〇年代からハイテクセンターになり、鉄とセメント、石油化学製品による銀色に輝く人工都市へと生まれ変わった。上海市副市長からの要望を受け「最高技術の中心都市は本物の森と共生する」哲学を基本とした植樹を行うこととなる。しかし、上海近郊には長い人類文明の代償として、土地本来の森が残っていないため、上海から一五〇キロメートル南下した寧波《ニンポー》にある一二〇〇年前にできた雲林禅寺の森を調査。そこで日本のシイやマテバシイ、タブノキなどの母種からドングリを拾い、一九万本のポット苗づくりを行った。三菱商事の協力を得て、二〇〇〇年六月には上海市長、日本の総領事館をはじめとし、日系企業、日本人学校、上海の小中学生あわせ一二〇〇人、一万五千本の森づくりを行った。

●長崎県佐世保市の市民団体**「１００年の森構想実行委員会」により依頼を受け、「ふるさとの木によるふるさとの森づくり」の指導開始**。地域で拾ったドングリからポット苗を作り、二〇〇二年から市民八〇〇人で植樹を実施。以降、二〇一五年まで毎年植樹が継続され、のべ一万人以上、一三万本以上の植樹が行われた。

●時を同じくして、北海道では、北海道旅客鉄道（ＪＲ北海道）と労働組合が一体となり、**「大沼ふるさとの森づくり」**が開始される。自然と人間の関係を見つめなおし、社員自らできることは何かを考えた上で、土地本来の木であるブナ、ミズナラなどのドングリを拾い、ポット苗を作ることになる。大沼で育てられた苗木は北海道内の「ふるさとの森づくり」のために無償提供され、国土交通省や札幌市、小樽市などからの依頼を受け、四〇万本以上が北海道内での植樹に活用されている。

●宮脇が世界中の森林再生に奔走する一方で、ある事態が起こった。スペイン・マドリードで開かれる国際学会に出席する予定の宮脇だったが、出発寸前に取りやめる。体調不良を押して渡航を強行しようとした宮脇を押しとどめたのは、妻のハルだった。胆石がたまっていて、もし、手術をせずに出席していれば、命を落としていたほど重篤だった。長年、内外の現場を休みなく飛び歩いてきたことで、七十二歳を迎えた植物学者には疲労が蓄積していたのである。手術後、すぐに現場に戻ろうとする宮脇の病室から、ハルは靴と予定表を黙って持ち出した。

●勲二等瑞宝章叙勲

『鎮守の森』（板橋興宗共著　新潮文庫）発刊

二〇〇一年

●ＮＰＯ法人地球の緑を育てる会　顧問

●宮脇の提唱する「ふるさとの木によるふるさとの森づくり」に共感した**山田養蜂場の山田英生社長により**、**森づくりが開始**される。岡山県鏡野町の本社や町内に六八種類、約一〇万本を植樹。以降、国内だけではなく、世界で失われつつある「ふるさとの森」の再生を目的とし、**中国、内モンゴルでの森林再生事業を行い、延べ一八〇万本以上の植樹**が行われている。

●さらには、**九州電力創立五〇周年を機に、二〇〇一年より宮脇方式による「九州ふるさとの森づくり」が開始**。地域の緑化への寄与や、地域との結びつきを一層深めること、また九州電力のステークホルダーが地球環境問題について考える機会を作る目的として、一〇年間で一〇〇万本の植樹を行う目標を発表。毎年一〇万本の植樹が達成され、予定通り二〇一〇年には一〇〇万本植樹が完成した。

二〇〇二年

●十一月、**出雲市植樹祭**。中国地方では全国の中でもとりわけ松枯れが顕著で、ここも例外ではない。五千平米の北山の斜面に七千本の苗木を植えられた。

二〇〇三年

●イタリア・ナポリの国際会議場で開催された第四六回国際植生学会に出席。会議の関連エクスカーションで他の学者達とともにヴェスヴィオ火山の西麓に位置するイタリア・エルコラーノへ。西暦七九年にポンペイとともに火山の噴火で埋没した街だ。

「エルコラーノには、水道も売春宿もワインも大衆浴場もあった。あれから二千年経っているけど間違ったことしかやってない。二千年前にすでに人間の豊かな生活はできていたわけです。でも、結局、人間は土壇場までいかないとわからない。同じことを繰り返している。人間の知恵なんて愚かなもの」（宮脇）

●仙台・曹洞宗金剛宝山輪王寺による「未来《あした》を植えるプロジェクト」が開始。輪王寺の本堂へ続く参道には古くから杉並木が続き、地域の象徴として多くの人に敬愛されていた。しかし、幹線道路の渋滞緩和に向けたトンネル計画の工事により杉並木の伐採が余儀なくされ、景色は一変。これを機にはじめられたのが宮脇方式による「ふるさとの木による、ふるさとの森づくり」だ。

「自然の森では、無限のいのちがそれぞれ役割を持って必死に生きています。そこには一切の無駄がありません。禅の修行は心と身体の無駄を捨てること、つまり自分自身が自然に近づくことを意味します。『禅森一如』。その思想のもと、森づくりを実践し、地域へ、後世へ、豊かな自然を伝えていくことも、また輪王寺の使命なのです」（輪王寺住職・日置道隆）

二〇〇四年に九〇〇〇本の植樹祭を実施、以降、寺内外で七年にわたり累計三万五千本が市民とともに植えられた。かつての参道の杉並木は、一万八千本の多様な樹木が茂り、「輪宮の森」と生まれ変わり、二〇一一年に仙台を直撃した震度6の東日本大震災でも、森はびくともせず、一本も倒れることはなかった。

●第一回日本生態学会 功労賞

二〇〇四年

●「植樹活動を通しての貧困層の生活と女性の地位の向上」を提唱し、**環境分野で初のノーベル平和賞を受賞したワンガリ・マータイ氏と対談。**ケニアでも外来種の拡大により土地本来の森が失われ、局地的に土壌が劣化していた。もしも土地本来の本物の森が再生すれば、ケニアで最も必要とされる水源涵養林として、また局地的洪水の斜面保全林としての機能を果たせることになる。マータイ氏から土地本来の樹種による森づくりの協力を依頼された宮脇は、二〇〇五年から二〇〇六年、山田養蜂場や日置電機、横浜国立大学などの協力を得て、ケニアの現地植生調査を実施。二〇〇六年秋以降、三菱商事などの協力も得て、ナイロ

ケニアでの森づくりを報じる『Daily Nation』(2005年12月19日)

ビ近郊で植樹祭を実施。日本からも多くのボランティアが参加した。

●**愛知県東海市において宮脇方式による「二十一世紀の森づくり（環境保全林整備）事業」が開始**。子供が成長した暁に自分たちで植えた木々を見ることで愛着がもてるふるさとづくりを目指し、市民と共同により累計一五万五千本以上が植樹された。

●**JR東日本グループ全体による「ふるさとの森づくり」が開始**。福島県「安達太良ふるさとの森づくり」、新潟県「信濃川ふるさとの森づくり」において、十年間の植樹活動で延べ九八五〇人の手により、一四万三千本の植樹が行われた。二〇〇八年からは鉄道林を植えかえる「新しい鉄道林」プロジェクトが開始。かつて鉄道林は防災機能に加えて、木材生産の林業としての機能も併せ持っていたため、スギなどの単一植林がおこなわれていたが、国内木材の需要低下などにより、現状にそぐわなくなっていた。宮脇方式による植え替えが行われることで、輸送機関としての施設を大雪や台風、地震、津波などの災害から守ることができ、生態系として強い鉄道が形成されることになる。

「深根性、直根性の樹種を選べば基本的に倒れることはないが、万一倒れた場合を想定して植えている。倒木があっても線路を妨害しないように線路近くには低木、少し離れた所の線路の両側に高木を植樹する」（宮脇）

鉄道沿線の防災・環境保全林のノウハウは全国的に広がっていった。
●十一月、ＮＨＫテレビ「土曜インタビュー　２００４にっぽん　日本一多くの木を植えた男」に出演。
●『あすを植える——地球にいのちの森を』（共著　毎日新聞「あしたの森」取材班）発刊

二〇〇五年

●**二〇〇五年五〜六月にかけて「ＮＨＫ知るを楽しむ　この人この世界　日本一多くの木を植えた男　宮脇昭」が全八回放送**され、同タイトルのテキストも発刊される。大好評をよび、再放送を重ねる。
●二〇〇五年十月三日、ＮＨＫラジオ「ＮＨＫカルチャーアワー　人と自然〜日本の森・世界の森」講師をつとめる（週一回、〜二〇〇六年三月）。
●**栃木県旧足尾銅山跡地や岩手県旧松尾鉱山跡地に植樹を行うＮＰＯ法人「森びとプロジェクト委員会」最高顧問に就任。**銅山跡地では何を植えても失敗すると言われる中、髙橋佳夫副理事長ともに、宮脇方式による植樹が開始。ドングリから育てたミズナラ他のポット苗を急傾斜地に密植させることで、森林再生に成功する。
●『いのちを守るドングリの森』（集英社新書）発刊

二〇〇六年

●前年、ＮＨＫで放送された「知るを楽しむ　この人この世界」で宮脇の植樹哲学が放映されたことを機に、三五《さんご》グループにおいて「**三五の森」づくりが開始**される。国内工場一〇カ所や、北米、トルコ、広州など海外拠点五カ所で植樹が展開。自社工場での植樹に加えてポット苗づくりも行っており、二〇一二年からは東日本震災後の震災復興と緑の防潮堤づくりの協力を目的として二万本以上の苗木提供が行われている。
●**ＮＰＯ法人地球の緑を育てる会を中心とした筑波山水源涵養林の森づくりを指導**。二〇〇六年、二〇〇七年にかけ延べ千人で一万本以上の植樹を行う。同会の宮脇方式による植樹活動は全国で継続され、国内で一〇万本、参加者は延べ一万二五〇〇人を超えた。
●**社会福祉法人進和学園および株式会社研進による「いのちの森づくり」が開始**。車部品組立工場の「しんわルネッサンス」に五二種類、四九〇〇本の苗木を植樹。障害を持つ人々の自立就労支援を目指し、苗木の栽培事業を広く展開。累計二三万本を突破し、神奈川を中心とした植樹祭に提供されている。

●日本人の研究者として初めて第一五回「ブループラネット賞」（旭硝子財団）**を受賞**。

受賞理由は、『「潜在自然植生」の概念に基づく森林回復・再生の理論を提唱・実践し、防災・環境保全林、熱帯雨林の再生に成功し、地球の緑を回復する手法の確立に貢献した業績』に対して。

記念講演として、「緑の地球環境再生を目指して――植生生態学的現地調査研究に基づく緑環境の再生」を行う。

●植生学会 学会特別賞

マレーシア農科大学より名誉林学博士号

●『苗木三〇〇〇万本 いのちの森を生む』（日本放送出版協会）発刊

『木を植えよ!』（新潮選書）発刊

二〇〇七年

●京都「和久傳《わくでん》」において「和久傳の森づくり」が開始。京丹後発祥の料亭「和久傳」が創業の地である久美浜に新工場を建設するにあたり、自然の恵みに感謝し、美しい地球環境を守っていきたいとの願いをこめて宮脇方式による森づくりが行われた。五六種三万本の苗木が植えられ、以降、育樹活動が継続されている。

●この時、植樹祭に参加していたのが、以降、宮脇の強力なパートナー企業となる横浜ゴムの会長冨永靖雄だ。和久傳女将の桑村綾から冨永を紹介された宮脇は、時を移さず、すぐに横浜ゴムを訪ねて、社長南雲忠信と面会する。ちょうど二〇一七年に創業一〇〇周年を迎えるにあたり、横浜ゴムではトップレベルの環境貢献企業になろうと取り組んでいるところであり、森づくりを受け入れる土壌があったのだ。

「最後の最後まで森をつくり続ける、それが世のため人のため、地球のためになると信じ貫き通す姿勢が、宮脇先生を支え、走らせている。その一切ぶれない姿が、宮脇昭という人間の一番の本質に思えた。だから、宮脇先生を信じて、支えていこうと決めた」（南雲）

こうして、**横浜ゴムでは**すぐさまトップダウンの決断により、**「ＹＯＫＯＨＡＭＡ千年の杜」植樹プロジェクトが開始。**創業二〇一七年までに国内外の全生産拠点に五〇万本の植樹を行う計画を発表し、この年すぐさま三五〇〇人、二万七千本の植樹祭が本社平塚工場からスタート。その後も、宮脇の指導のもと、社員総出による植樹地の土づくりをはじめ、どんぐり採取、苗づくりなど、自前での杜づくりを継続。国内はもとより、中国、台湾、フィリピン、タイ、インドネシア、インド、アメリカ、ロシアなど三四拠点で次々と植樹を展開し、二〇一七年九月には当初の予定通り五〇万本の植樹を達成した。自社工場での植樹にとどまらず、宮脇方式による植樹活動を行う自治体、学校、企業、ＮＰＯなどに向け、横浜ゴムが育てた苗木の無償提供を続け、その数は三一万本を超えている。

●神奈川県秦野市の出雲大社相模分祠において、草山清和分祠長のもとで、宮脇方式による「生命の杜・千年の杜づくり」が開始。出雲大社御祭神である大國主大神がつくられた世界を維持し、子々孫々まで持続可能な環境を作ることが自分たちの責任であるとの理念の下、植樹が実施されることになる。一七〇〇人により五五種類、一万二千本の苗木が植えられ、後に大きく育った森の中の湧水はメダカ・ドジョウ・ホタルの自然生息地にまでなっている。以降、神奈川病院においても計七千本植樹祭が実施された。その後も植樹祭が続けられ、二

出雲大社相模分祠(神奈川県秦野市)での森づくり。2007 年の植樹時

出雲大社相模分祠、8 年後の 2015 年

○一九年四月一四日の「宮脇昭復活植樹祭」までに八万二千本の植樹を行っている。

●**トヨタ自動車における「工場の森づくり」が開始。**地域の自然と調和する工場を目標に、豊田市堤工場から活動が始動。五千人、五万本の植樹を皮切りに、以降、国内工場で一〇本以上の苗木が植えられる。また、国内にとどまらず、二〇〇八年八月にはタイ・ボンパー工場において一万四五〇〇人により一〇万本植樹が成功、二〇〇九年六月にはインド・バンガロール近郊に三万人、三〇万本植樹を目指した活動が開始された。

●九月、ＮＨＫラジオ「私の日本語辞典　木が教えてくれた言葉」（全三回）に出演。

●**（公財）地球環境戦略研究機関 国際生態学センター長**

●『The Healing Power of Forests』（Box, E.O 共著　英文　佼成出版社）発刊
『森が泣いている（森は地球のたからもの１）』（ゆまに書房）発刊

二〇〇八年

●**埼玉県行田市において「いのちの森づくり」が開始。**未来の行田を担う豊かな人間性を持った子供たちの育成と自然環境の再生を目的に、宮脇の指導により、この年から市内の園児・

小学生の親子を中心にした森づくりに取り組んでいる。

●オーストラリアのタスマニア州政府から依頼を受け、**タスマニアで現地植生調査を開始**。一般的にタスマニアの自然林はユーカリと思われていたが、すべてが潜在自然植生の主木ではなく、土壌条件が良いところは日本のブナ同様にノトファグス（南極ブナ）の自然林であることがわかった。これを受け、宮脇は潜在自然植生が南極ブナ林の領域である地域は土地本来の南極ブナを植えることを提案。二〇〇八年十二月にはタスマニア州政府、日本からのボランティアにより、焼畑跡に南極ブナを中心に八種のポット苗を植樹。この試みを論文にまとめ、二〇〇九年八月にはオーストラリア・ブリズベンで開催された国際生態学会で発表、高い評価を受ける。

●『森は生命の源（森は地球のたからもの2）』（ゆまに書房）発刊
『森の未来（森は地球のたからもの3）』（ゆまに書房）発刊
『地球環境へのまなざし——あなたとあなたの愛する人のために』（日本放送協会）発刊

二〇〇九年

●人口密度が日本で一番高いと言われる豊島区では、四月三十一日、高野之夫《ゆきお》区長のもとで、区内の小中学校で「学校の森・一万本植樹祭」が一斉に行われた。児童生徒数九六〇〇人、一人一本の植樹だったが、子供たちは土に接し、生きた根の充満したポットに育苗された土地本来の苗を楽しそうに植えていた。

「学校の森を作ろうとすると、『木が茂ると、落ち葉が散る、日陰になる、防犯上の問題がある』の反対意見が出る。たとえば犯罪者は木があろうとなかろうと中に入ってくるわけです。全国で二万数千校ある小中学校で一〇年に一回くらい犯罪者が入ったからといって、防犯のために全ての木を切ればすむというのはおかしいのではないでしょうか。犯罪者も日本の小中学校で学んでいます。そのような人間にならないために、命の教育を徹底的にやって頂きたい。先生たちは教室で環境問題をお話になる前に、ぜひ一度を植樹を経験してほしい」（宮脇）

●宮脇の提唱する「最高の技術は最高の緑環境とのみ共生する」の哲学に賛同した**豊田合成**

において「緑に囲まれた工場の森づくり」が開始される。創立六〇周年記念事業として国内外六〇拠点に六〇万本の植樹を行う目標が発表された。二〇〇九年十一月の平和町工場での二一〇〇人、二万本植樹祭を皮切りに、二〇一八年六月までに国内外二七拠点において三万四九二三人、二九万六二〇五本が植樹される。

●戦後から一貫してスギ・ヒノキの人工林を推し進めてきた林野庁が、国内産木材の需要減と林業の衰退に伴い、ここにきて木材生産ではない公益的機能を重視した山づくりを開始させる。長らく林野庁と宮脇は、植物相を単純化しようとする立場と、多様化しようとする立場で対立する関係にあったが、二〇〇九年、島田泰助が林野庁長官に就任して以来、その関係が徐々に協力関係へと変わる。台風被害にあった全国のスギ・ヒノキの植林地などで宮脇方式の植樹を開始されることになり、大きな節目を迎える。

●『いのちの未来——植物が教える人類の進むべき道』（サンガ）発刊

『森はあなたが愛する人を守る』（池田明子共著　講談社）発刊

二〇一〇年

●『三本の植樹から森は生まれる――奇跡の宮脇方式』（祥伝社ポケットヴィジュアル）発刊
『四千万本の木を植えた男が残す言葉』（河出書房新社）発刊

二〇一一年

●三月、**潜在自然植生の主木類を中心とした森づくりのための調査で、インドネシア・ジャワ島に入る。**
三月十一日、調査を終えた宮脇は、夕方に下山。投宿先のホテルのテレビで日本で起きた大地震のニュースを初めて目にし、驚愕する。大水の中を流れていく家や車を見ながら、最初は昔のドキュメンタリー映像かなにかだろうと思ったぐらいだった。その未曾有の災害を前に、調査を切り上げ、帰国することを即決する。

帰国後、企図されていた三月、四月の植樹祭、講演会の中止が決まる。唯一、行われたのが、三月二十日、中国・天津にある豊田合成工場での植樹だった。モウコナラ、イタヤカエデ、ニレ類の苗木二万本が、二五〇〇人によって植えられた。

●**四月、仙台・曹洞宗輪王寺住職・日置道隆を水先案内人にして被災地に入る。**日置は、それまで宮脇方式にのっとり、八年の間に自ら三万三千本の苗木を境内に植えてきた住職。

宮脇とともに仙台平野部を中心に森の被害状況をつぶさに見て回った。クロマツ、アカマツなどの防潮林のほとんどが機能することなく、流木化し、逆に危険物となっていたこと、その一方で、**タブノキ、シラカシ、ヤブツバキといった土地本来の木々は流されることなく生存していたことを確認**した。

このとき、宮脇は、被災地の現状を調査すると同時にひとつのアイディアを持って東北地方に乗り込んでいる。「**いのちを守る森の防潮堤**」**計画**だ。「処理に困っている瓦礫を土台に入れて、その上に土地本来の樹木で森をつくる防潮林堤」である。宮脇は、すでに、ブラジルやアマゾンなどでも、マウンドに廃材等を埋め、その上に森をつくった実績があった。東北地方で大量に吐き出された瓦礫を見て、宮脇はすぐにこの方法を思いついていた。

宮脇から「防潮林堤」のアイディアを聞いた日置は、ときを移さず、「**いのちを守る森の防潮堤推進東北会議**」（現・一般社団法人　森の防潮堤協会）を立ち上げた。

2011 年 4 月、被災地を視察。土地本来の木は大地にしっかり根をはっていた

南北三〇〇キロ、高さ五〇メートル、幅一〇〇メートルという壮大なグリーンベルト計画が動き出す。植えられる樹木は、タブノキ、シラカシ、ウラジロガシ、アカガシ、スダジイ、ヤブツバキなど九千万本。これらの木々が高さ二〇メートルのマウンドに植えられ、最終的には高さ三〇メートルの高木へと育ち、鬱蒼とした森の防潮堤となるわけである。岩手、宮城、福島から出た二二〇〇万トンの瓦礫もここが飲み込む計画だ。が、この瓦礫処理の問題は法律上の壁(廃棄物の処理及び清掃に関する法律＝廃棄物処理法)にぶつかり、こののち防潮林堤の最大のネックとなる。事実、「東日本大震災復興構想会議」において、「森の防潮堤」は高い評価を受けたものの、その後、なかなか具体化し

ていかない。その遅々たる歩みに宮脇のいらだちは次第に募っていく。

●七月、初めて「森の防潮堤」に動きが出る。東北ではなく、街の一部が液状化した千葉県**浦安市が「森の防潮堤」を実施したいと名乗りを上げた**のだ。建設場所は、日の出・高洲・千鳥地区の浦安市沿岸部。

十二月、浦安の森の防潮堤は、「浦安絆の森」と地元で命名され、液状化した泥やコンクリートの破片などをまぜて高さ二メートル、幅一〇メートル、長さ七五メートルのマウンドをつくり、その上に照葉樹の苗が植えられる。

このとき始まった植樹活動はこののちも継続され、防潮堤は延長を重ね、五年間で五万八千本もの木が植えられることになる。浦安は、森の防潮堤に最も早く反応した自治体だった。

●浦安で初めて森の防潮堤がつくられたことは宮脇にとって大きな自信となったが、相変わらず東北での進捗はまったく思わしくなかった。この頃、宮脇は周囲に、この森の防潮堤が自分の「最後の仕事になるかもしれない」と漏らしている。焦燥と苛立ちが襲う中、宮脇は足繁く東北に足を運び、出口を探り続けた。

●『次世代への伝言——自然の本質と人間の生き方を語る』（池田武邦共著　地湧社）発刊

『瓦礫を活かす「森の防波堤」が命を守る』（学研新書）発刊

二〇一二年

●三月三日、東北福祉大学で「いのちを守る森の防潮堤プロジェクト　推進シンポジウム」が開かれる。八〇〇名近い聴衆を集め、森の防潮堤で先鞭をつけた松崎秀樹浦安市長、宮脇の盟友ハノーファー大学（ドイツ）のリチャード・ポット教授らがパネリストとなり森による復興計画が論じられた。

一方、すでに宮城県岩沼市では、宮脇方式で森の防潮堤をつくることで動き出しており、この日、壇上に立った井口経明岩沼市長は、その意義をこう述べた。

「瓦礫を使うことに意味合いがあると思っています。ひとつは千年先も今回の悲劇を忘れないということ。瓦礫を使うことで、子どもたちが遠足などに来て悲劇をしっかり語り継いでいく。同時に鎮魂だけでは前に進まないので、千年先まで持続可能な街をつくっていくという意味を込めて、『千年希望ヶ丘』と名付けました」

岩沼市では、一年後の二〇一三年から「千年希望の丘」の森づくりに着手し始める。市の沿岸約一〇キロにわたって六つの公園と園路を整備、丘と丘を緑の堤防でつなぎ、津波の力を減衰させ、さらに避難場所としても機能させる。土台には、岩沼市の震災がれきの約九〇パーセントにあたる五七万四千トンが再生利用されている。二〇一三年六月の千年希望の丘相野釜公園で第一回植樹が行われ、四五〇〇人の手により約三万本が植えられた。以降、植樹祭は継続され累計三〇万本以上の苗木が植えられ、「緑の堤防」完成に向けて現在も森づくりが継続されている。

●シンポジウムから二日後の三月五日、細川護煕元首相から宮脇のもとに「森の防潮堤に協力したい」と電話が入る。その二週間後、宮脇、細川と野田佳彦首相との三者会談が都内のホテルでもたれ、宮脇が森の防潮堤の意義を説明した。

●四月三十日、岩手県大槌町の海岸で森の防潮堤「千年の杜植樹会」を開催。宮脇の活動を支援する南雲忠信横浜ゴム会長、淀川豊町長、細川護煕元首相、細野豪志環境大臣、元レーサーの片山右京らが出席した。

長さ五〇メートル、幅一五～一七メートル、高さ四メートルと小さいマウンドながら、最大規模の被害を受けた街での森づくりに宮脇の士気は上がった。常緑広葉樹三千本のポット苗を七五〇平米に植樹。

もっとも、この植樹もすんなりと許可が下りたわけではない。岩手県の産業物対策課からストップがかかったのだ。環境省は「瓦礫は一般廃棄物で有害物質以外の処理は地元自治体の判断による」という方針は示されていたものの、岩手県はマウンドの中に廃棄物を埋めることを認めなかったのだ。「千年の杜」を主催する横浜ゴムの担当者が幾度となく折衝し、ようやく条件付きで認められていたのだ。あくまでも試験扱いで、五年間のモニタリングをすることも義務づけられた。メタンガスの発生の有無、地盤沈下の有無、樹木の成長率を適宜書面で提出することを約束させられた。とても一筋縄ではいかなかった。

●五月二十五日に財団「瓦礫を活かす森の長城プロジェクト」が発足。宮脇も細川も十年間の短期決戦で森の防潮堤をつくるつもりだった。しかし、やはり法律上の壁、役所の消極的な対応などで、岩沼、大槌に続く自治体が名乗りを上げることはなく、思うようには進捗していかない。

●五月二十六日、岩沼市主催、「命を守る森の防潮堤推進協議会」共催による「千年希望の丘～岩沼市空港南公園植樹」が開催。「千年希望の丘」整備のための実証実験として、約千人により六千本の苗木が植えられる。

翌日、宮脇は宮城県南三陸町の椿島へ。椿島は照葉樹林帯の北限の島であるとされ、進化を経てタブノキの森へと辿り着いたと思われている。一度は震災の巨大津波にのまれた椿島だが、樹齢七〇〇年のタブノキを中心に、森は津波に耐えて立派に残っていた。宮脇が目にしたこの事実は、この上ない喜びであり、自分がこれまでやってきたことに間違いはなかったと確信する瞬間だった。

●六月二十四日、**宮城県亘理町の八重垣神社において「みんなの鎮守の森植樹祭」が開催。**大津波で流されてしまった神社の鎮守の森を宮脇の指導、そして日本財団の支援により復興させる「鎮守の森復活プロジェクト」である。初回は八重垣神社で五三〇人が参加、三二三八本が植えられた。以降、二〇一七年まで複数の神社で植樹祭が行われた。

●七月五日、**天皇皇后両陛下に「日本人と鎮守の森――東日本大震災後の防潮堤林について」のご説明をする**ため皇居へ。当初、四〇分の予定だったが、一時間を超える面談となった。自然豊かな美しい国である一方で、大地震、大火事、大津波、台風、洪水と自然災害の多い日本だからこそ、九千年続く命の森、エコロジカルな森が必要である、と宮脇はご説明。鎮魂と希望の「森の長城」の必要性を進言した。

●『「森の長城」が日本を救う!』(河出書房新社)発刊

二〇一三年

●東日本大震災で大きな被害を受けた南相馬市で、鎮魂の祈りを捧げ復興を祈願する「**南相馬市鎮魂復興市民植樹祭**」が開催される。宮脇にとって南相馬市は一九九七年から植樹を行ってきたゆかりのある地域である。宮脇の指導により、二七〇〇人、一万八〇〇〇本の苗木が植えられ、以降、毎年、鎮魂復興市民植樹祭が継続されている。

●この年、宮脇昭の下に、本物のモノづくりを志向する㈱トヤマの遠藤克己社長夫妻が訪れた。よりよい環境を求め本社、工場を神奈川県足柄上郡山北に移転、周りを宮脇方式で植樹祭を行うという話であった。宮脇は熱い心を持つ遠藤夫妻に、「本物のモノづくりを志向する会社なら、ふるさとの木によるふるさとの森、本物の森を作りなさい」と助言。二〇一三年十二月から三年にわたり、二万二二二二本の植樹祭が行われた。

●『増補新版　瓦礫を活かす森の防波堤』(学研パブリッシング)発刊

『森の力――植物生態学者の理論と実践』(講談社現代新書)発刊

二〇一四年

●**第五回KYOTO地球環境の殿堂入り**
『フォーリン・ポリシー』誌（英語版）の「2014 Leading Global Thinkers」に選ばれる。
●『宮脇昭　未来を照らすいのちの森』（DVD、イデアオフィス）発刊。

二〇一五年

●体調不良により療養生活に入るが、執筆活動への意欲は失わない。
●『見えないものを見る力――「潜在自然植生」の思想と実践』（藤原書店）発刊
『人類最後の日――生き延びるために、自然の再生を』（藤原書店）発刊
（公財）地球環境戦略研究機関　国際生態学センター終身名誉センター長
第九回後藤新平賞を受賞

二〇一六年

●『水俣の海辺に「いのちの森」を』（石牟礼道子共著　藤原書店）発刊

二〇一七年

●宮脇の植樹祭を長らくサポートしてきた出雲大社相模分祠分祠長の草山清和が、藤原一繪（横浜国立大学名誉教授）、中村幸人（東京農業大学名誉教授）、尾林達成（参議院議員足立敏行後援会）、髙野義武（NPO法人国際ふるさとの森づくり協会理事長）、石村章子（NPO法人地球の緑を育てる会理事長）、登坂璋典（同事務局長）、園田義明（(社)森の防潮堤協会事務局長）、鈴木正幸（エスペックミック㈱）、髙橋知明（瀬田玉川神社禰宜）、安西裕（たまもりくらぶ）、浦田未央（㈱講談社エディトリアル）、池田明子（ソフィアフィトセラピーカレッジ学校長）、井出朝子（㈱イデアオフィス）、後藤幸雄（㈱三五）、髙野薫等に呼びかけ世話人会を作り、国内外一七〇〇カ所で四千万本以上の植樹を行ってきた宮脇の

「いのちの森づくり」のプロセスと成果を世界に発信する**市民運動「宮脇昭いのちの森づくり2020」が始動**する。

「あなたと、あなたの愛する人、あなたの隣人、人類を支えている全ての野生生物と生き延びるためには、土地本来の森を作ることがもっとも的確で正攻法な手段なのである」（宮脇）

宮脇方式により植樹を展開してきた数多くの協力者により、二〇二〇年に開催される東京オリンピック・パラリンピックにおいて、宮脇の森づくりの成果とノウハウが世界に発信されるべく、PR活動が開始される。

二〇一八年

●五月十九日、療養生活を経て、栃木県日光市足尾で行われた森びとプロジェクト委員会「第三七回足尾・ふるさとの森づくり」植樹祭へ。この地で行われる最後の植樹祭に出た宮脇は、かつてと変わらぬ真剣なまなざしと口調で主催者や参加者を激励した。主木であるブナ、ヤマザクラ、カツラなど二〇種類、三五五〇本の苗木は馴れた手により瞬く間に植えられる。長らく植樹を続けてきた関係者にとっても、そして現場での空気を魂から渇望していた宮脇昭自身にとっても、大きな節目となる忘れられない一日となった。

●十月二十八日、豊島区で行われた「グリーンとしま」再生プロジェクト十周年「いのちの森」「学校の森」十万本達成記念式典に参加。聴衆を前に、力強い声で挨拶。

二〇一九年

●四月十四日、神奈川県秦野市の栃窪スポーツ広場で、「いのちの森づくり2020」の第一弾として「**宮脇昭復活植樹祭**」が行われる。宮脇昭も参加、四〇〇名に及ぶ参加者により、タブノキ、スタジイ、イロハモミジなど約二六種類三〇〇〇本を植樹。

おわりに

宮脇昭は信念の人である。信じたことは貫き通す。曲げない。本物と信じれば、たとえひとりでもまっすぐそれに向かって突っ走る。本物を追求していけば、いずれその価値が評価されるときが来ると信じている。手練手管で何かをすることも、二枚舌を使うことも、潔しとしない。自分の発言には自分で責任を持つ。だから、宮脇はどんな場面でも、一切妥協しない。言葉を丸くしたりはしない。偽物《にせもの》は生き延びない。これが、宮脇にとっての譲れない真理なのだ。

宮脇昭はいまも、命を賭して、最後の戦いを継続している。

「千年先、自分の産み落とした森が世界中で呼吸を続け、自ら生長し、人々の命を守り、より豊かな知性、感性を高め、より幸福に生き延びていけるための礎として愛されている――」

宮脇昭はそう信じて、魂を森へと、注ぎ込み続ける。

Ⅲ

日本の森を蘇らせるため、今私たちにできること〈講演〉

＊本稿は、二〇〇八年九月九日、パレスホテルで行われた、第一〇七回本田財団懇談会における宮脇昭の講演要旨（本田財団レポート№１２５としてインターネット公開されている）をもとに、加筆・修正したものである。

人間は「ふるさとの森の寄生虫」

今日は、日本の官界、学会、各種団体、企業のトップの皆さんにお集まりいただいて、大変光栄に思っています。本田財団でお話しさせていただくことは、私にとって大変記念すべきです。昨年からトヨタも、豊田章一郎名誉会長に言われ、そして社長以下従業員が、今年(二〇〇八年)の五月一八日に堤工場で、五千人、五万本の植樹をしました。八月三日にはタイのバンボーで一四五〇〇人、一〇万本の植樹祭、来週からはインドのバンガロールの工場の森づくり調査に行きます。それよりも三〇年前に、ホンダはふるさとの森づくりをされました。そしてその森は、時には間違って切られたところもあるかも知れませんが、ちゃんと残したところは立派な森となっております。

森は、そこで働き、また共に周りで生活している市民のいのちと、地域に根差した文化を創造する心を守ります。そして何よりも皆さん、今生きているというのは、宇宙の奇跡でございます。四〇億年前にたった一つ地球に小さな原始のいのちが生まれて、それから三〇数億年、長い長い間水の中で生活していたわけですが、四億年前にビッグバン的な大変動があって陸地に這い上がりました。長い長い時間をかけて植物、動物、そして人類が出たのは、つい最近の五〇〇万年、あるいは六〇〇万年前と言われます。それは長い地球のいのちの歴史に比べれば、いのちの歴史を一年の映画にしたら、三六五日の除夜の鐘が鳴る前の一分間とか、あるいは数分間とかと計算されています。その五〇〇万年のうちの四九九万年以上は、皆さんの先達は、森の中でびくびくしながら、猛獣に襲われるのを逃げ回りながら、落ちてくるドングリを拾ったり、あるいは若草を摘んだり、小川の小魚を、あるいは海岸では貝を拾って生き延びてきたわけです。

ただ、人間が他の生物と違うことは、二本足で立つことができるようになった。両手を使うことができるようになりました。そして今日、ご出席の医学関係の皆さんはご承知のように、まさに唯一の、どう言いますか、奇形的に人間だけが大脳皮質が異常に発達しました。そこでかつて手で、そして人間だけが知恵によって土で、石で、そして銅で、鉄で、今や原子力まで使って私たちの刹那的な願望を、生理的、物質的なあらゆる欲望を満足させている。まさにかつて人類が夢にも見なかったほどの、豊か過ぎるほどの生活をしています。それにもかかわらず、なぜ、動物でもやらないような、家庭において、学校において、簡単にちょっと困ればすぐかけがえのない自分のいのちを絶つ、あるいは相手を殺すという極めて不安な状態になっている。これは一体どういうことであるか。

もう一度我々は、この単に科学・技術的に「死んだ材料」での規格品づくりの工業製品的なこと、もちろん本田技研の車も大事でございますが、それを造れば造るほど、もう一つ生き物としての人間の本質的な、基本的な理解を持たないと、一時的には商売も、経済も発達しますが一番大事ないのちが維持できない。現在すでに、そのクリティカルポイントに来ているわけです。

どうか日本を代表する識者の皆さん、どんなに我々が科学・技術・医学を発展させ、どんなに財を積んでも、実は腹が立っても、皆さんはこの地球では、生きている緑の植物、しかも芝生の三〇倍の緑の表面積が濃縮している、土地本来の本物のふるさとの木による、ふるさとの森の寄生虫の立場でしか生きていけない。

その寄主の立場の緑の森が、今やほとんど破壊されている。私は五八年間、日本列島各地、現地を調べた結果を国際会議でも発表していますが、今一億二千万人の九二・八％が住んでいる、いわゆる照葉樹林、冬でも見られる常緑広葉樹林、植物の名前をあまり言うと判らなくなりますが、シイ、タブノキ、カシ類などを主木とした、植物社会でもトップの三役、五役の樹種が本物なら、子分も本物です。

照葉樹林帯の主木はシイ、タブノキ、カシ類

では、皆さんが住んでいる照葉樹林帯とも言われる、冬でも見られる常緑広葉樹林帯の三役は、せっかくいらしたので覚えていただきたい。それはタブノキ。浜離宮、芝離宮に今から二五〇年前に植えられたあのタブノキが、一五〇回あった江戸の火事にも、関東大震災にも、焼夷弾の雨にも生き残って、今日なお東京砂漠の緑のオアシスとなっています。

その次はシイノキ。スダジイとコジイとありますが、関東はスダジイだけですが、シイノキでいいです。これは芝白金の自然教育園、かつてどこかの殿様の江戸屋敷をつくるのに、周りに小さな土塁を築きまして、そこに植えたシイ、スダジイが、同じく二百数十年前に植えられたのが火事にも地震にも台風にも生き残って、今、国の天然記念物になっています。

そしてカシ。昔から生き残った集落は、北風を防ぐため、西日があたれば蚕も死ぬ。そこには土地本来の本物の、根がまっすぐ深根性で台風にも地震にもびくともしない、火事に対しては火防木《ひぶせぎ》になる。あるいは冬は北風を防ぐシラカシ、アラカシ、ウラジロガシ、関西ではイチイガシ、ツクバネガシ、沖縄ではオキナワウラジロガシ。カシ類が主木です。どうか、

シイ、タブ、カシ類が三役、五役でございます。一億二千万人が住んでいる照葉樹林帯で、それは東京、関東では海岸から海抜八〇〇メートルまで。そして北に行きますと、海岸沿いでは釜石の北まで。タブノキ荘という国民宿舎があります。

そして日本海岸側ではあの山形県の酒田市で、一九七六年に大火事がありました（一九七六年十月）。一七〇〇戸の家が焼けたのですが、たまたま本間家という古いお家敷に、北限に近いのですが冬も緑のタブノキが二本あって、そこで大火が止まっていました。我々の調査結果を踏まえて酒田市長は、「タブノキ一本、消防車一台」というかけ声で、町のモール街、小学校の周り、下水処理場の周りに植えました。木は生物としての人間が、健全に生きている証ですが、人間の刹那的な欲望を満足させるのに都市の中では邪魔になる、落ち葉が落ちる、商売の邪魔になると言われます。むしろプラスになるのですが、せっかく学校で子どもたちが植えたのに、次の教育委員会や校長がどうも日陰になるとか、あるいは変なやつが来たら見えないからと切ってしまった。

皆さん、本日は教育関係の方もいらっしゃいますが、入ろうと思う輩は木があろうとなかろうと入るのですよ。それをたまたま三万いくつある日本の小中学校で一つのところに不埒者が入ったからと言って、全部の学校で木を切ってしまえば免罪符になるというふうな行政は、一面的で間違っているのではございませんか。不埒者をつくったのは、彼らも日本の小学校、中学校を出ているのですから教育の問題です。違うことを同じテーブルで議論すれば引き算ばかりで何もできません。私は引き算は一切やりません。前向きに足し算です。

例えば今のCO_2の問題でも、省エネはいろいろとやらなければいけません。何をやっても今に戻すのが精一杯、引き算であります。我々は車も、電気も使わなければいけない、機械も動かさなければいけない。いちばんのプラス思考とは何か。今の問題の地球温暖化でも、三億年前にはまだ植物の進化の途中でシダ植物の時代でしたが、今と同じような間氷期で、高温多湿でシダ植物が木生化した大森林ができました。そして光合成で太陽の光のエネルギーをどんどん吸収して、次のビッグバン、たぶん氷河期で土の中に埋まって、三億年間バランスが取れていたわけです。幸か不幸か一八世紀の終わりに蒸気機関ができ、産業革命をしました。人間も含めた生物圏、そして海も含めた地圏、さらに大気圏とのバランスが炭素の循環で取れていたのを、今まで土の中に埋まってバランスが取れていたのに、化石燃料として引っ張り出して燃やすものですから、すぐ化学反応を起こしてカーボンが空中に放出され、O_2と一緒になってCO_2が増えてきている。

いちばん間違いなく、すぐ、誰でも、どこでもできることは、もう一度小さな木を植えて大きくして、その中にカーボンを閉じ込めることです。例えば本田技研で植えていただいた、小さなポット苗を植えた時はせいぜい樹高三〇センチ、乾燥重量が三〇〇グラムぐらいの幼木が大きくなれば、根も茎も枝も含めてドライウェイトが二トンになっていたとすれば、どんな計算をしても一トンはCO_2なのです。

そう見た時に、もちろん五〇本、一〇〇本では仕方がないが、それを一億二千万人が、六六億人が、すべての学校、医院、工場、家の周りから施設の周り、道路の周り、河川沿いに植えたらどうなるか。もちろん一方においては発生源対策を徹底的にやらなければいけない。しかしいくら省エネをやっても、元に戻すのが精一杯です。皆さんは簡単にCO_2の売り買い、あるいは我々が調査した、カーボンを閉じこめる立派なブラジルアマゾンの森を切って、焼いてしまう。そして、動物や人間が食べるトウモロコシやサトウキビを植えて、そこから効率の悪いエタノールをつくって、もしそれがうまく行ったとしても、どうせ三割しか使えないのでしょう。エネルギー庁の環境顧問を二八年やらせていただいた時に、各電力会社の専門家が言っていました。「どんな素晴らしい発電所でも、出たエネルギーの三割ぐらいしか使えない」と。そしてそれを使ってやったとしても、元に戻すのが精一杯。今がクリティカル・ポイントなのです。

森づくりは、今まで山に木材生産としてのスギ、ヒノキ、マツを植えて、大失敗をしています。誰も責任を取っていません、困っているのは林業家の人たちです。今まで二〇年以上、下草刈り、枝打ちをしてやっと森になった、それが外材に負けて、切れば赤字を出すばかり。同じものをモノカルチャーしているから、五〇〜六〇年で早くも過熟林になります。生物は、弱ると子どもを増やそうとします。花が咲きます。花粉症が増えています。しかも、もともと針葉樹は根が浅い浅根性で、しかも老熟しますと必ず災害が襲うという自然の揺り戻しです。先般、テレビに出ていた大きな山崩れは、全て根が浅い針葉樹のカラマツやヒノキをモノカルチャーしているのが、表土と一緒に流れているわけです。

今や、植物の世界でも偽物が横行しています。どうか、本物と偽物、毒と毒でないものを見分ける、研ぎ澄まされた動物的な勘と、人間の知性と感性を磨いて下さい。今、市民も本物志向の時代になっています。

私はまだ、たった八〇歳。あと三〇年、木を植えると公言していますが、それは生物学的には可能なのです。男性は一一八歳まで、女性は一二五歳まで生きられるポテンシャルがあります。だからあと三〇年と言っても一一〇歳、これくらいは生きられるはずなので、どうか皆さんもがんばって下さい。未来のために引き算をやめて、前向きに足し算で堂々と、生きた森を創って下さい。

新日鐵、本田技研から、私の森づくりが始まった

私がふるさとの森づくりを最初に実施したのは新日鐵、続いて本田技研です。横浜国大の工学部のご出身である西田副社長は、同窓会で私が厳しく申し上げたことを理解された。それから横浜国大の経済を出ていらっしゃった川島副社長がいらした経済学部の同窓会でも、私が頼まれて話をしました。また、経済同友会で私が講演した時にも、ご縁がありました。

そしてまだ誰にも相手にされなかった頃の私の話を聞いて、「うちは管理費が高すぎる」ということで、私のところにいらっしゃったのです。当時は、緑に化かす「緑化」、芝生に木をポッンポッンとつっかえ棒で植えるのを緑化と呼んでいました。なんと管理費が毎年二億二千万円かかっていたそうです。宮脇は「金がかからない」と言っているから、宮脇を呼んで来いと。話を聞いて、それはいいじゃないかということで、本社のトップの集まる会議で、徹底的にお話ししました。

大体生物社会ではトップ、三役、五役は分かるわけです。真ん中あたりに不透水層があり

まして、社長、副社長が話されても、「うちは電気を、鉄を、あるいは自動車を造っています。そんなことは後にして下さい」と言いました。そこで引っ込んだら、そのトップは偽物です。社長からトップダウンで始めて、本田技研は世界に誇る森づくりを行いました。大変な決断だと思います。いま横浜ゴムもトヨタも、三〇年前に新日鐵に続いてやっていただきました。幅一メートルから森づくりはできます。

木を植えることも、生きることも、ビジネスも、社会貢献も、哲学です。日本人は小手先の対応は非常にうまい。しかし、本質を理解していない。科学者もそうです。個別なことは結構やりますが、トータルとして考えることは、どうも西欧に負けてしまいます。それは我々は縦割りの個別的な教育をされ、人事管理をされてきすぎたからではないでしょうか。

いのちはトータルシステムです。細胞一つでも、人間もそうです。そういう基本をご理解いただいて、あとは私が書いた三〇冊ぐらいの本を読んでいただければわかると思います。みんなができることです。

写真1は、本田技研の当時の宇都宮のテストコースの周りです。〇・三mのポット苗を混植・密植して形成されている道路環境保全林です。小さなポット苗を植えていただいてから、一七年前ぐらいに撮った写真です。ご覧のように、こういう森が幅一メートルでできる緑の壁

写真1　1991年頃、本田技研の宇都宮テストコースの脇

です。防災環境保全林、平時は本物に接することができない生きた緑の保養所になります。今いちばん大事なのは、山にスギの木を植える、里の雑木林も管理費がかかります。大事なのは国際的なUrban Forest、Industrial Forest、都市や産業立地にいのちと心と遺伝子とを守る、経済と共生し、エネルギーと共生した森をつくること。それがいちばん大事であることをご理解いただきたい。

写真2は、九一年五月に撮っています。今、さらに二〇〇八年になっています。もちろん生物は人間もそうですが、一〇代まではどんどんと上背が伸びます。後はゆっくりで、横に張りますが、邪魔なら横枝は切っても良い。頭は切らない。なぜ日本人は人事管理も、緑の管理も

写真2　1991年5月、本田技研の宇都宮テストコース

すぐ規格品をつくるか。一〇年たてば一〇メートルの森ができるわけです。木を植えれば管理費が要る。偽物をお植えになるからです。本物は管理費が要りません。定規を使うのは死んだ材料だけ。自然は皆さんの顔、手の指紋、歯形ほどの多様性を持っています。多様性こそ、最も強い自然の表現力であることをご理解いただきたい。幅一メートルでもこういう森、防災・環境保全林の緑の壁ができるわけです。

宮脇方式の森づくりのさまざまな例

写真3は、神奈川県の肢体不自由児の学校の理事長が、「何か良い方法はないか」

写真3　神奈川県の学校での森づくり

というので、子どもたちでもこういう斜面でも森ができる、という例です。

そして**写真4**は、仙台の輪王寺の和尚さん、日置道隆さんという副住職さんです。この方は非常に熱心で、なんと寺の周りに三万本の木を市民と一緒に植えました。

横浜ゴムでは、**写真5**のように、昨年（二〇〇七年）から「千年の杜」植樹祭で、町の中にあるほとんど木を植えるところがないような平塚製造所ですが、冨永靖雄会長、南雲忠信社長、そして大蔵律子平塚市長も出まして、一緒にこのように植えています。私は必ずトップに植えてもらいます。そうしますとほかの人も植えます。まずトップ、三役、五役が本気でやること。この「千年

写真４　輪王寺（仙台）の日置道隆さん

写真５　横浜ゴム「千年の杜」で社長が率先して森づくり

写真６　札幌で子どもたちと森づくり

の杜づくり」にも、私の周りに自然発生的にできた「まじぇる会」の皆さんが、身銭を切って日本の各地から木を植えに来るのです。

ＪＲ東日本の労組の皆さんも、足尾鉱山の廃坑跡に「森びと委員」をつくって、宮脇方式で一緒に植えています。こういうふうに皆さんが初めは仕方なしですが、一人が一〇本以上を植えますと、皆さん、夢中であとは身銭を切って国内はもちろん、ボルネオ、アマゾン、ケニアまで出かけて行くわけであります。

この森づくりは、いのちをつくる森づくりです。**写真６、写真７**を見て下さい。いっぺん木を植えさせると、こんな幸福感を味

写真7　子どもたちも一生懸命木を植える

わっている顔で、どこまでもきてくれる。子どもたちに、生《なま》のいのちの尊さ、はかなさ、厳しさ、素晴らしさをいくら学校で教えてもだめです。現場で自分で木を植えながら、生物的な本能としてすり込ませる。そこまでやらなければ、日本の本当のいのちの教育は成立しません。

世界中で森は破壊されてきた

なぜ、私が森にこだわるか。**写真8**のように、世界の、地球のほとんどすべては、家畜の放牧によって森が破壊されました。最後の氷河が去ってから九千年、例えば**写真9**は北西ドイツですが、家畜の過放牧な

写真８　家畜の放牧によって破壊された森

写真９　家畜の過放牧で森が消えてできた北西ドイツのハイデ

どによって森が破壊されて、あとは英語のヒース（heath）、ドイツ語のハイデ（Heide）、日本語の荒れ野。ゴルフ場か、家畜の代わりに人間を放牧する、税金をかけて日本の行政がいつまでもやっている芝生公園、緑の表面積が森の三〇分の一しかない。管理費は永遠にかかる。そういうものしかつくっていない。都市公園の原形のハイデは彼らが肉食人種であったこと。

リューネブルガー・ハイデというのがドイツのハンブルクとハノーファーにあります。四万ヘクタールで一九〇九年に自然保護区に指定された。そこは下に岩塩が出るから、岩塩を製塩するために、さらに家畜の放牧で森が完全に破壊されて、ヒツジも食えないエリカやカルーナの荒原に矮性低木がポツン、ポツンと。これが公園景観（Park Landscape　ドイツ語でParklandschaft）、荒れ野景観です。

今日本の行政が、あるいは企業の皆さんが税金をかけて永久に金をかけながらつくっている芝生公園は、エコロジカルには荒れ野景観であるということを、知っていただきたいと思います。

では、二一世紀の都市の中の森とは、どのようなものでしょうか。**写真10**、今、世界でいちばん発展している大都市ニューヨークのど真ん中の、セントラルパークです。これが都市

写真 10　ニューヨークのセントラルパークのうっそうとした森
（口絵にカラーで掲載）

の中の森のあり方であり、新しい時代の公園です。防災環境保全林であり、しかもいのちの尊さ、はかなさ、厳しさをこのアーバンフォレストの中で味わわせる。管理費も要りません。地震などいざという時には逃げ場所、逃げ道になります。

なぜ世界の森が破壊されたか。中国では、北京から飛行機で五分か一〇分、北西に飛ぶと、**写真11**、**12**のような半砂漠状態です。ご覧のように、中国の内陸部ですが、家畜の過放牧により森が破壊されますと、雨は四〇〇ミリしか降りませんが、一雨降るとしっかり土を押さえていた根群が枯死するので、土砂が崩壊して黄色の半砂漠状の黄土地帯となります。

写真 11　半砂漠状態になった中国の内陸部（1）

写真 12　半砂漠状態になった中国の内陸部（2）

中国の内陸部はほとんど半砂漠になっているのです。ヒツジ、ヤギ、カシミヤヤギ。家畜の放牧はメーメー、子ヤギが鳴いて牧歌的だと思うかも知れないが、九千年来、家畜の放牧によって地球の森が破壊されたわけです。

日本には「鎮守の森」があった

一方、私たち日本人は四千年この方、集落をつくったり、町をつくったりして、森を破壊したけれど、皆殺しにはしませんでした。例えば愛知県一宮市にある小さなお寺や、各地の神社の森（**口絵1頁**）。この鎮守の森が、うれしい時にも、悲しい時にも、人をいやし、祭りや憩いを与えてきました。東京以西は海抜八〇〇メートル以下は、冬も常緑のシイ、タブ、カシ類が主木で、葉が厚く水を含んでいる「火防木《ひぶせぎ》」です。深根性、直根性で何メートルも入っているから、津波にも台風にもびくともしない、逃げ場所や逃げ道になります。私はその中に神様がいるか、仏様がいるかよく判りませんが、この都市の中の森こそ、いのちを守る森であり、四千年この方、私たちの先達は集落、町づくりには、ふるさとの木によるふるさとの森をつくってきたのです。その日本人しか創らなかった鎮守の森が、八〇数年前の明治神宮の森以来、ひとつも新しくつくられていません。日本の政府は、企業は、私たちは、何をやってきたか。鉄、セメントによる非生物的な都市や産業立地しかつくっていないではありませんか。

自然は、自然の一員としての皆さんの顔のように、ほっぺたのように触っても良いところと、どんなに好きな相手でも目の中のように弱いところは、指一本入れてもだめになります。山のてっぺん、急斜面、引っ込んで濡れている水際は、弱いところです。だから尾瀬の湿原は、人が入って踏むだけでもだめになります。

写真13は、若狭湾沿いです。この森を伐採したら、冬は大雪で、昔の草葺き屋根なんかは壊れていたかも知れません。今日のように科学的な見識も知見もなかったが、幸いにも日本人は宗教的なたたり意識で、この森を切ったら罰があたる、この水源地にごみを捨てたら罰があたるということで、弱い自然には手をつけないできたのです。愚か者に破壊されないように、森の中や周りに、神社やお寺をつくってきました。

東海道新幹線で京都に行く途中、三島の東レで私がつくった森がありますが、それを過ぎますと、**写真14**のように、茶畑や瓦屋根の砂漠の中にぽっこりと、冬も緑のオアシスがあります。降りて、中を調べると、壊れかけた祠や鳥居、お地蔵さんがあります。これが世界に

写真 13　若狭湾沿いの「鎮守の森」

写真 14　住宅地や畑地の真ん中にぽっこりと残された森

誇る日本人の英知、鎮守の森でありました。今はどうなっているでしょうか。

ほとんどが偽物の日本の森

我々が足で調べた日本列島、今の緑の現状診断図です（**口絵2〜3頁**）。いかに虫食い状態になっているか。皆さんが見ている緑のほとんどは、偽物でございます。偽物も分かって使えばよいが、それを本物のつもりで使うと、いのちをかけて代償しなければいけません。

私がドイツで学んだ「潜在自然植生」で見た日本列島（**口絵4〜5頁**）。着物の上から触らずに中身を見るような方法で、もし人間の影響を今ストップしたら、そこの自然環境の総和がどのような緑となるかを図にしたものです。日本列島の九八％の土地本来の森は、ほとんど照葉樹林です。

例えば関東以西では、海岸から海抜八〇〇メートルまでは、冬も緑の常緑のシイ、タブ、カシ類、それを支える亜高木のヤブツバキ、モチノキ、シロダモ。すなわちシイ、タブ、カシ類を主木にした、常緑の照葉樹林文化帯とも呼ばれる常緑広葉樹の森で覆われていました（**口絵1頁**）。これが日本文化の原点でした。

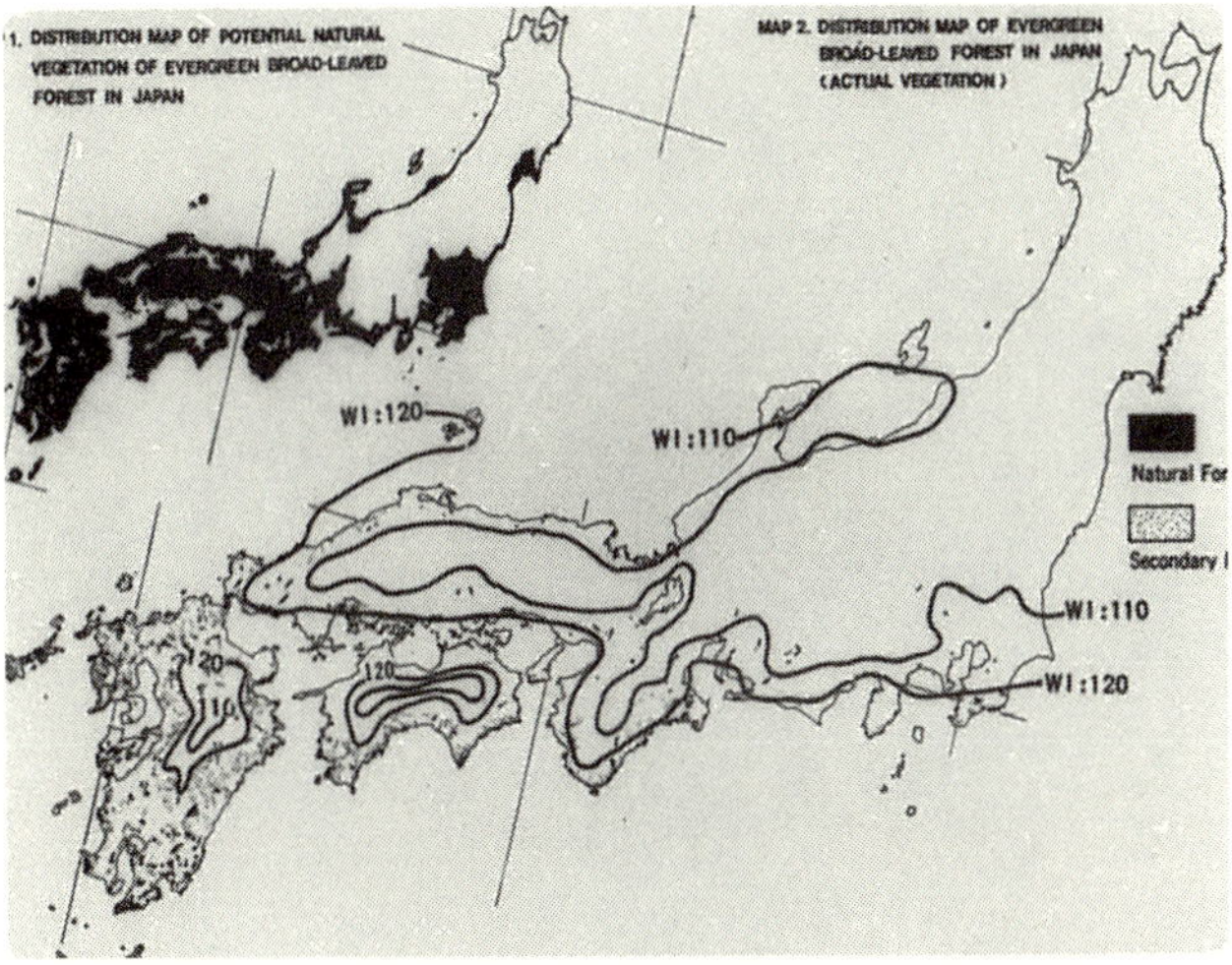

写真15　本物の森はわずか0.06%しか残っていない

今、「緑化した」とよくおっしゃいますが、私たちが現地で調べた結果では、潜在自然植生が常緑広葉樹林域（**写真15**上図の黒い部分）に、現在なお日本人一億二千万人の九二・八%が住んでいるのです。その本来の森は、二次林を含めても、現在の森のわずか〇・〇六%（**写真15**の下図）しかありません。私はこのことを国際会議で発表していますが、いかに偽物の緑にごまかされて、必ず襲う地震や台風でいのちを失う結果になっているかということです。

写真16のようにヘリコプターで上から見ますと、東京、横浜の周りでも、昔から生き残った集落は立体的な森に囲まれて、時に落ち葉が落ちても、日陰になっても、我

写真 16　生き残っている集落は、立体的な森が残っているところ

慢しながら固有の文化を築いてきました。これが日本人の英知であったのです。ところが今はどうなっているか。例えば私が住んでいる神奈川県は、全国土の二〇〇分の一弱のところに人口は九〇〇万人、横浜市は三六〇万人、東京に次いで多くなった。その結果どうなっているか。

写真17は湘南地方で、全国でいちばん住みやすいといったところを、冬、県のヘリコプターで私が撮った写真です。人間は増えたかも知れないが、水際は鉄筋やセメントで二面張り、あるいは下まで三面張り。死んだ材料だけでできた住宅砂漠で生まれ、セメントだけでできた学校で学び、しかもセメントと石油化学製品でできた工

写真 17　セメントと石油化学製品だけでできた「住宅砂漠」

写真 18　びっしりと工場で埋めつくされた現在の東京湾沿い

場で働いている人たち、このような環境の中で、あなたの愛する人たち、隣人たちのかけがえのない遺伝子が、守れるかどうかということを知っていただきたい。

写真18は、飛んで火に入る夏の虫のように若者が集まる、東京湾沿いの現在の姿です。なお、すべて宮脇昭が使っているのは、航空写真も含めて一万二千枚全部、宮脇昭が自分で撮った写真です。写真一つでもよその人のものは使いません。ヘリコプターで全部撮った写真です。ご覧のように一時的に経済効率が上がっても、鉄とエネルギーとその廃棄物。こういうところで生き物として人間がいつまで生き残れるか。市民は生物的な本能で緑化を要求してきました。

今まで行政がやった緑化とか、緑に化かせる緑化とは、一本に何十万も何百万もかけて、よそものの木を持ってきて、根がないから一本三千円のつっかえ棒で支える。植木屋さんは三本で一万円のビジネスになります。これがすべて一年保証です。植木屋の息子がうちの大学にきて、親父に教わったのは一八カ月目くらいに枯れればいちばん良い。また商売ができると言ってました。こんな木を植えれば金がかかると言われるのは偽物をお植えになるからですよ。一本三〇〇〜五〇〇円の根群の充満したポット苗など、本物の幼木を自然の森のシステムに沿って植えれば、三年たったら管理費は要らない。芝生にしても芝刈り、目土入れ

写真19　東電・扇島発電所で森づくり

など管理は永遠にかかる。緑の表面積は森の三〇分の一で冬は枯れてしまいます。音も臭いもガスも、津波も通してしまいます。こういう偽物は良くない。どうか、まず本物志向であって下さい。

徹底的な現地調査

私が提案するのは、成長した木を植えないことです。大きくなる力を持った、土地本来の森、潜在自然植生の主木群の幼苗を混植・密植する。**写真19**は、東京湾の埋め立て地、東電の扇島発電所です。樹高三〇cmの幼木を混植・密植して九年目です。東電の環境部長が、「ここに先生の言う森をつくって欲しい」と言った。当時同僚の植物生態学者たちは「宮脇、やめた方が良い。おまえの言う本物の森は、埋め立て地には三〇〇年かからなければできない」と言った。大学の教師はしゃべることや書いた論文は何とか切り抜けられますが、植えた木が全部枯れたら腹切りもの。大体逃げてしまいます。私は、「植えた植物にはいのちをかけている。もし皆さんが職をかけてもやると言うのなら協力します。もちろんここは埋め立て地です。何が本来の森か、現在の潜在自然植生（Today's potential natural vegetation）かも分かりません。しかし、すぐそばの浜離宮、芝離宮には二五〇年前に植えられたタブノキやシイノキがある。植生調査しましょう」と言いました。そして**写真20**のように現場で徹底的に植生調査し、ドングリを拾って、ポット苗を育てて植えました。木を植えれば何でもよいのではありません。偽物はやめていただきたい。植えない方が良い。ニセアカシアなどを植えると、後の子分の下草は、セイタカアワダチソウかブタクサしか出てきません。本物志向です。その本物とは、長持ちするものですよ。

浜離宮から種を拾って来て、三役、五役のシイ、タブ、カシ類を中心にした芽の出たポット苗、それを支える亜高木のモチノキやシロダモ、ヤブツバキ、ヤマモモ、カクレミノなどを混ぜる、混ぜる、混ぜる。好きなものだけを集めない。三役、五役を中心に、それを支え

写真20　現場で徹底的に植生調査を行なう

るできるだけ多くの樹種を、自然の森の掟で混植・密植します。ボルネオ、アマゾンでは平米あたり五〇〇本ぐらい芽が出ている。筋に植えない。混植、密植をします。そして敷き藁を落ち葉の代わりにします。縄で飛ばないように押さえます。三年ぐらいは雑草が生えるかも知れない。雑草というのは帰化植物で陽性ですから、すき間があれば生えます。だから二、三年は取らなくても良いが、できれば雑草を抜いて、捨てないで裏返して林床に置いて、地球資源として使います。出さない、捨てない、焼かない。

もう一度、**写真19**をよく見て下さい。三〇〇年どころか、九年たてばこうなるわけです。最高の技術で造られる皆さんの企業活動は、本物の森とのみ共生するのです。哲学を基本にして木を植え、いのちの森をつくっていただきたい。そのためには徹底的な現地調査をやります。三六五日の二六〇日はもっぱら写真20のような格好です。今日はネクタイをしていますが、これはいちばん似合わない。作業服に麦わら帽を被って現地へ行きます。現場、現場、現場ですよ。

どうか皆さん、部下任せ、業者任せ、コンピュータ任せにしないでいただきたい。本物か、偽物か。毒と毒でないものを見分ける研ぎ澄まされた、動物的な勘と人間の知恵、感性を持って、まず現場に行きます。そして高木、亜高木、低木を調べて、何が土地本来の森の主木群であるかを徹底的に調べます。そしてその結果描いたのが、三六〇〇万人が住んでいる関東地方の緑の潜在自然植生図。これは緑の現状診断図で新しい学校をつくったり、道路や工場などをつくる際に、ここは残存自然林があるから避けた方が良いとか、まず、現在の植生を調査し、その配分を現存植生図として描きます。東京湾沿いは植物砂漠だから木を植えなければいけない。しかし、今までスギ、ヒノキ、マツ、ポプラを植えてもそれではだめです。皆さん、今我々が調べているのは着物の上から触らずに中身を見るにはどうしたら良いか。私は植物に限っては判るわけです。

写真 21　コンクリート砂漠でも、必ず小樹林がある日本
（口絵にカラーで掲載）

現場に行きますと、**写真21**のように、必ずこのような住宅群やコンクリート砂漠の中でも、小樹林が、自然のかすかな本物情報を発しています。自然が発しているかすかな情報から、見えない全体をどう読み取るかが、人間に残された最後の知恵です。自分の頭で、目で、手で見ていただきます。

「潜在自然植生図」の重要性

生き物は、厳しい環境で本性を発揮します。厳しさに耐えたもののみが本物です。日本では冬にも緑で常緑の広葉樹が本物です。何百年もの間、化石燃料がな

写真22　いわゆる「里山」の雑木林は、潜在自然植生の森ではない

い日本は、木炭や薪を取るために二〇年に一回切って、再生萌芽林をつくってきました。「里山の雑木は残す」と行政も企業、市民団体も言っています。また化学肥料がなかった当時は、二〜三年に一回、下草刈りをして田んぼに入れていました。このように、粗放的ですが定期的な人間の影響によって、土地本来のシイ、タブ、カシ類の常緑樹の再生が少し衰えますと、もう少し高いところとか山の上にあった落葉広葉樹のクヌギ、コナラ、エゴノキ、ヤマザクラが、国木田独歩の『武蔵野』に見られているように、里山の雑木林になりました。雑木林は、管理を続けないと荒れてヤブになります。今は燃料革命で木を切らなくなっ

た。冬になると威張っているクヌギ、コナラ、エゴノキは皆枯れ木と同じで音も臭いもガスも通します。その下には土地本来の潜在自然植生の構成種である、シイノキ、タブノキ、カシはカシ類のシラカシ、アラカシ、ウラジロガシ、アカガシ、ツクバネガシなどが芽生えています。あるいは、それを支える低木のヒサカキ、ヤツデ、アオキが下から出ています。

こういう林床に芽生えている植生を総合しまして、もし人間の影響をストップしたら、現在の自然環境が終局的に支える潜在自然植生（Today's potential natural vegetation）とは、新しい緑環境をつくるための科学的な脚本、シナリオです。シナリオなしに永遠に幕の閉まらないいのちのドラマは展開できません。我々はこのように現場で徹底的に自然が発するかすかな情報、厳しい条件にどれだけ耐えているか。そしてその結果、潜在自然植生図では、関東地方の海岸沿いは主にタブノキ、内陸部の大部分はシラカシ、アラカシ、ウラジロガシ。そして海抜八〇〇メートル近くになると寒い冬は落葉するミズナラ、ブナ林になります。水際は落葉樹のケヤキやクヌギ、ハンノキ。これは、新しい森をつくるための緑の処方箋です。

緑の環境をつくるために植木屋任せにしない、業者任せにしないでいただきたい。科学的な脚本を持って、土地本来の主木群の三役、五役は、皆さんに決めていただきます。

潜在自然植生は『日本植生誌』全十巻にまとめています。例えば境界環境保全林をつくるための高木樹種には何が良いか、低木には何が良いか、この中から選んでいただければ間違いない。大きな木を植えても、根群の不十分な成木はだめです。

千葉県の砂防課長が、「海岸沿いに宮脇昭の言ったタブノキを植えたら頭が枯れてきた」と言われました。よそから持ってきて何万円もかけて植えた成木を、つっかえ棒で支えても、五メートルぐらいの木で頭が枯れているのがありますね。頭が枯れたのは根の状態がおかしいのであって、抜いてみると根がないか、あるいはたまり水です。根のない成木を不透水層の上に植えると頭が枯れていきます。空気は一〇〇〇分の四〇〇の酸素があります。しかしたまり水には一〇〇〇分の四しか酸素がありません。だから陸上の木の根が七〇時間以上たまり水に浸かると、酸欠で根が腐ります。すると、残った根で吸った水分と、枝葉部から蒸散する水分のバランスが取れなければ死にますから、この木は生き延びる戦略として自分で頭を枯らしているわけです。何万円もかけて五メートルの成木を植えても、だんだん枯れて、極端に言えば三メートルになる。だったら一本三〇〇円から五〇〇円で、三年たったら三メートルになる本物の根の充満したタブノキなどを、ポット苗で植えましょう。

今、国内では私の指導で、毎年三千万から四千万本のシイ、タブ、カシ類のポット苗をつくっています。三万、五万本くらいならいつでも手に入ります。植物は根で勝負。

写真23　タブノキのポット苗。根群が充満している

横浜国立大学での森づくり

写真23は、タブノキの根群の充満したポット苗です。シイ、カシ類なども同様に根群の充満したポット苗を植えます。植える場所がないとは言わせません。三本植えれば〝森〟、五本植えれば〝森林〟ではありませんか。

横浜国大は一九七五～七六年ごろ、保土ケ谷のゴルフ場跡に統合しました。正門から事務局まで約五〇〇メートル、一・五メートルの幅で四五度の斜面に、外国の牧草を吹きつけてあった。それが冬は枯れたり、たばこの火で燃えたりして困っていました。

写真 24　まずかんたんな土留めをつくる

写真 25　土をほっこらほっこらとかぶせる

写真26　ポットに育てた幼木を混植・密植する

私は当時緑環境の委員長をしていたので、森をつくることを提案しました。文部省はそんな金は一銭もくれませんから、教授が三千円、助教授が二千円、助手が一千円を出し合って、**写真24**のように、まず簡単な土留めをつくりました。横浜市は土が余っていると言うから、**写真25**のように、その表土をほっこらほっこらとかぶせました。ドイツのアウトバーンなんかは、土留めの柵が見えないほど表土をかぶせますが、我々は予算の関係でこのぐらい。

何でも植えれば良いのではなく、土地本来の潜在自然植生の主木群のシイ、タブ、カシ類とそれを支える亜高木のヤブツバキ、ネズミモチ、ヤマモモなど、根群の充満し

写真 27　3 年たったら 3m、このような森になる

たポットに育てた幼木を、**写真**26のように、自然の森の掟に沿って混植・密植（二〜三本／m^2）しました。シイノキと、もう一つタブです。さしあたりシイ、タブ、カシ類だけを覚えていただければ良い。

それが三年たったら三mと、**写真**27のような状態になるわけです。事務局長が「宮脇さんの木が育った」からと、ツツジは文部省から予算をもらって植えました。化粧的な緑化には、税金を使うわけです。まずはいのちを守る森にこそ、税金や、企業も金を使っていただきたい。

道沿いの林縁には、花木を一列植えます。これはマント群落、ソデ群落と呼ばれ、エコロジカルにも必要です。関東以西であれ

写真28　9年後

ば、海岸沿いの塩水をかぶるところはトベラ、シャリンバイ、ウバメガシ、ハマヒサカキ、いくらでもあります。ちょっと内陸では冬の花ならカンツバキ、サザンカ、春の花ならクチナシ、ジンチョウゲ。南斜面で日の当たるところはサツキやツツジも良いです。それらを混ぜて植えます。市民や学生、社員は、一年中花園の中を通って行きます。落ち葉が外へ出ないから、管理費は要りません。落ち葉は分解されて再生産に使われる。これがエコロジカルな「いのちの森づくり」です。三年たったら、管理費は一切要らない、このような森になるんです。後は自然淘汰に任せます。

同じところが九年たつと、**写真28**のよう

写真29　12年後の横浜国立大学の森

な状態になります。邪魔になれば、横枝は切っても、頭は切らない。伸びたいやつは伸ばさなければいけません。これが日本の教育の基本です。後はついてくる。下にそろえるのではなく、いわゆる平等というのは、上を伸ばせば下はついてくるわけです。私たちはまずトップになる木を植えます。後はついてきます。

そして一二年たてば、**写真29**のような状態です。ゴルフ場跡に統合して、二〇年少々でこのように。幅二一～三メートル、キャンパスの周りが全部、境界防災環境保全林に囲まれている大学は、どこにもありません。今は学長は私の記念碑までつくってくれています。そんなものは要りませんが、とにかくこの森は次の氷河期が来る九千年は残ります。管理費が要らない。横は切っても頭は切らない。このような森ができる。これがいのちを守る都市の森（Urban forest）です。これを世界中の大学でやったらどうなりますか？

橿原バイパスの森づくり

奈良県の橿原バイパスでは、住民の反対で十年間できませんでした。たまたま建設省で話した時に、当時の計画課長が「協力して欲しい」ということでした。小学校の校長先生に言ったら「喜んで協力しましょう」と言うので、幅一メートルぐらいですが、一九七六年三月十日、父兄も含めてここに一万五千本のポット苗を植えました。新しいことをやると反対する人が必ずいる。「なぜ土曜日の休みの日に子どもを使ってやるのか」と、体育の先生がまず反対しました。私は、反対をする人は逆に使う。こういう人は、結構物分かりが良い。「あなたがいくら体育をやっても、子供の肺が黒くなったらだめじゃないか」と言ったら「良く分かった」と言って、逆にいちばん本気でやってくれました。

写真30のようにして植えた木が、八年後、**写真31**のようになります。真菅北小学校の六年

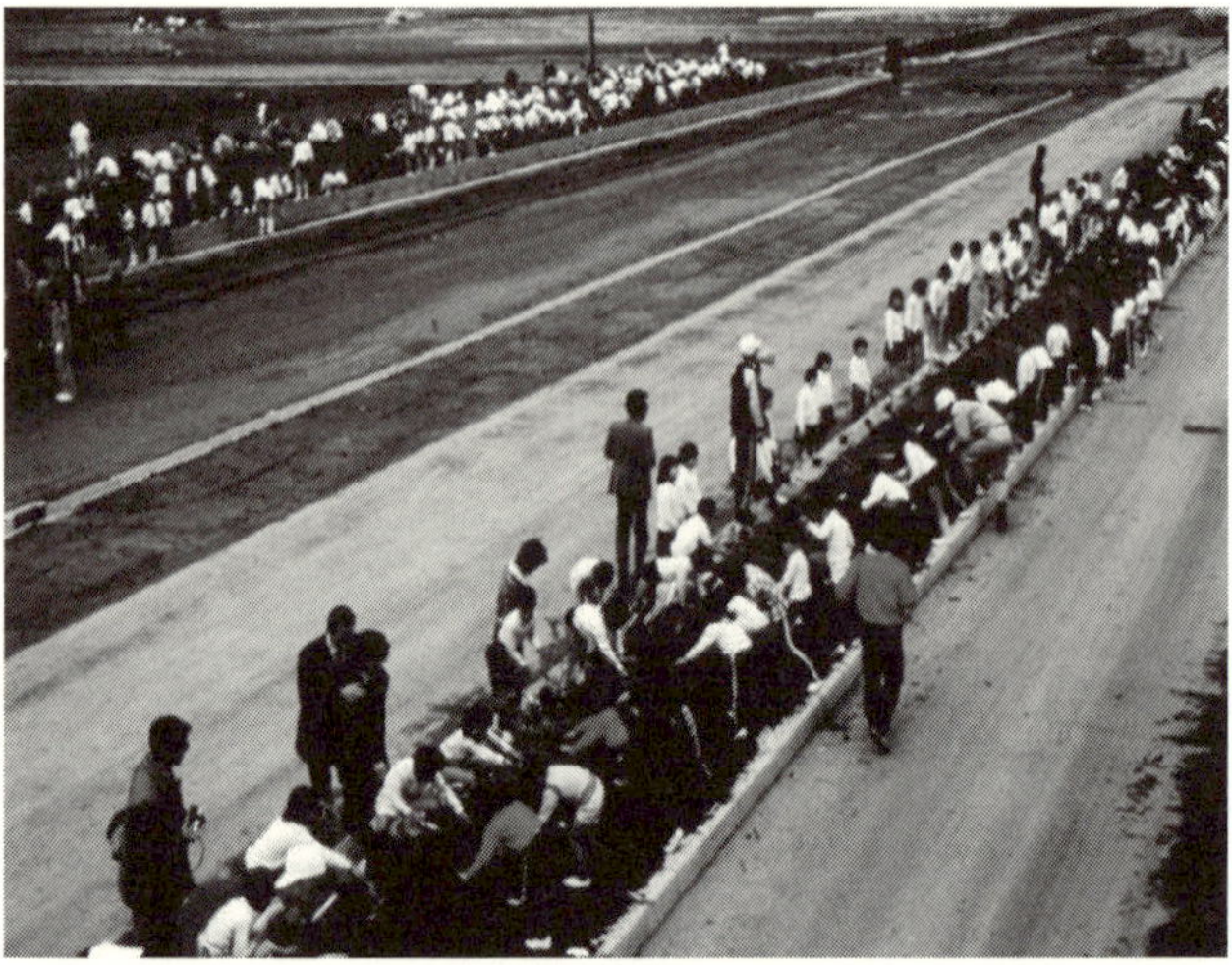

写真30　1976年3月、橿原バイパスでの森づくり始まる

写真31　8年後の橿原バイパス

写真32　白河ダム沿いでも2万本植樹祭

生の女の子がお嫁に行って、子どもができて里帰りした時に、「ママがあなたと同じ頃に植えた木がこうなった」と言える。これがまさにいのちの教育でしょう。ふるさと愛というのは、こういうところから出てくるわけです。現場から、体を通して理解させるべきです。反対していた親御さんも、子どもの優しさで、今は一八キロ、森が続いています。横枝は切っても、頭は切らない。今、国際的に重要視されている生物的多様性、これこそが多様性であるということを知っていただきたいと思います。

五期やられた柿本善也奈良県知事が、「こんな良いことはやらないといけない」と、すぐに私が呼ばれまして、白河ダム沿いに二千人二万本植樹祭をやりました。**写真**32ですが、当時の柿本知事は自治省出身の、人前で笑わない知事で評判だったのが、こんなうれしそうな顔をしているのは見たことがない。土木部長たちが「またやりましょう」と言った。私は先見性と決断力、実行力、持続力のある知事、市長、代議士、企業のトップに正しく理解してもらい、子どもたちの未来のために、今すぐどこでもできる「いのちの森づくり」を共に、毎年やっています。

横浜市の実践

写真33は、横浜市が北部下水処理場をつくるのに、住民の反対でなかなかできませんでした。市長から「何か良い方法はないか」と。見ると、建設廃材がいっぱいあるわけです。毒と分解困難なもの以外はすべて地球資源ですから、幅六メートル、深さ一メートルの穴を掘らせて、土と混ぜながら入れ、マウンドをつくりました。マウンドは水はけ（aeration）が大事です。三メートルのマウンドを築き、ポット苗を植え、敷き藁をしました。

それが一年たったら**写真**34のようなこういう状態、九八％の活着率です。アメリカのジョージア大学のE・O・ボックス教授も学びに来ています。右後ろの大きな木は頭が枯れていま

写真 33　横浜市の下水処理場まわりでの森づくり

写真 34　1 年後、98%の活着率

写真 35　鶴見の海岸の常緑の森。深根性、直根性で津波に負けない

写真 36　鶴見の海岸のシイ、タブノキ、カシ類の森

す。これは税金で買ったのでしょう。

写真35、36は、シイ、タブノキ、カシ類の常緑の森です。同じものが五年たったら四メートル、九年たったら八メートル。ここは鶴見の海岸です。いつ津波が来るか判らない。したがって今まで下水処理場をつくるのに反対していた住民の人が、結局下水処理場をつくり、宮脇方式、エコロジカルの森をつくった。深根性、直根性で地下に根群が三メートルも五メートルも入っていますから、台風、津波にびくともしない。もう津波が来ても、高潮も大丈夫だと喜んでいます。

本田技研の実践

写真37が、本田技研がかつてなさっていた「緑化」です。全工場、研究所で毎年管理費が二億二千万円。一年保証で、一三カ月目くらいから、頭から枯れていきます。企業は永久に寄生虫を養っているようなもの。そして、どんなに芝生を丁寧に刈っても、冬はご覧のように枯れてしまい、音も臭いもガスも通してしまう。このようなつっかえ棒がなければ、木を植えても育たないと思っておられるとしたら、それはいかに偽物にごまかされているかとい

写真 37　まばらに成木を植える、よくない「森づくり」

うことです。私はこういうのを見ると、あの寂しい墓場の十字架か、卒塔婆《そとば》にしか見えません。

本社で講演会、さらに現地の植生調査を続けて、その結果を基本に、エコロジカルな産業立地の境界環境防災林を、河島社長や西田副社長のトップダウンでやらせていただきました。**写真**38のように、幅一メートルでも、すべての工場、研究所の周りにエコロジカルな森をつくりました。

ここが、九年経つと**写真**39のような状態。横枝は切っても、頭は切らない。車がカーブして通るところは、低木を手前に植えておけばよいわけです。

写真 38　ポット苗を混植・密植する、エコロジカルな森づくり

写真 39　写真 38 の 9 年後

阪神・淡路大震災の実例から

森はなぜ町の中や工場の周りに必要であるか。一九九五年一月一七日。私はボルネオの熱帯雨林の調査に行っていました。雨の中を山から下りたらＣＮＮテレビの速報番組で、西日本で大地震が起きたと言っている。阪神・淡路大震災です。見れば広範囲に火がいくつも出ている。これは大変だと。

私は、皆さんと一緒に現地で調べて植えた木は台風、地震にもびくともしないと公言しています。科学者は今でもそうですが、自分の発言、行動には責任を持ちます、持たなければいけません。この地震でもし全部だめなら責任問題、とすぐ帰りました。しかしなかなか被災地に入れませんでした。やっと関空からヘリコプターで入って、ちょうど液化現象でひどい被害の神戸湾沿いを調べました。

写真40のように小さなポケット公園があって、土地本来の常緑のシイ、タブ、カシ類が植わったところは、一時的な逃げ場所、逃げ道になっていました。葉は焼けているけれど生きているから、九月の調査では元に戻っていました。

写真40　阪神・淡路大震災で一時的な逃げ場所になったポケット公園

死んだ材料だけでできた都市や産業立地が、今晩襲うかも知れない地震に対して、皆さんはいのちを賭けてあがなわなければいけない。

何百億円をかけたご自慢の高速道路も崩れ落ちました。ところが、皆さんの先達が植えて創った鎮守の森の木は、私たちが現地調査した結果では、**写真41**のように、一本も枯れていない、倒れていないんです。これが日本人の英知であったことを知っていただきたい。

長田区の周りですべてだめでも、**写真42**のように一列、アラカシのカシの木があって、一～二メートルの小道があれば、そこで火が止まっているではございませんか。

写真 41　阪神・淡路大震災で生き残った「鎮守の森」

写真 42　神戸市長田区。カシの木のところで火が止まった

写真43　森で囲まれた場所に、仮設住宅が作られた

写真43程度の樹林帯で囲まれた空き地があれば、一時的な応急住宅もできています。

新日鐵・広畑製作所の森

神戸から約四〇キロの姫路に、新日鐵の広畑製鉄所があります。全製鉄所の境界環境保全林を一九七〇年からやりましたが昭和四八年、当時はポット苗がないから、土地本来のシイ、カシ類のドングリを市民と一緒に拾いまして、製鉄所の敷地の周りに、境界環境保全林形成を目指して、**写真**44のように植えました。

十年たてば、**写真**45のような状態になっています。もしあの不幸な地震がこの姫路

写真44　新日鐵・広畑製鉄所のどんぐり播種地

写真45　広畑製鉄所の10年後

写真46　直下型地震の怖ろしさ

まで襲っていても、幅三メートル、五メートルでサイトの周り五キロを囲んでいる、この境界環境保全林は、何千の人のいのちを守ったはずです。

直下型地震では、**写真46**のようにネコも這い出せない状態になります。これを、**写真47**のように家のすぐそばにカシの木を植えておけば、それに屋根が引っかかり、すき間ができてそこから逃げ出すことができたはずです。

今やっと、一部ですが、小学校の校長引率で正課の授業として、**写真48**のようにエコロジカルな植樹をやっています。もし倒れた高架の高速道路沿いに、地震の十年前に子どもたちに、この小さな樹高三〇cmの

写真47　カシの木が屋根を止め、すきまから這い出すことができる

写真48　子どもたちが高速道路の下に木を植えている

表1　関東大震災における避難の結果

場所	避難者数	死亡者		生存者	
No.1 小梅徳川邸		多大の死者を出す			
No.2 本所被服廠	40,000人	38,000人	95%	2,000人	5%
No.3 深川岩崎邸	20,000人	0人	0%	20,000人	100%
No.4 深川八幡宮		多大の死者を出す			

ポット苗を植えさせていれば、十年で十メートルの森の帯ができていました。そうしますと橋が倒れても森の上に軟着陸するから、上のドライバーはいのちを落とさずにすんだはずです。我々は、橋も工場も道路も自動車も必要かも知れない。しかし、同時に人間のいのちの共生者としての生きた緑の構築材料を、しっかりしたエコロジカルな科学的な現地調査に基づいて、積極的に植えていただくことを提案します。

関東大震災の教訓、清澄庭園の例

では、八〇年前、関東大震災の教訓はどう生かされているか。残念ながら一四万人の人が亡くなったと言われています。国会図書館にある当時の土木学会誌を、私たちは調べました。**表1**のように、本所陸軍被服廠跡、いまの国技

写真49　生死を分けたふるさとの緑、清澄庭園

館の近くですが、そこには四万人が逃げ込んで、わずか一時間で三万八千人が亡くなっているわけです。

ところが同じように二キロ離れた深川岩崎別邸、今の清澄公園には、二万人が逃げ込んで誰も死んでいないわけです。どういう差があったか。

一方は板塀で囲まれていました。そしてこの清澄庭園は立体的な緑の壁、幅一三ｍのシイ、タブ、カシの森で囲まれていた。この**写真49**の森に逃げ込んだ人は、誰も死んでいないのです。こういう冷厳な事実があるにもかかわらず、なぜ森をつくらないか。何百万台の消防車を集めても、道路が壊れたら役には立たないのです。

立体的な緑の壁――広島の斜面保全林

広島の美鈴が丘の住宅団地をつくる時に、我々が協力を依頼されました。**写真50**は、花崗岩の風化した四五度の斜面。研究者はエゴイストですから、こういう誰にもできないようなところに森をつくって国際会議で発表したいわけです。ここに森をつくろうとしたら、現場の所長は絶対反対。「できはしない」と言う。

たまたま三井不動産の

写真50　花崗岩の風化した45度の斜面

工事だったから、私は日本橋まで行きまして、当時ご存命だった江戸英雄会長に、「何とかここに木を植えさせていただきたい」と言った。彼は黙って聞いてくれていましたが、「宮脇さんがそんなに言うなら、おれが責任を持つから植えてくれ」と言うので、我々は花崗岩の岩盤の中に穴を掘って、エコロジカルな宮脇方式で植えました。

ここが一四年経てば、**写真51**のような本物の斜面保全林になるわけです。これが、国際的に評価されている、いのちと心と文化と遺伝子を守る、宮脇方式とも言われる森づくりです。

このような森の中を調べますと、高木は亜高木、低木、下草の立体的な緑の壁ができています。**写真52**のとおりです。この木々は生きていますから、これから二〇〇年、三〇〇年後には枯れるかも知れない。しかし枯れる木を待っている後継樹が、下にいっぱい生育している多層群落の森ですから、個体の交代はあるが、森のシステムとしては次の氷河期が来るであろう九千年は持つような、そういう本物の森なのです。こういう森を、ぜひ皆さんの足元から創っていただきたい。

写真 51　14 年後、本物の斜面保全林になった

写真 52　森の中は多層群落で、立体的な緑の壁になっている

写真 53　岩盤を切った場所で

崖崩れを防ぐ森

横須賀市内の県立久里浜高等学校でも森づくりをしました。岩盤を切った後の**写真53**のような場所で、我々はここに**写真54**のように表土を入れまして、エコロジカルな森の再生を目指して木を植えてもらいました。

二年経てば、**写真55**のように、地上部の枝葉が二メートル、根が二メートル。

さらに三年経てば、**写真56**のように地上部の枝葉が三メートル、根は四メートル生えています。岩盤のすき間、酸素を通って、根が岩盤を抱くような状態になっています。

三年後、地上部は、**写真57**のような森になります。

写真54　まず表土を入れる

写真55　2年後、地上部2メートル、地下も2メートル

写真 56

3 年後、地上部 3 メートル、地下は 4 メートル。根が岩盤を抱く

写真 57　3 年でこのような森になる

写真58　風が吹けば倒れるマツ

ここはしょっちゅう台風による崖崩れで死者も出ていたところです。今はびくともしない。このように、いのちを守る本物の森ができるわけです。

偽物の森はいのちを奪う

私は、なぜ〝本物〟にこだわるか。私の郷里の岡山県はマツがいっぱいでした。ところが最近、たまに墓参りに帰ると、**写真58**のように、風が吹けば木が倒れる。瀬戸内海沿いでは、**写真59**のように、毎年山火事が起きています。皆マツが燃えています。どうしてでしょうか。

岡山県、広島県、山口県、島根県、鳥取

写真59　山火事で燃えるマツ

県、我々が調べた中国地方の現存植生図では、かなりの面積が全部マツです。

ではは本来マツはどれだけあったか。同じ凡例で描いた、五〇万分の一の潜在自然植生図では、マツはまったく出てきません。

マツ、スギ、ヒノキ、カラマツなどは針葉樹です。生物の進化から言うと、三億年前には石炭、石油の元となるシダ時代でした。そしてその後、裸子植物のイチョウやマツ、スギ、ヒノキの時代。今は広葉樹の時代です。シイ、タブ、カシ類などの暖地の常緑広葉樹。山の上はブナ、ミズナラなどの落葉広葉樹。したがってマツやスギ、ヒノキは、生育条件の恵まれたところでは広葉樹との競争に負けて、尾根筋や岩場な

写真60　松食い虫で森が全滅

どの少し厳しい立地に局地的自生していました。

たまたまそれが金になるというので、全国的に植えられました。これが同じ宮島、広島県、島根県です。緑は緑でも、過去の植物の針葉樹が、その潜在自生地を二五〇倍以上に増やしているのです。自然が逆立ちする状態だから、必ず来る自然の揺り戻しに大きな被害を受けているというわけなのです。

そういう状態のところに松食い虫が来れば、**写真60**のような全滅状態になります。そこで部分的、一面的な対策は、毒のやり方が少なかったと、またヘリコプターでさらに毒性の強いスミチオンなんかを撒きま

写真61　枯れた土地から、土地本来の木が出てくる

すと、一時的には松食い虫は抑えられるが、同じ生きた細胞からできている住民に影響を与えかねません。毒と火をもって自然を制することができないということを、徹底的に私はドイツで学びました。では、どうしたらよいか。

写真61をよく見ていただきたい。松食い虫でマツが枯れた後に土地本来のシイ、タブ、カシ類が出ているではないですか。もうマツが高く売れる時代は終わったのですから、なぜ本物を植えないか。

敗戦国ドイツでは、やはり全部焼けたからというので、戦後、針葉樹のドイツトウヒなどを植えさせました。ところが管理してようやく成木になったと思ったら、スカンジナビア半島などから安い木材が入ってきて、日本と同じように、切っても赤字、出しても赤字。しかも根が浅いから、災害に弱い。その時ドイツ政府が決めたのは、潜在自然植生の広葉樹を中心にするということ。もちろんヨーロッパは寒いところですから、落葉広葉樹のミズナラ、ブナ類などが主木です。

日本でも植樹と言いますが、例えば神奈川県の丹沢の場合でも、やっと県が住民から水源税を取っても、既存のスギ、ヒノキの人工造林の管理費にほとんど使う。また植えるのは九七%がスギ、ヒノキ、マツ。「おかしいではないか」とお話をして、やっと三割、三〇%は広葉樹を植えることになった。それぐらいまだ分かっていない。他県ではさらにひどい。

子どもたちによる森づくり

今、もっとも必要なことは、バーチャルな世界で育っている子どもたちのために、木を植えさせながら、生《なま》のいのちの尊さ、はかなさ、素晴らしさを、習い性となるまで体に刷り込ませることです。

出雲の西尾理弘市長は文部省で『日本植生誌』の現地調査、研究、出版の時お世話になっ

写真62　小学生の森づくり

た方ですが、宮脇がやるならというので教育長に命じまして、一九の小中学校で二千人の子どもたちに毎年、正課の授業として振り替え授業で、国交省がやっている放水路沿いに森づくりや、市有地にエコロジカルな植樹をやっています。

私が植え方を説明して、写真62のように、小学校四年生の子も一時間で一〇本以上植えてくれます。そして写真63、中学生も一生懸命。

最初の一本はもたもたしているが、後は夢中で植えます。そして小学校四年生の子が毎年植えて、中学二年生になったとき先生と一緒にきたら、「私が植えた木がこんなになっている」。これこそまさに、いの

写真63　中学生も森づくり

ちの教育。そしてふるさと愛です。

これが生《なま》のいのちの教育。トータルとしての防災・環境保全林をつくる。斜面保護林、防災林、水源林としていのちを守る、具体的な活動が、なぜ全国的にできないのでしょうか。

日本各地で森づくり

火山の噴火で大被害を受けた伊豆の三宅島でも、植林したスギ林は、**写真64**のように全滅しています。

しかし、同じ煙の影響を受けても、**写真65**のように、タブ林など、昔からの土地本来の森は再生し大丈夫。

写真64　三宅島に植林したスギは全滅した

写真65　三宅島でもタブノキ林は生きている

写真 66
「みなとみらい」での森づくり

写真 67　「みなとみらい」での森づくりの 15 年後

写真68　安中榛名でのJR東日本の森づくり

横浜のみなとみらいでは、**写真66**のようにＮＰＯの皆さんが雨の日に植えてくれて、**写真67**のように、三年経つと三ｍとなるわけです。植えなければゼロでございます。

ＪＲ東日本でも、**写真68**、69のように安中榛名《なかはるな》で植えていただいています。三千人三万本植樹祭。皆身銭を切って来ているわけです。

そして**写真70**は、東京都が伊豆大島の滑走路を延ばそうとした時、愛宕山付近の一部の斜面を削る計画に、自然保護団体が大反対をしました。離島港湾局の幹部の方などが来まして、「何か良い方法はないか」と。いちばん良いのは残すことだ。しかし、延

写真 69　安中榛名での 3 千人、3 万本植樹祭

写真 70　伊豆大島の斜面を削る計画に、森の再生計画をプラス

写真71　業者任せでなく、苗づくりから始める

ばすことは必要である。だったら元に戻す。これが大事なところですが、死んだ材料では元に戻すのが精一杯。生きた緑の材料は、今の松枯れがあるところを、より土地本来の本物の森に再生することができます。皆さんが本気でやるなら私も体を張って、潜在自然植生にもとづく本物の森づくりに協力し、反対派の皆さんにも対応しましょう。「できるか」と言うから、「あんたたちが本気でやればできる」と言いました。

したがってそのためには業者任せではいけません。**写真71**のように都庁の担当課長や係長を皆引っ張り出しまして、種を拾って三〇時間水につけて、中の虫を窒息させて植えれば、役人が植えても八〇%は芽が

写真72　大島の中でポット苗をつくる

出ます。そしてここ伊豆大島は島ですから、遺伝子の問題がありますので、苗を外部から持ち込まないでやる必要があります。

そこで、大島の鎮守の森のタブノキなどの成木から種子を集め、**写真72**のように、三九万本のポット苗をつくりました。

写真73のような山の斜面を削って、露出している溶岩上に植えるわけです。審議官も部長も課長も真剣な顔で「先生、本当にできなかったら石原慎太郎知事に悪い」と。「何を言うか。植えた植物はいのちを賭けているじゃないか。おれも本気でやるから、皆さんも職を賭けてやれ」と言いました。

どのようにやったか。まず、**写真74**のように、土が動く限り根は張りませんから、間伐材な

写真 73　斜面に土を入れる

写真 74　土が動かないよう、土留めをする

写真 75　1ヶ月で1万2千人、30万本を植えた

どで簡単に土留めをします。

　当時は青山佾《やすし》副知事の時代でしたが、副知事以下、東海汽船は四五〇人しか乗れません。夜の一一時半に東京港を出航して、翌朝の五時に着いて、**写真75**のように一人が二〇本以上をちゃんと植えて、また来てまた帰る。それを交代しながら土日、翌土日と、一カ月で一万二千人、三〇万本を植えました。

　一年半たったら、一mに生育して、**写真76**のような状態です。

　そして、三年たったら**写真77**のような状態です。後は管理費も何も要りません。自然の管理にまかせます。伊豆の大島空港に西から着陸する寸前に、ぜひ右側を見てい

写真 76　1 年半で 1 メートルに生育

写真 77　3 年たったら、後は管理費は一切不要

写真78　大島の方と一緒に森づくり

ただきます。

伊豆大島は、火山、ツバキなどの観光が主な産業です。人が来なければ、ジェット機が飛来しても意味がありません。私はこのとき本州の人に植えてもらったのですが、島の住民の皆さんもぜひやりたいとおっしゃって、一緒に植えてくれました（**写真78**）。

ＪＲ北海道では、坂本眞一会長以下、社員、労組の皆さんが大沼で、北海道の潜在自然植生の主木であるミズナラなどのポット苗を、道内各地、全国の皆さんが身銭を切って、列車で毎年来てくれて、**写真79**、80のように、一〇万鉢のポット苗をつくりました。ＪＲマンがやってもご覧のように見事に育ちます。ドイツの学者が、この間も見学にきていました。

写真 79　JR 北海道で、ミズナラのポット苗をつくる

写真 80　10 万鉢のポット苗が見事に育つ

写真81　フタバガキ科の超高木の種でポット苗をつくる

研究者はエゴイストですから、話しただけでは自分の時間が損になります。ここが間違っている、あるいはこういう方法があるということは、ぜひ教えていただきたいと思います。

国内外で一六〇〇カ所以上。この後、ボルネオ、アマゾン、中国、ケニアなど、ふるさとの森づくりの例をお見せしたいと思います。

ボルネオの森づくり

ボルネオには、エコロジカルに厳密な意味での原生林は全くありません。まず現地植生調査をして、主な樹種、フタバガキ科

写真 82　芽が出てきたポット苗

写真 83　ようやく準備できたポット苗

写真84　焼畑農業の後の荒れ地

の超高木の種を拾い、それを集めて植えますが、なかなか芽が出ない。やっと根が出る（**写真81**）。根が出たのをポットに入れて、ボルネオでは多様性を維持するために二〇一種類、四〇万本のポット苗をつくりました（**写真82**、**83**）。

そして、焼畑跡の、**写真84**のような荒れ地で、この草を捨てない、焼かない。地球資源として土の中に全部混ぜ入れまして、第一回の植樹祭は一九九一年七月一〇日に行われました（**写真85**）。二千人で手で掘るから大変です。二万六千本しか植えられません。

写真86は植えた直後です。五年たって七メートル。そして**写真87**は、一五年で二〇メートル、世界で初めての、オーストラリアのユー

写真 85　第 1 回の植樹祭

写真 86　植えた直後

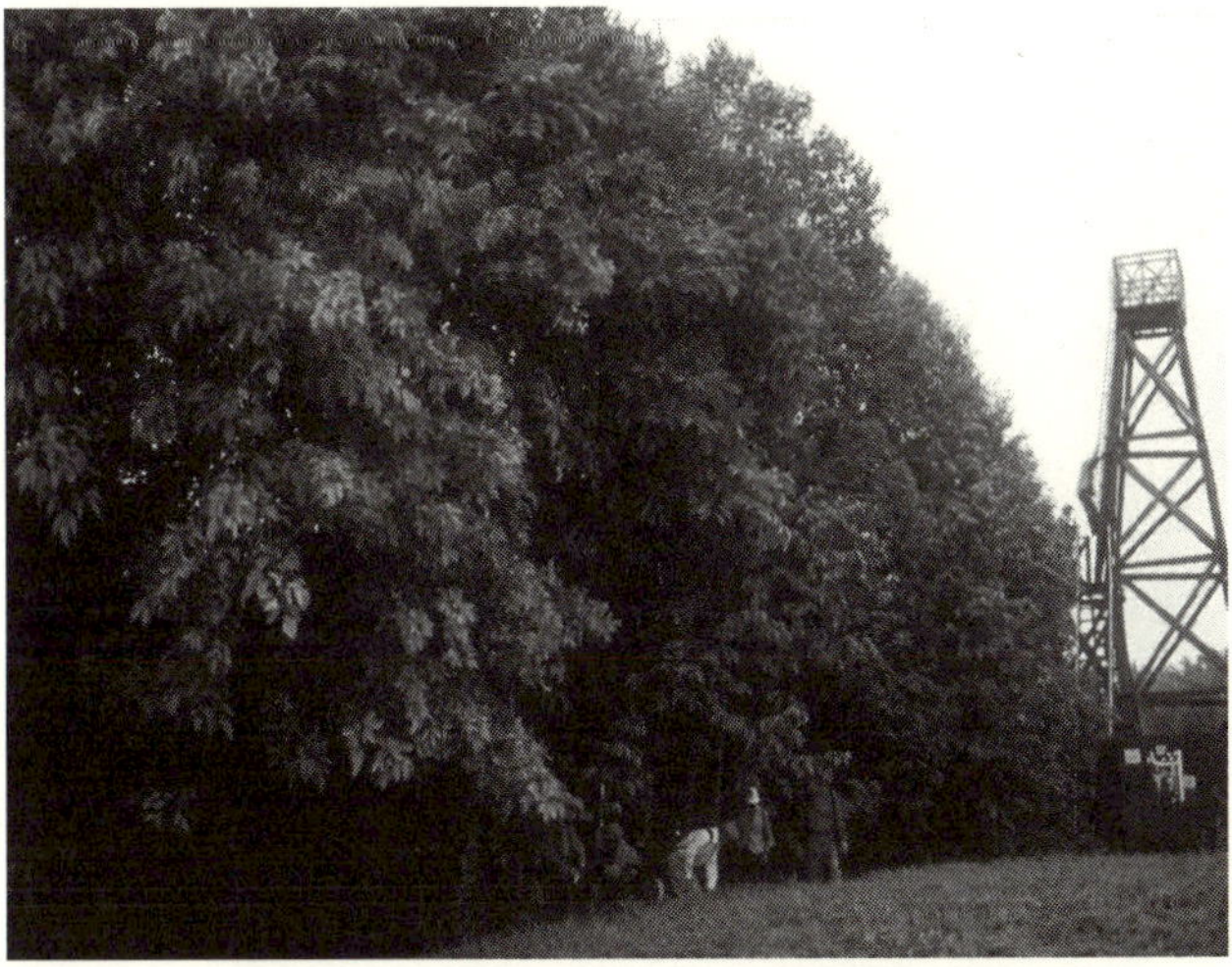

写真 87　15 年で 20 メートルまで生育した

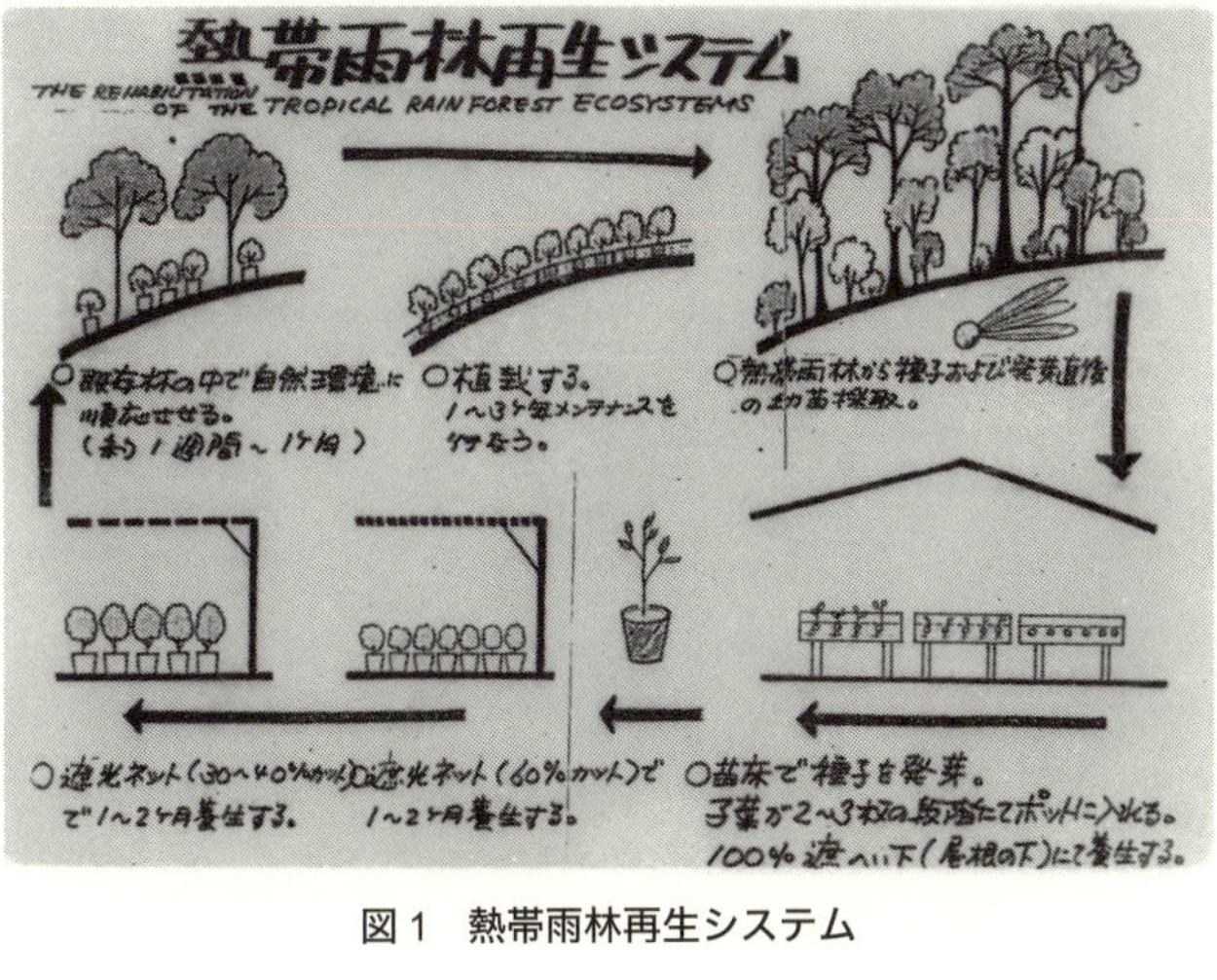

図 1　熱帯雨林再生システム

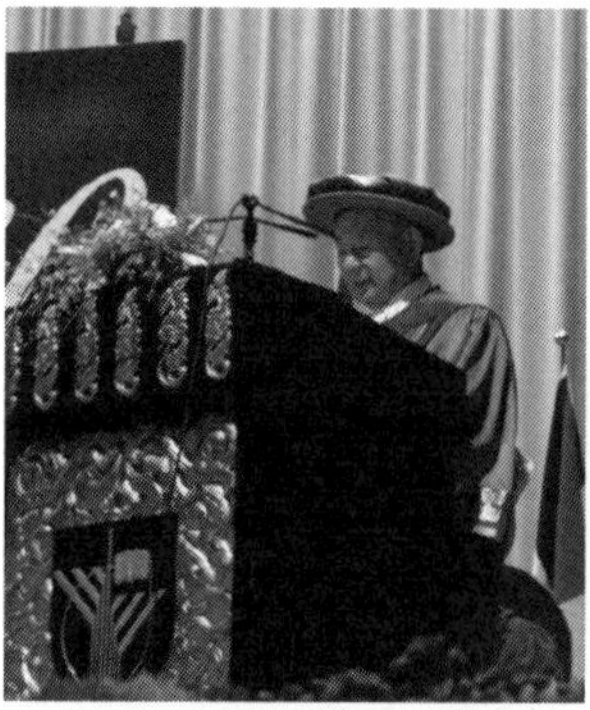

写真88
マレーシア国立農家大学から名誉林学博士号を授与された

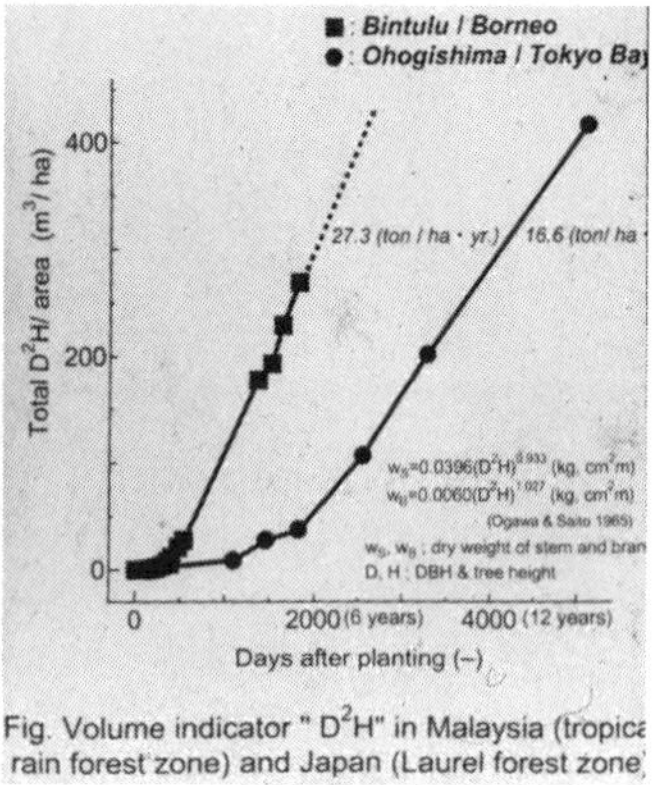

グラフ1
カーボンの吸収・固定機能

カリやアメリカのマツなどの外来種でなく、土地本来のNative forests by native treesで、この森ができているのです。

図1は、残存自然林で種子を拾い集め、ポット苗をつくり、裸地や荒廃地に植樹して、土地本来の森がどのように再生するかの熱帯雨林再生システムです。

カーボンの吸収・固定機能は、**グラフ1**にまとめました。国際会議で発表した例ですが、ちょっと少なめに見ています。いろいろな計算法がありますが、木材でありますと、大体ビンツル（マレーシア）では年間四四・四トンぐらい。扇島でやった例では二七〜三〇トンぐらいであります。

二〇〇六年には、マレーシア国立農科大学（UPM）から、名誉学長である国王から、**写真**

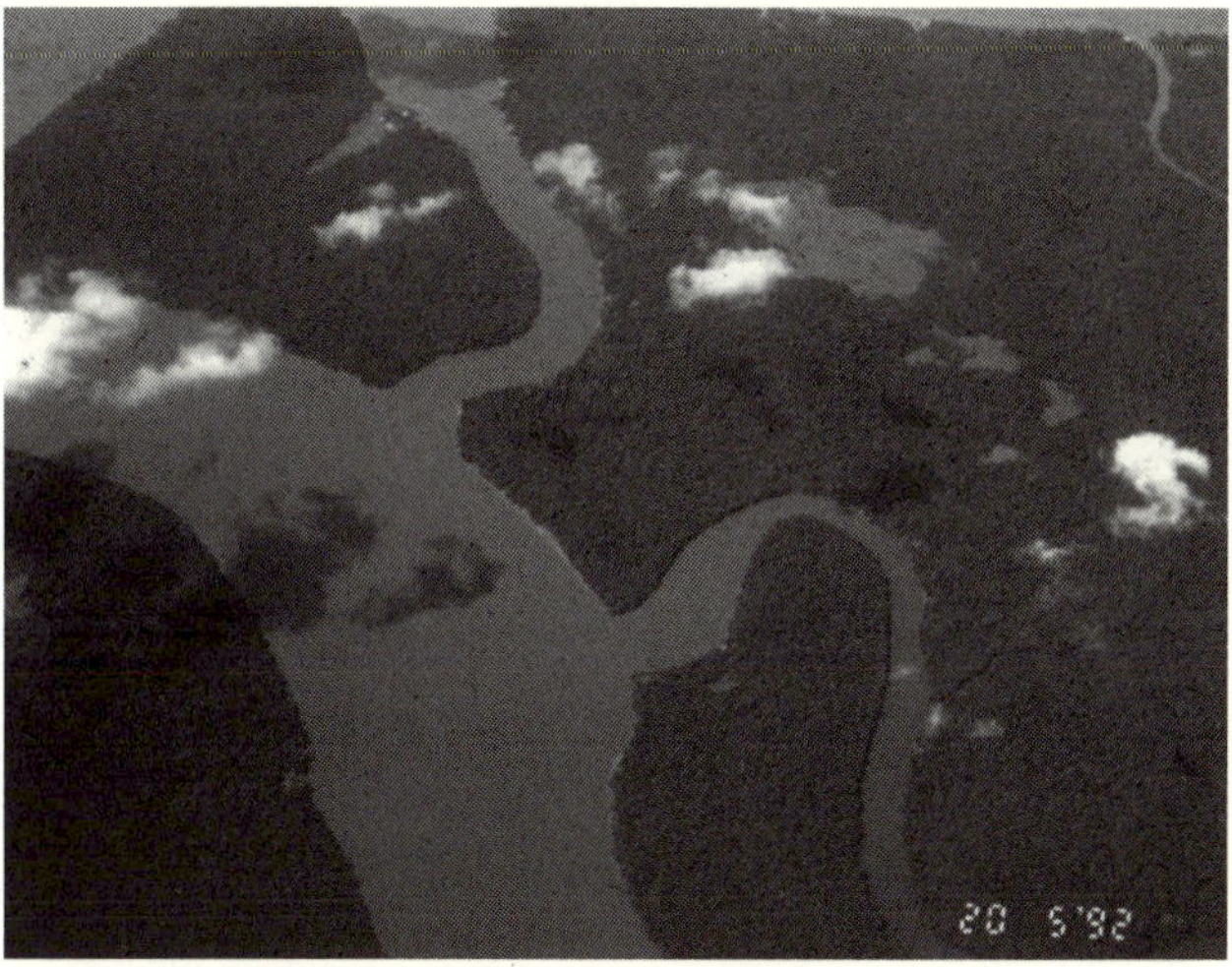

写真89　アマゾンの空撮

88のように名誉林学博士号を日本人初としていただきました。

アマゾンの森づくり

ブラジル・アマゾンのベレンを中心にして、九一年から三菱商事の協力を得まして一五年間、毎年行って調べて、今では立派な森になっているのを、これからお見せしたいと思います。

写真89がアマゾンです。これは一九九二年九月二〇日。それから毎年植生調査・植樹祭を行なってきましたが、年間の乾期と雨期の水位が大きく、雨期には水に浸かったような状態。アマゾンにもほとんど原生

写真 90　やっと見つけた原生林に近いアマゾンの森

写真 91　焼けば一晩で森は消える

林はありません。

私もさんざんあちこち調べて、やっと見つけた原生林に近いものが、**写真90**です。健全な生物社会とは、老大木から若木まで、いろいろな種類のいろいろな生き物が、いがみ合いながらも少し我慢して共生しているもの。これがいちばん健全な状態。生物多様性（biodiversity）が重要です。人間社会もそうでしょう。

どんなアマゾンの森も、焼けば一晩で**写真91**のような状態になります。

そこで我々は一九九一年から毎年、今では宮脇Xプロジェクトと名付けて、子どもたちと一緒になって、**写真92**のように植えています。

写真92　現地の子どもたちと一緒にアマゾンの森づくり

写真93　荒廃した万里の長城付近

土地本来の潜在自然植生は、ビローラーなどが主木です。主木群を中心に、できるだけ多くの種類のポット苗を、混植・密植します。子供たちが植えても一五年で二〇m。こういう森をどんどんつくっているのです。

中国での森づくり

写真93は、中国の荒廃している万里の長城付近です。ここでも、土地本来の森づくりを行なっています。これはイオン環境財団と北京人民政府が一緒にやっています。中国側からも、「アジア人で初めて国際生態学会長になった宮脇のエコロジー方式

写真94　主木のモウコナラ

で」との依頼を受けました。

私達は現地植生調査を行い、モウコナラが主木である（写真94）、と決めました。第一回の植樹祭の前夜、私は北京市長に招かれて夕食をご一緒して、彼と少し親しくなりました。「時に先生、日本からの植樹ツアーはあまり来て欲しくない」というので、びっくりして「えっ？」と言ったら、「三年たったら看板とつっかえ棒しか残りません。我々は黄砂のすごさを知っています」と。私は「黄砂を防ぎ、水をため、浄化する、本物の森づくりを私達はできる。おれはそのためにきているのだ。木の種類の選択は私が責任を持つ」と答えました。「何ですか」と言うから「ミズナラの原種、モ

写真95　モウコナラのポット苗

ウコナラ（Quercus mongolica）」と言いました。

ところが周りにいた林業局長や都市緑化局長は、「そんな木はとうの昔に消えてなくなっている。あるのはポプラとニセアカシアとヤナギとハンノキだけ」と。こういうのはパイオニア（先駆的植物）で、早く育ちますが、すぐだめになります。

それで私はこれが本物だと調査確認した上で、野越え、山越え、三〇万粒から四〇万粒のモウコナラのドングリを集め、**写真95**のようなポット苗をつくりました。

なぜ本物にこだわるか。**写真96**は地上部が三〇センチ、根群は一メートルあります。だから裸苗では無理ですが、**写真97**のように根群の充満したポット苗は、一度植えた

写真96　地上30センチに成長

写真97　根群の充満したモウコナラのポット苗

らどんな台風が来てもびくともしません。乾燥にも耐える。これが本物です。スギやヒノキやマツ、ポプラやニセアカシアは根が浅い。どこに植えてもすぐ付くが、すぐだめになる。本物とは厳しい条件にも耐え、長持ちするものです。

だから中国でもポット苗をつくりまして、毎年日本から身銭を切って、皆さんが木を植えに来ているのです。三年間で三九〇〇人。**写真98**、**99**のように日本からも、中国からも来まして、私が植え方を説明して一緒になって植えました。東京から来た若い女性に、テレビのレポーターが聞いていました。

「どうして身銭を切って中国まで来て、

写真98　万里の長城での森づくり

写真99　中国・日本一緒になって

写真100　5年で3メートルに成長したモウコナラ

汗をかいてまで大変な作業をやって木を植えるのですか」

今でも覚えていますが、彼女たちはにっこり笑いながら「一生にいっぺんぐらいは良いことをしてみたかったのです。これで私も少し落ち着きました」と。

市民の皆さんが、これほど物余りの時代でありながら、特に女性は生物的な本能でしょうか、何となく未来に対して不安がある。子育てをしている若い人が身銭を切って、国内はもちろん中国にも、ブラジル・アマゾンにも、ボルネオにも、今度はタスマニア、アフリカのケニアまで来てくれるのです。

企業や行政の皆さん。市民の皆さんの未

写真 101　発展著しい上海

来のために、市民と協働で、未来志向のいのちを守り、持続的に経済と共生する、本物の森づくりの舞台監督になって、がんばって下さい。

さて、「不可能」と言われたモウコナラはどうでしょうか。**写真100**です。不可能と言われた万里の長城付近でも、主木のモウコナラは五年たったら三mになっています。これが本物の森づくりなのです。

写真101は、今最も発展しているのは上海の浦東《プートン》地域。九〇年代からハイテクのメッカにしています。上海市長が、我々が当時の文部省の海外調査費で、長江沿いで上海から南京の奥地まで植生調査をしていましたから、「ぜひここで日本で行なっている

写真 102　寧波の雲林禅寺

写真 103　雲林禅寺には森が残っていた

写真 104　上海での森づくり

エコロジカルな森をつくって欲しい」と。ところがここにはドングリがない。一二〇km南の寧波《ニンポー》に、雲林禅寺という一二〇〇年前にできた禅寺があります（**写真102**）。道元禅師が学んだところです。そこには日本の鎮守の森のような森が、**写真103**のように唯一残っています。そこで我々は何が主木群であるかを調べました。そして日本のシイ、タブ、カシに似たものですが、その主木群のドングリを拾って、一九万鉢のポット苗をつくりました。そして二〇〇〇年六月には第一回の植樹祭をやりました（**写真104**）。

「宮脇方式」と書いてあるから、私が「宮脇を消して欲しい」と言うと、副市長が「消

写真105　一丸となって植える

せません」と。「中国でも偽物の植樹祭は非常に多い。偽物の植樹祭には、市長も、日本の総領事も呼べないから、どうしても固有名詞を付けさせて下さい」。偽物はやめた方が良いのですよ。結果主義です。

写真105のように三菱商事と日系企業の皆さん、日本、中国の小中学生も、一二〇〇人が一万五千本を植え、**写真106**のように藁を敷きました。

泥だらけになりながら木を植えた後の、素晴らしい笑顔を見てください。子どもたちの未来のために今すぐどこでも誰でもできること、それはいのちの森をつくることです。五年で四メートルになりました。

北京と上海で行なったので、青島の市長

写真 106　植えた後には藁を敷く

写真 107　リョドウナラのドングリを拾う

写真 108　青銀高速道路沿いに 2 万 5 千本を植える

も「ぜひ協力して欲しい」ということになりました。ここは石灰岩でほとんど木も森もないわけです。労山《ロウサン》という自然保護地区で、三九万個の土地本来のリョドウナラなどのドングリを拾って（**写真107**）、市長以下行政、市民、子供たちの皆さんと一緒に植えました。

写真108は青銀高速道路沿いに市長、副市長以下二千人で二万五千本植えました。なんと海軍も陸軍も協力しました。我々もがんばらなければ。

ケニアでの森づくり

ワンガリ・マータイさんが二〇〇四年に

写真109　ケニアで植生調査

来られまして、毎日新聞で対談した時に、「実は宮脇さんが三千万本木を植えたというので、ぜひ聞きたい。私は、グリーン・ベルト・ムーブメント運動を起こしノーベル賞をもらったけれど、専門が違うから、農家のおばさんの言う木を植えたから、必ずしも成功していない。あなたが日本でやったノウハウを、ケニアには七つ山があるから、一つで成功させてくれたら、後は私がアフリカ中にやるから」と依頼されました。今までに四回行って植生を調べ、市民、行政とすでに二回植樹祭をケニアで行なっています。来年（二〇〇九年）四月にまた木を植えに行きます。

写真109のように現地植生調査をしました

写真 110　ほとんどが砂漠化してしまっている

写真 111　ケニアでの森づくり

が、**写真**110のようにほとんど砂漠化しています。イギリスの植民地時代に、自然林はほとんど切って、ユーカリなんかを植えているわけです。そこで何が本物かを徹底的に現地植生調査をしました。そしてその調査結果に基づいて、**写真**111のように、地域の皆さんと赤土で泥だらけになりながら植えました。

不思議です。皆さん、幸福とは何であるか。泥だらけで、今晩食べるご飯もないような方が、一生懸命植えて下さいました。日本の宮村智大使も一緒に。一人が二〇本以上を植えた後にちょっと天気になったら、みんな歌を唄ったり踊りながら〝ベリーハッピー〟なんですよ。その後、時には酋長の家へ連れて行かれて、泥だらけのサツマイモを食べながら。本当に、衣食住の満ち足りた中で、まだ不満ばかり言う日本の姿と、どちらが幸福か。幸福は、木を植えながら、自分で創るべきですね。

未来にむけての森づくり

写真112は、横浜のみなとみらいの開発初期の頃です。こういうところには、**写真**113のように浜離宮、芝離宮のような森をつくっていただきたい。それが未来に遺す唯一の市民の生活

写真 112　みなとみらい開発の初期の頃

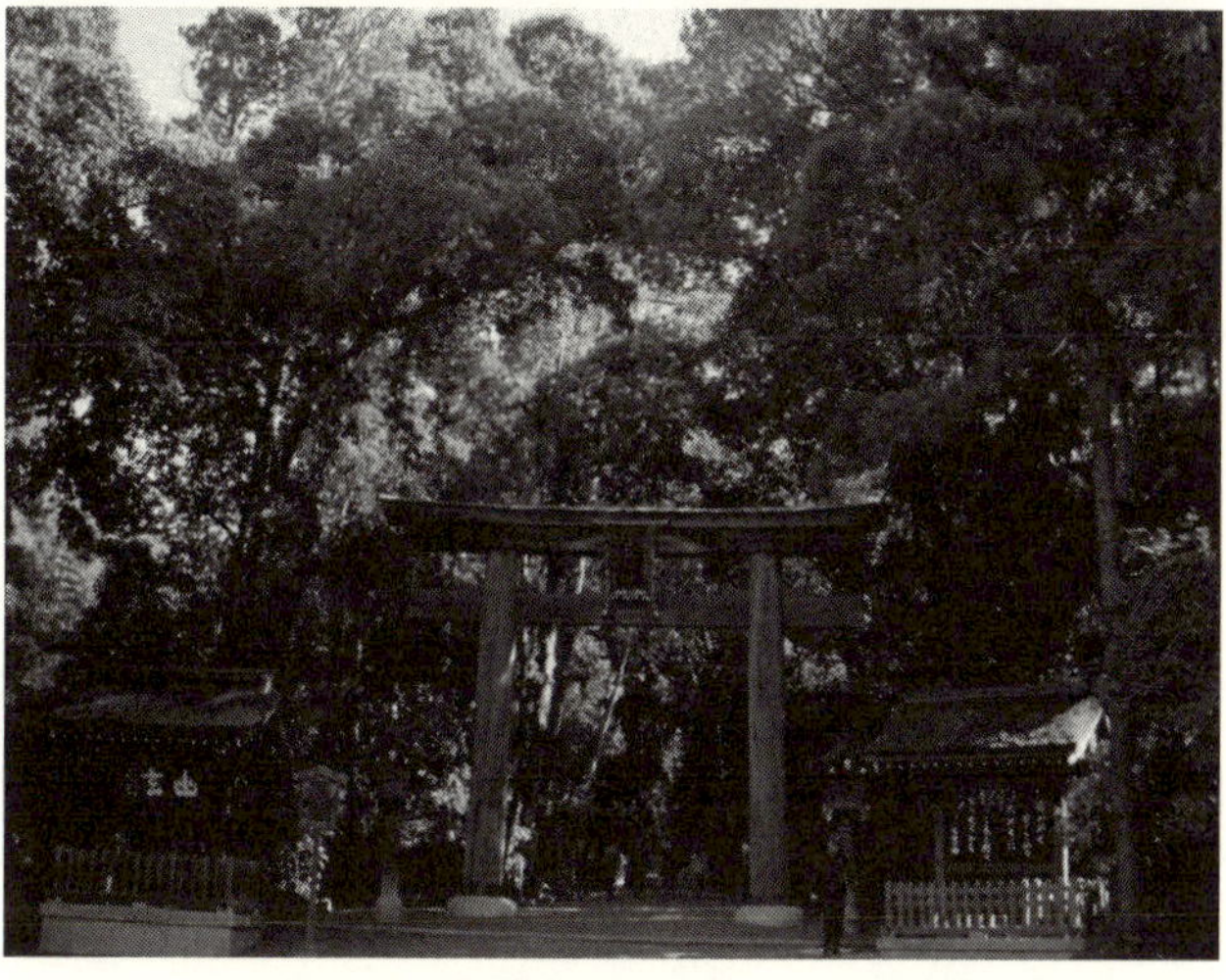

写真 113　開発には、必ず森づくりが必要

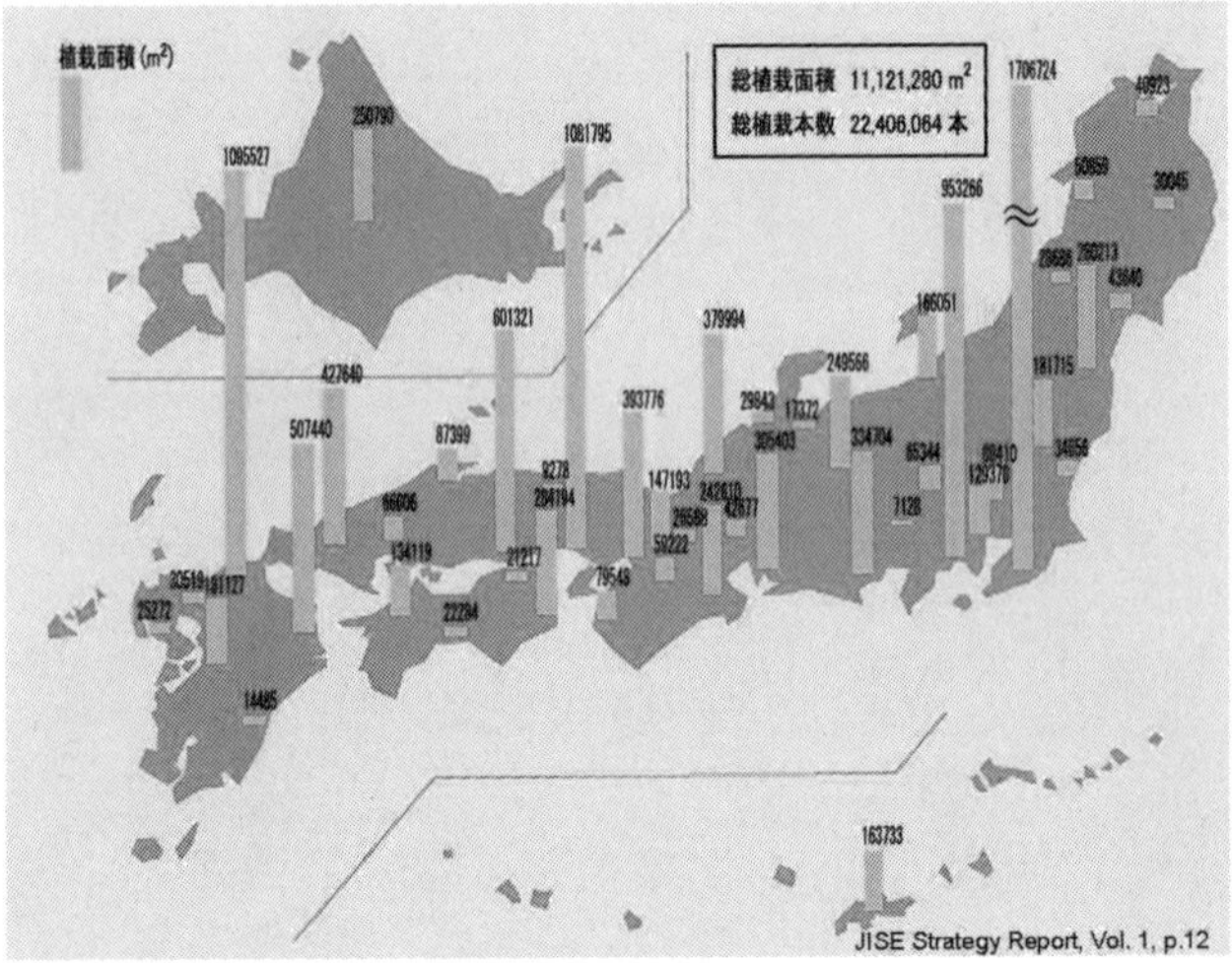

図2　2004年までの森づくりの実績

を保証する森です。私は日本の伝統的な鎮守の森と、エコロジカルな知識をインテグレイトした、二一世紀の本物の成果を、世界に発信したいと思います。

二〇〇四年までの我々のエコロジカルないのちの森づくりを目指す活動は、図2の通りです。先見性を持った企業、各種団体、行政の皆さんが市民と共に植えた実績です。

二〇〇五年に、四年に一回の国際植物学会がウィーンで開催された時に発表した、国土交通省の森づくりの計画が図3です。

このように日本で行なっている「いのちの森づくり」は、地域的には防災環境保全林であり、経済、市民生活と共生する、グローバルには生物多様性を守り、温暖化抑制機

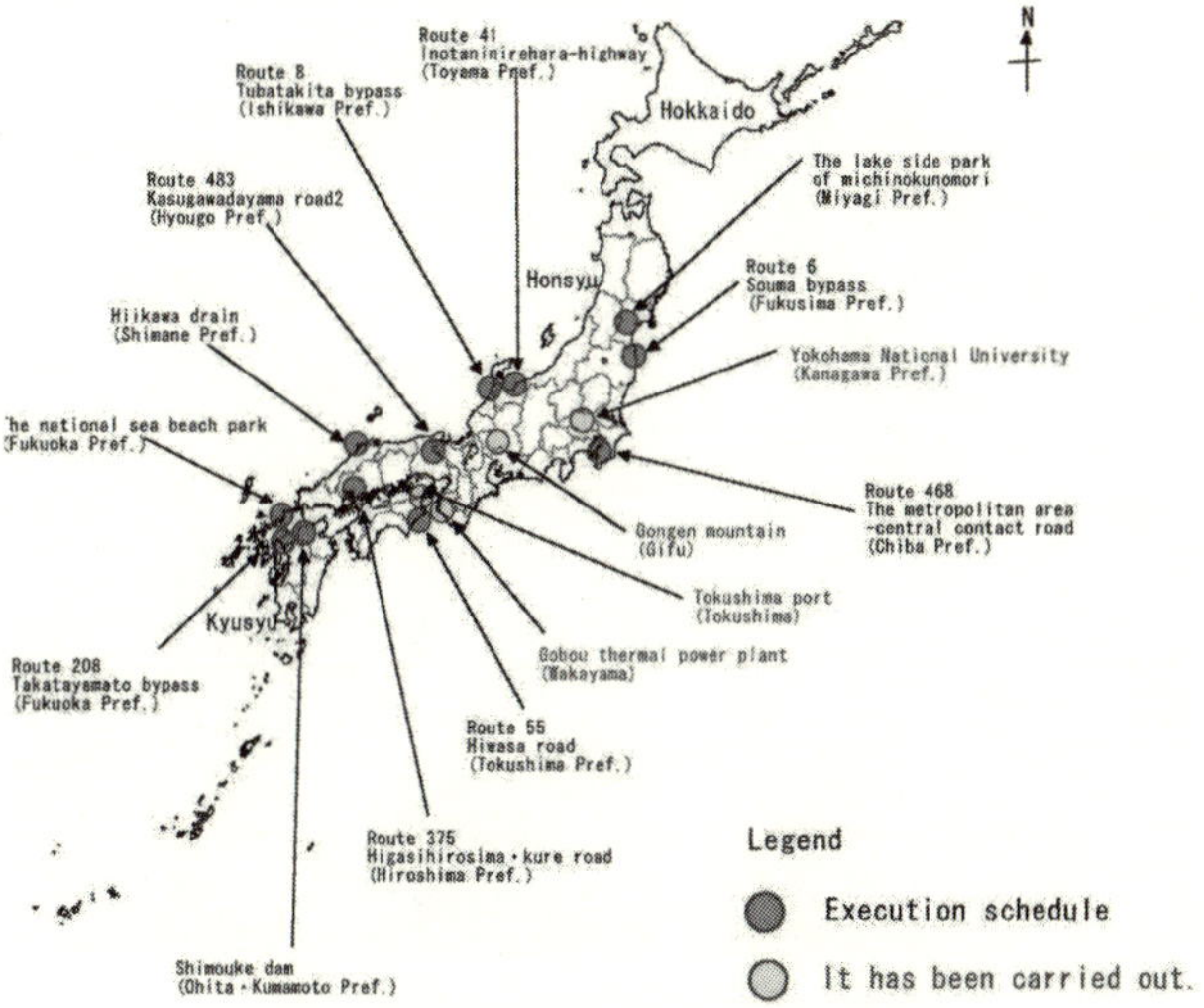

図3　国土交通省の森づくりの計画

能を持つ、エコロジカルな森です。そのノウハウと実行プロジェクトを全世界に広げましょう。「木は誰が植えても育ちます」と、国際会議で発表するところから進めています。

何よりも子どもたちの未来のために、小学校や中学校で是非、**写真114**のようないのちの教育をしていただきたいと思います。

最高の技術とは、本物の緑環境と地球環境を守りながら、持続的な経済の発展と共生を生み出すものです。互いに助け合い、未来に向かっていのちと心と遺伝子を支える、本物のふるさとの森のノウハウを、日本から世界へ広げて下さい。ともに額に汗し、大地に手を接して、すべての市民が魅

写真114　森づくりは、いのちの教育

力を持つ、土地本来のふるさとの森づくりを目指して、エコロジーの脚本に従って、共に木を植えて下さい。

企業、行政、NPOなど今日お集まりの皆さん、リーダーが総監督、市民が主役です。足元から共に、本物のふるさとの森づくりを進めてください。「いのちの森」を世界に、皆さんと共に発信したいと願っています。

クレメンツの遷移説によると、人間活動によって破壊された裸地に、土地本来の森が再生するには二〇〇年から三〇〇年かかるそうです。「エコロジカルな方法で植えると、一五年から二五年で再生する」と国際会議で発表したら、「宮脇の方法では八

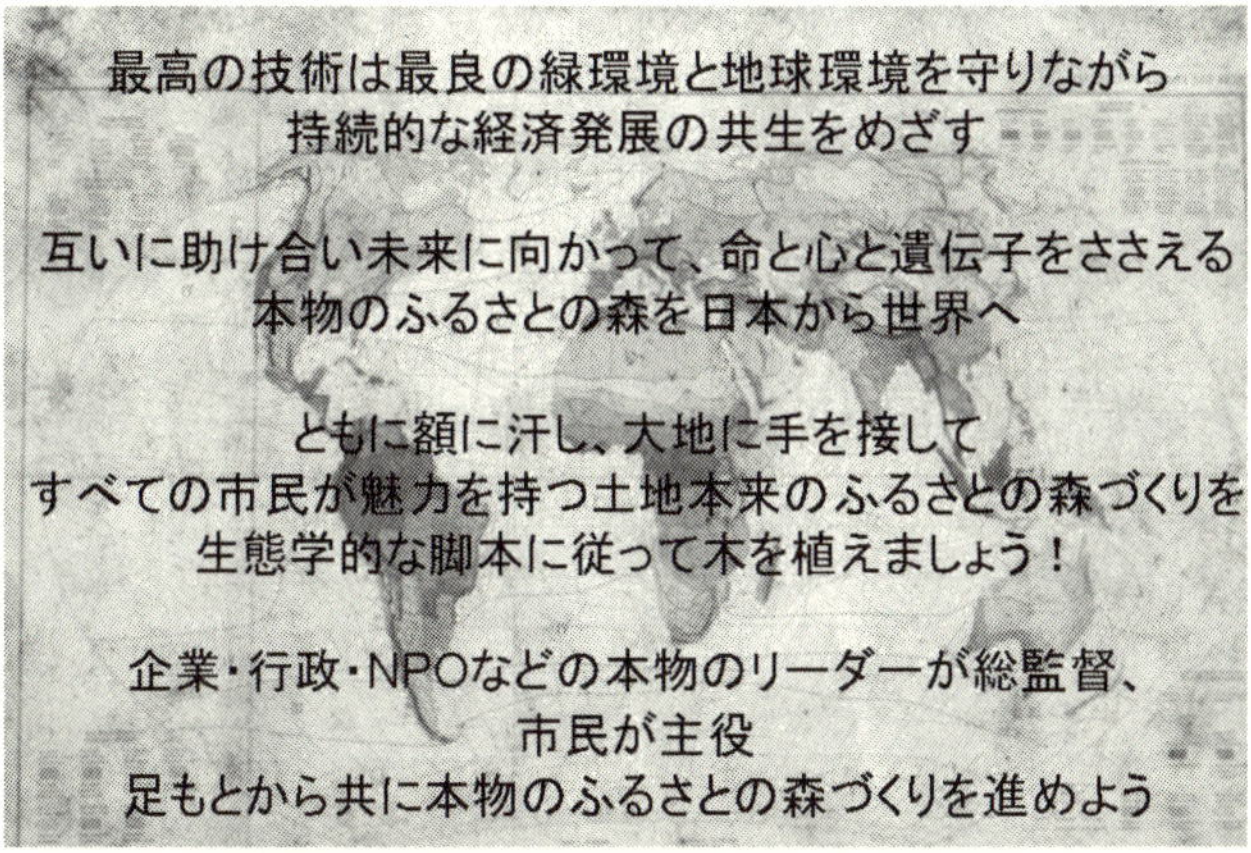
最高の技術は最良の緑環境と地球環境を守りながら
持続的な経済発展の共生をめざす
互いに助け合い未来に向かって、命と心と遺伝子をささえる
本物のふるさとの森を日本から世界へ
ともに額に汗し、大地に手を接して
すべての市民が魅力を持つ土地本来のふるさとの森づくりを
生態学的な脚本に従って木を植えましょう！
企業・行政・NPOなどの本物のリーダーが総監督、
市民が主役
足もとから共に本物のふるさとの森づくりを進めよう

図４　日本から世界へ、森づくりを

年から一〇年で限りなく自然に近い森ができる」と皆さんに言われました。

木を植えるのは社会貢献なんて、いい加減なことを言わないで下さい。あなたが、あなたの愛する人が、家族が、会社が、地域が、人類が生き延びるために、多少金がどうであろうとも、時には落ち葉が落ちようとも、ぜひ緑の森の寄生虫の立場の我々人類が、未来を間違いなく生き延びるために、足元から本物のいのちの森をつくっていただきたい。

邪魔になれば処理すればよいのです。また植えれば。小さな空き地にでも、植えながら考える。もう議論する時代は終わりました。まず植えながら、未来へ向かって、新しいいのちの発展を期待します。

宮脇昭　略年譜

西暦	歳	宮脇昭 関連事項	歴史的事項
一九二八	0	1月29日、岡山県に生まれる。代々続く農家の本家。父・和吉、母・常子。兄が三人（長兄・紀雄―童話作家、次兄・唯雄―逓信省・戦後死去、三兄・亀雄―38年中国で戦死、11歳上）、弟が二人、妹が一人（6歳で早世）。	
一九三一	3	脊椎カリエスにかかる。岡山医科大学の津田外科医のおかげで治癒	
一九三五	7	中野小学校に入学。病気がちで休みが多く、勉強しなかったが成績はいつも一番。	
一九四二	14	新見農林学校に進学	
一九四五	17	岡山県立新見農林学校を卒業、東京大空襲の翌日に東京農林専門学校を受験、合格	8月、敗戦
一九四八	20	東京農林専門学校（現：東京農工大学）併設第二臨時教員養成所生物科を卒業。母校の新見農業高校（もと新見農林学校）から請われ、教師に	
一九四九	21	4月、広島文理科大学（現：広島大学）に入学。	

一九五二	24	3月、「毎日新聞」大阪版学芸欄に「若き雑草学徒　ラウンケルの学説に挑む」として写真入り記事が載る 広島文理科大学生物学科植物学専攻科を卒業。卒業論文は雑草生態学をテーマにした「ラウンケルの生活形による雑草群落の研究」。東京大学大学院に通うと同時に、横浜国立大学学芸学部助手に就任	米が太平洋で初の水爆実験
一九五三	25	日本各地の約一二〇ヶ所を季節ごとに年四回現地調査し、田畑の雑草群落を方形区測定法で調べる。一回の調査は約六〇日、毎年二四〇日は調査に出る。これを六年間続ける	
一九五六	28	3月、広島県呉市の清水ヶ丘高校で講師をつとめた折りの教え子、吉田ハルと結婚	経済白書「もはや戦後ではない」
一九五八	30	3～8月、南西諸島（沖縄）に出張、植生調査。琉球大学招聘教授。8月、長男・功が生まれる 9月27日、チュクセン教授に招かれ、ドイツ連邦共和国（西ドイツ）に出張。西ドイツ植生図研究所研究員（～一九六〇年11月3日）。この間、スウェーデン、フランス、イタリア、オランダ、ルクセンブルグ、ベルギー、デンマーク、オーストリア、東ドイツ、スイス、イギリスを調査	
一九六一	33	理学博士の学位（広島大学）を授与される（「日本列島の水田植生の群落学的研究並びに中部欧州との比較考察」）。横浜国立大学学芸学部講師に（～62年）	

一九六二	34	横浜国立大学学芸学部助教授に昇任（〜73年）。東北大学農学研究所非常勤講師を併任	
一九六六	38	大阪市立大学で開かれた日本生態学会で「関東地方の潜在自然植生」の題で講演	
一九六七	39		「公害対策基本法」制定
一九七〇	42	初めての単著『植物と人間――生物社会のバランス』（ＮＨＫブックス）で毎日出版文化賞。	「廃棄物処理法」制定
一九七一	43	4月、経済同友会の環境問題研究会で講演（土地本来の森がどんどん消えてゆく）。新日本製鐵大分製鐵所で、後に「宮脇方式」と呼ばれる、土地本来の植生を「ポット苗」（幼苗を根群が充満するまで育てる）を用いて密植・混植する方法による環境保全林造りを初めて行う。この森造りの成功によって、企業や地方自治体など宮脇方式を取り入れた森造りが盛んになった	環境庁が設置
一九七二	44	三木武夫元首相が環境庁長官に就任してまもない頃に説明、現存植生図を作成する「緑の国勢調査」が実現	田中角栄「日本列島改造論」
一九七三	45	横浜国立大学教育学部教授に（〜93年）。『人類最後の日』（筑摩書房）でサンケイ児童出版文化賞	石油ショック

一九七四	46	通産省エネルギー庁環境審査会顧問（〜二〇〇一）。神奈川新聞社主催の「ヨーロッパ自然保護・環境創造現地調査団」に指導役として同行（第一次としてデンマーク、ドイツ、オランダ、スウェーデン、フランス、イタリア。翌年に第二次）。	
一九七五	47	「神奈川文化賞」受賞、植生の研究と自然保護の取り組みが評価される	ラムサール条約、ワシントン条約
一九七八	50	日本ユネスコ国内委員会自然科学小委員会調査委員 11月、東南アジアの海と陸の接点に生きるマングローブ林と原生林調査に初めて訪れる	
一九八〇	52	『日本植生誌』全十巻の出版開始（至文堂、〜一九八九年）。国際植生学会副会長（〜二〇〇二年）	
一九八一	53	ドイツ・ゲッティンゲン大学より名誉理学博士号。ドイツ・ザールランド大学より名誉哲学博士号。	
一九八四	56	タイ国立メージョウ農工大学より名誉農学博士号	
一九八五	57	横浜国立大学環境科学研究センター長を併任（〜93年）	
一九九〇	62	この年に始まった熱帯雨林再生プロジェクトに参加（三菱商事と）。マレーシアでは、根が充満したポット苗を植樹する方法で、再生不可能とまでいわれている熱帯雨林の再生に成功	
一九九一	63	一九九〇年度朝日賞（八九年に完結した『日本植生誌』で）。ドイツ・ゴールデンブルーメ賞（Golden Blume von Rheydt）を受賞。	湾岸戦争 ソ連解体

一九九二	64	紫綬褒章を受賞（植生学の発展に寄与した研究業績にたいして）	地球サミット
一九九三	65	4月〜横浜国立大学名誉教授に。(財)横浜市緑の協会特別顧問に。10月、(財)国際生態学センター研究所長（〜二〇〇七年三月）	環境基本法制定
一九九五	67	ドイツのチュクセン賞（Reinhold Tuexen Prize）を受賞	阪神・淡路大震災
一九九六	68	日経地球環境技術大賞を受賞。国際生態学会(INTECOL)会長(〜99年)	
一九九七	69	『緑環境と植生学――鎮守の森を地球の森に』（NTT出版）で日刊工業新聞技術・科学図書文化賞を受賞。ドイツ・ハノーバー大学より名誉理学博士号。この年以降、国際植生学会　名誉会員	
一九九八	70	この年以降、中国の万里の長城で、モウコナラの植樹を行うプロジェクトを進めている	
二〇〇〇	72	勲二等瑞宝章。華東師範大学顧問教授に。	循環型社会元年
二〇〇二	74	第11回日本生活文化賞個人賞「世界に鎮守の森を」。	「持続可能な開発」世界首脳会議
二〇〇三	75	第1回日本生態学会 功労賞。6月7日から一週間、イタリア・ナポリの国際会議場で第46回国際植生学会が開催、参加	イラク戦争
二〇〇六	78	植生学会 学会特別賞。第一五回地球環境国際賞「ブループラネット賞」（環境界のノーベル賞）。マレーシア農科大学より名誉林学博士号	

二〇〇七	79	4月～（財）地球環境戦略研究機関 国際生態学センター長	
二〇一一	83		東日本大震災
二〇一二	84	5月、細川護熙元首相の協力で「一般（現・公益）財団法人・瓦礫を活かす森の長城プロジェクト」（二〇一六年、「鎮守の森のプロジェクト」に）を立ち上げる。6月、テレビ神奈川、社会福祉法人「進和学園」の協力による大型プロジェクト「どんぐりドリーム大作戦」を開始、神奈川県内の「どんぐり」を拾い約三年かけて苗を育てた後、植樹を行う。7月5日、天皇皇后両陛下に「常緑広葉樹の植樹による海岸防災の森づくり」についてご説明。	
二〇一三	85	6月30日、初めての国の直轄事業として、太田昭宏国土交通相の主導で、宮城県岩沼市の海岸で「緑の防潮堤」植樹式が開催される。12月、第5回「KYOTO地球環境の殿堂」入り	
二〇一五	87	第九回後藤新平賞受賞	
二〇一六	88		
二〇一七	89	「いのちの森づくり２０２０」ホームページ立ち上げ	
二〇一八	90	10月、豊島区10万本達成記念植樹祭に参加	
二〇一九	91	4月、「宮脇昭復活植樹祭」	

ま　行

や　行

ら　行

わ　行

さ行

た行

な行

は行

主要人名索引

あ 行

か 行

265　筑豊協会
266　九州電力玄海発電所
267　三菱造船
268　本田技研熊本製作所
269　熊本空港
270　熊本市立公園
271　JS 人吉 SC
272 ～ 279　新日鐵大分製鉄所
280　M 青葉台住宅
281　医大住宅
282　JS 高城店
283　宮崎港
295　大島造船所

沖縄

284 ～ 286　北谷町小学校、海岸
287　JS 沖縄店
288　沖縄電力具志川発電所
289　石垣第二発電

本 SC
151　稲荷山駅構内
152　東レ岐阜工場
153　可児市調整池
154，155　東レ三島、沼津工場
156　浜岡発電所
157　本田技研工場
158，159　浜松市工業団地
160 〜 166　富士市公園、道路等
167　西富士カントリークラブ
168　名古屋空港
169，170　JS 南陽 SC、八事 SC
171，172　三河港、名古屋港
173 〜 175　東レ愛知、名古屋、東海工場
176，177　刈谷市小中学校
178，179　半田市小中学校
180　新日鐵名古屋工場
181，182　碧南、知多火力発電所
294　浜松佐鳴湖公園

近畿

183　本田技研鈴鹿工場
184　JS 新久居
185　松阪 SC
186　JS 大安店
187，188　中部電力
189　IBM 工場
190 〜 194　関西電力発電所、研究所
195　新日鐵堺工場
196 〜 201　関西電力発電所、変電所
202　大阪港公園
203 〜 207　新日鐵製鉄所および周辺
208 〜 218　関西電力発電所、変電所
219 〜 222　JS 新山崎 SC 他 3 店
223　神戸港
224 〜 225　奈良県国道沿道
226 〜 228　関西電力奈良県内発電所

中国

229　仙波出雲 SC
230　JS 平田 SC
231　岡山県空港道路
232 〜 240　岡山県健康の森
241 〜 243　健康の森学園周辺
244 〜 246　吉備高原都市
247　岡山県立大学
248　八束村グラウンド
249 〜 254　M 美鈴ヶ丘住宅地
255　新日鐵光工場

四国

256　愛媛県野村ダム周辺
296 〜 298　愛媛県照葉の森

九州

257 〜 262　新日鐵製鉄所
263 〜 264　JS 江北、佐賀南店

70　多摩全生園
71～75　東京港
76　磯子火力発電所
77　JS 相模原 SC
78～80　横浜国立大学、附属小学校
81　M 百合ヶ丘住宅
82～86　M 湘南国際村
87　M 久里浜住宅
88　久里浜高校
89～92　M 下永谷、平塚、山手台、片瀬山住宅地
93, 94　三菱造船工場
95　江ノ島婦人総合センター
96　白百合学園
97　横浜北部下水処理場
98　フェリス学園
99, 100　横浜市立大学
101, 102　日産自動車
103　箱根下水処理場
104　丹沢登山道
105～108　湘南海岸
109　大磯高校
110, 111　整備事業所、下水処理場
112～114　東京電力発電所、変電所
115　石名焼却場
116　大清水下水処理場
117　海老名市今泉中学校
118　小田原小学校
119～120　国道 16 号線、横浜・横須賀道路
121　トーヨー金沢
122　キヤノン厚木中央研究所
123　栗田工業中央研究所
124　森の里電子技術センター
125　三菱石油製油所
126　日本電気硝子
127　車体工業
128　NKK 綾瀬研究所
129　運輸省建設局庁舎
300　横浜二俣川

北陸

130　小千谷小学校
131　長岡市公団団地
132, 133　JS 新潟東、村上 SC
134　柏崎刈羽発電所
135　新潟空港
136　東新潟駅構内
137　富山市公園
138　JS 砺波 SC
139　東レ石川工場
140　JS 杜の里 SC
141　キリン北陸工場
142～144　関西電力大飯高浜発電所
299　石川県実川町

中部

145　日置電機
146　中央線沿線
147　塩嶺トンネル
148　岡谷市中央公園
149, 150　JS 新白馬 SC、南松

日本における環境保全林の形成地一覧

I：イオン興産　JS：ジャスコ　M：三井不動産

北海道

1　釧白工業団地
2　新日鐵室蘭製鉄所

東北

3　I 柏村 SC
4　I 下田町 SC
5　釜石製鉄所
6　東北本線沿線
7　宮古港
8　JS 多賀城 SC、仙台 SC
9　ミドリ白石工場
10　東北本線沿線
11　I 御所野 SC
12　田沢湖駅構内
13　鷹巣駅構内
14～16　酒田小学校、第三中学校、下水処理場
17　高畠町グラウンド
18, 19　広野、福島第二発電所
20　両沼教会
21　小名浜港
22　いわき市小名浜岬公園
290～293　塩那道路

関東

23　国立環境研究所
24　霞ヶ浦下水処理場
25　鹿島共同火力
26～27　JS 北茨城 SC、東海 SC
28　M 守谷住宅
29　常磐線沿線
30～34　本田技研工場
35　キリン栃木工場
36　沼原揚水発電所
37　高崎駅構内
38　新榛名変電所
39～42　本田技研
43, 44　JS 吉川、大宮 SC
45　新岡部変電所
46　本田技研
47　E 富津 SC
48, 49　JS 扇谷 SC、白里 SC、館山 SC
50　木更津 SC
51～56　東京電力発電所、変電所
57　木更津港
58　新日鐵君津製鉄所
59　東レ千葉工場
60　佐倉市グラウンド
61　電力中央研究所
62　姉ヶ崎駅構内
63　八雲神社
64　M パークシティー
65～66　秋川市
67～69　山手線沿線

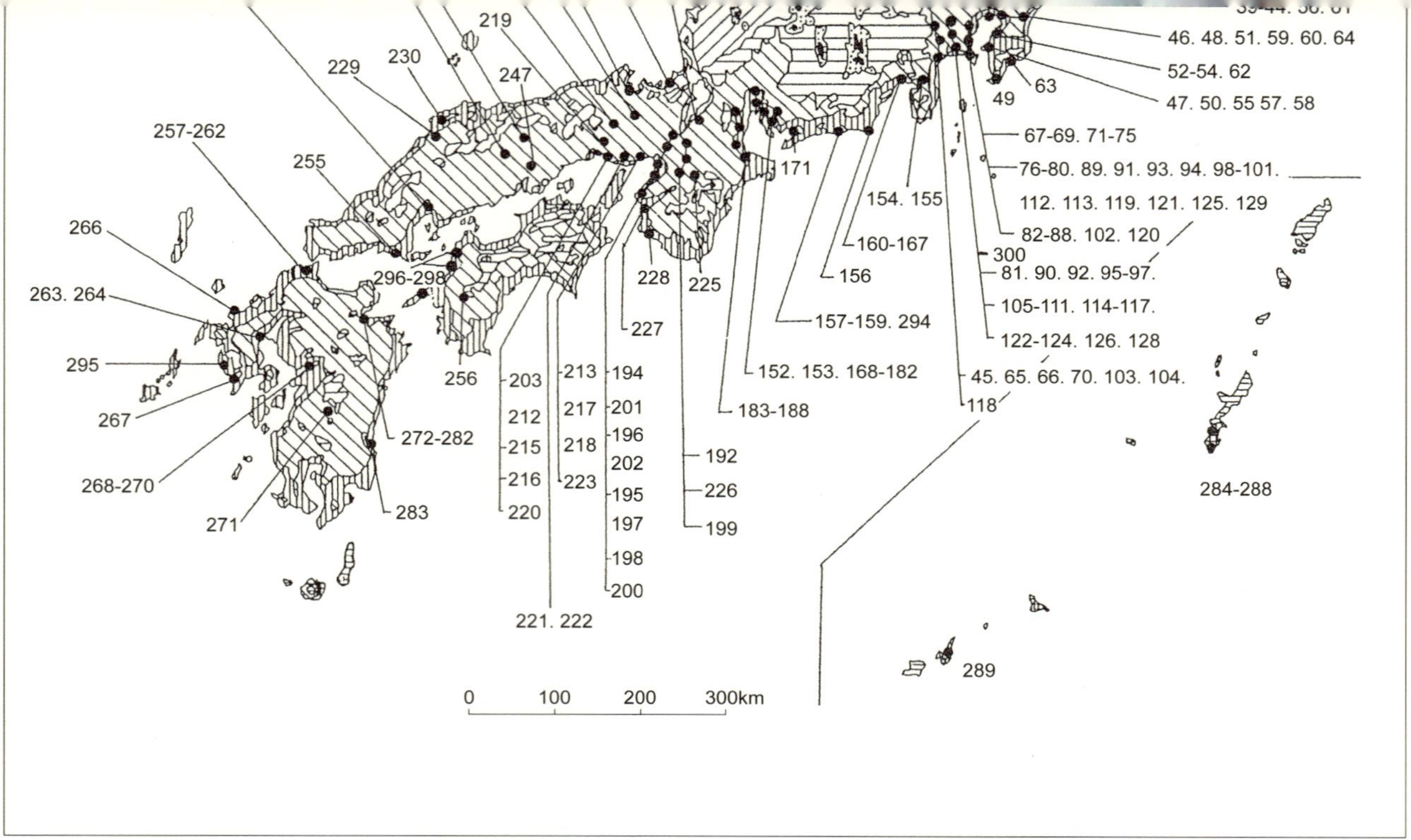
46. 48. 51. 59. 60. 64
52-54. 62
47. 50. 55 57. 58
63
49
67-69. 71-75
76-80. 89. 91. 93. 94. 98-101.
112. 113. 119. 121. 125. 129
82-88. 102. 120
300
81. 90. 92. 95-97.
105-111. 114-117.
122-124. 126. 128
45. 65. 66. 70. 103. 104.
118
154. 155
160-167
156
157-159. 294
152. 153. 168-182
183-188
171
192
226
199
225
228
227
194
201
196
202
195
197
198
200
213
217
218
223
221. 222
203
212
215
216
220
219
247
230
229
257-262
255
256
296-298
266
263. 264
295
267
268-270
272-282
271
283
284-288
289
0
100
200
300km

日本における環境保全林の形成地一覧

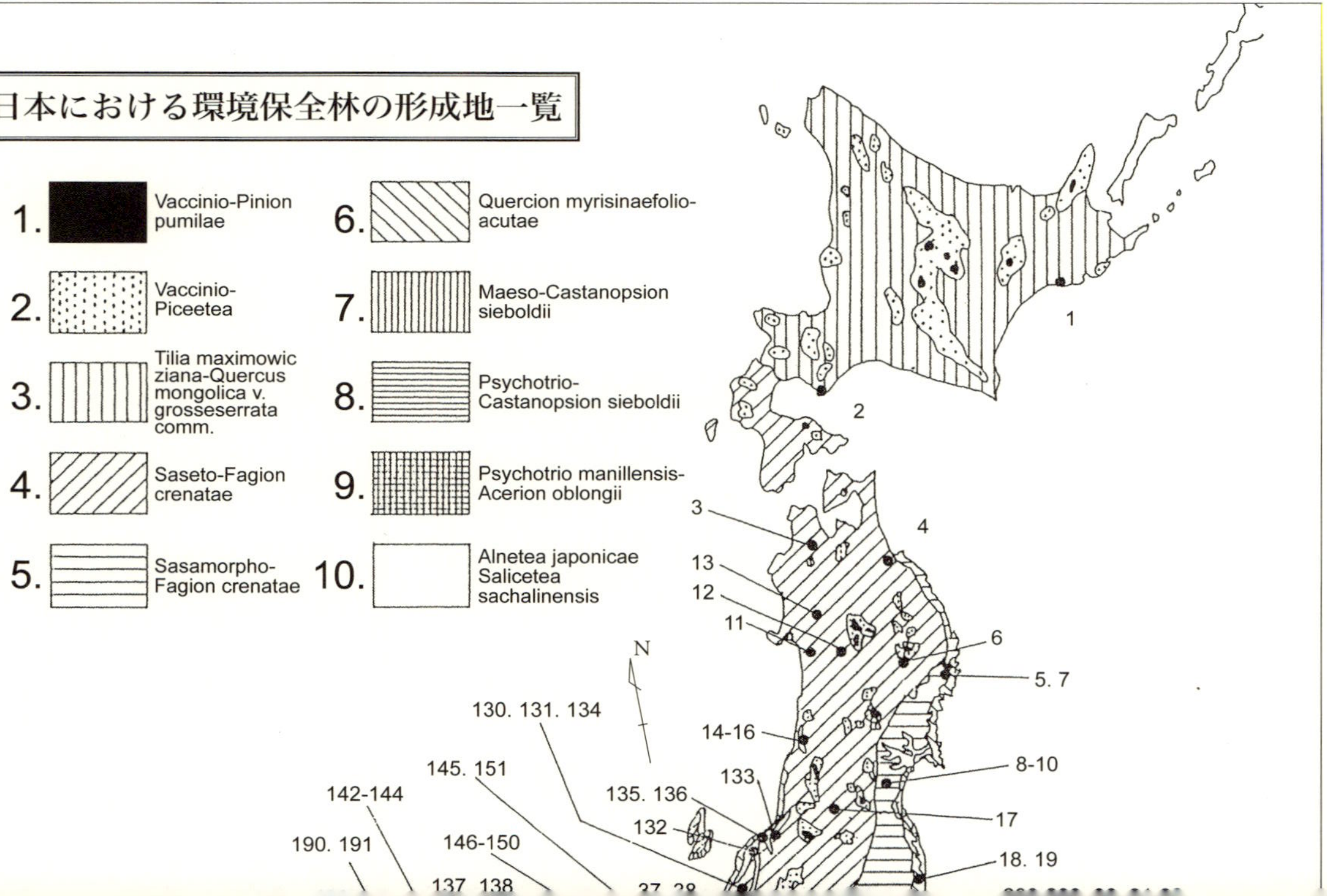

35 ブラジル
ブラジリア、ベレン、サンタレン、カレイロ、サンパウロ、マナウス、リオデジャネイロ

36 アルゼンチン
コリエンチス、ブエノスアイレス、コルトバ、サンティアゴ、サンファン

37 チリ
コンセプシオン

38 オーストラリア
パース、ジェラルトン、サンドストーン、オールバー

27 香港
ビクトリア、カオルン

28 インドネシア
ジャカルタ、バンドン、ボゴール、サマリンダ、バリクパパン、ソテク

29 フィリピン
マニラ

30 台湾
タイペイ、キールン、タイチュン、タイナン、カオシュン

31 中国
北京、上海、南京、杭州

32 韓国
釜山、ソウル、慶州、大邱、仁川

33 カナダ
ハミルトン、オタワ、モントリオール、セントジョン、ノバスコシ、ケベック、トロント、セントローレンス川から湾の沿岸一帯

34 アメリカ合衆国
ホノルル、ヒロ、サンフランシスコ、ロサンゼルス、サンディエゴ、シカゴ、シアトル、サンアントニオ、ニューオーリンズ、アトランタ、コロンバス、デトロイト、ミルウォーキー、ワシントン、ジャクソンビル、フロリダキーズ、フィラデルフィア、ニューヨーク、ボストン、ララミー、グランドキャニオン、インディアナポリス、ボルチモア、リッチモンド、モンゴメリー、アラバマ州から東部沿岸地方、アパラチア山脈

17 リヒテンシュタイン
ファトーツ

18 チェコスロバキア
プラハ、ブルノ

19 レバノン
ベイルート

20 トルコ
アンカラ

21 エジプト
カイロ、ギゼー

22 アラブ首長国連邦
アブダビ、ドバイ、アジュマン、アル・アイン

23 インド
デリー、バラナシ

24 マレーシア
クアラルンプール、クチン、コタキナバル、セリア、ビンツル、メラカからクラナンに至る海岸

25 タイ
バンコク、チェンマイ、トンブリ、ウタラジット、パタニからチャンタブリに至る東海岸、バンカンタからラノーに至る海岸、プーケット島

26 シンガポール
シンガポール

7　オーストリア

ウィーン、リンツ、ザルツブルグ、インスブルック、グラーツ、ホーエ＝タウエルン山脈、チロル地方

8　ベルギー

ブリュッセル、アンベルス、ブルッヘ

9　デンマーク

コペンハーゲン

10　ルクセンブルグ

ルクセンブルグ

11　スウェーデン

ウプサラ、ストックホルム、エーデボリ、ハランド

12　オランダ

ロッテルダム、アムステルダム、アントワープ、ハーグ、ネイメーヘン、ユトレヒト、ハーグ、フェルベルト、ハールレム、ピレウス

13　ギリシャ

アテネ

14　ロシア

モスクワ、レニングラード、オデッサ、イルクーツク、バイカル湖西南部

15　ポーランド

ワルシャワ、グダニスク、ビドゴレ、ソルニ、エルブロンク、キエルチェ、ビャワ＝ポドラスカ、ボズナニ

16　ハンガリー

ブダペスト、デブレッチェン、エゲル、バラトン湖周辺、ケーケシュ山

宮脇昭　海外調査地一覧

1　イギリス
エジンバラ、ロンドン、バーミンガム、マンチェスター、グラスゴー、ボーマンス、プリマス、ボトミン、サウサンプトン

2　スペイン
マドリッド、バルセロナ、サラゴーサ、バレンシア、ビルバオ、トレド、パルマ、レリダ、パンプロナ、ビトリア、サンタクルーズ、テネリフェ山、フォルメンテラ島、イビーサ島、テイネ山

3　フランス
パリ、リヨン、マルセイユ、モンペリエ、リール、ダンケルク、モレル、ブレスト、サントメール、ナンシー、ストラスブール、トゥルズ、ボージュ山脈、ピレネー山脈（タラスコシ山、カルリット山）、ノルマンディー海岸

4　イタリア
トリノ、ミラノ、ジェノバ、ローマ、ナポリ、フィレンツェ、ドリエス、パレルモ、ピサ、インターラーケン、ドロミテアルプス、シチリア全島（エトナ山、パレルモ、カターニア、シラクサ）

5　スイス
ベルン、ジュネーブ、チューリッヒ、インターラーケン

6　ドイツ
ベルリン、ドレスデン、ライプチッヒ、ケルン、ゲッチンゲン、エッセン、シュトゥットガルト、ハンブルグ、ハノーファ、ドルトムント、ボン、ザールブリュッケン、フライブルグ、カイザースチール、ウェーザー山、チュリンゲンバルト、シュヴァルツヴァルト、東フリージア諸島

33
34
35
37
36

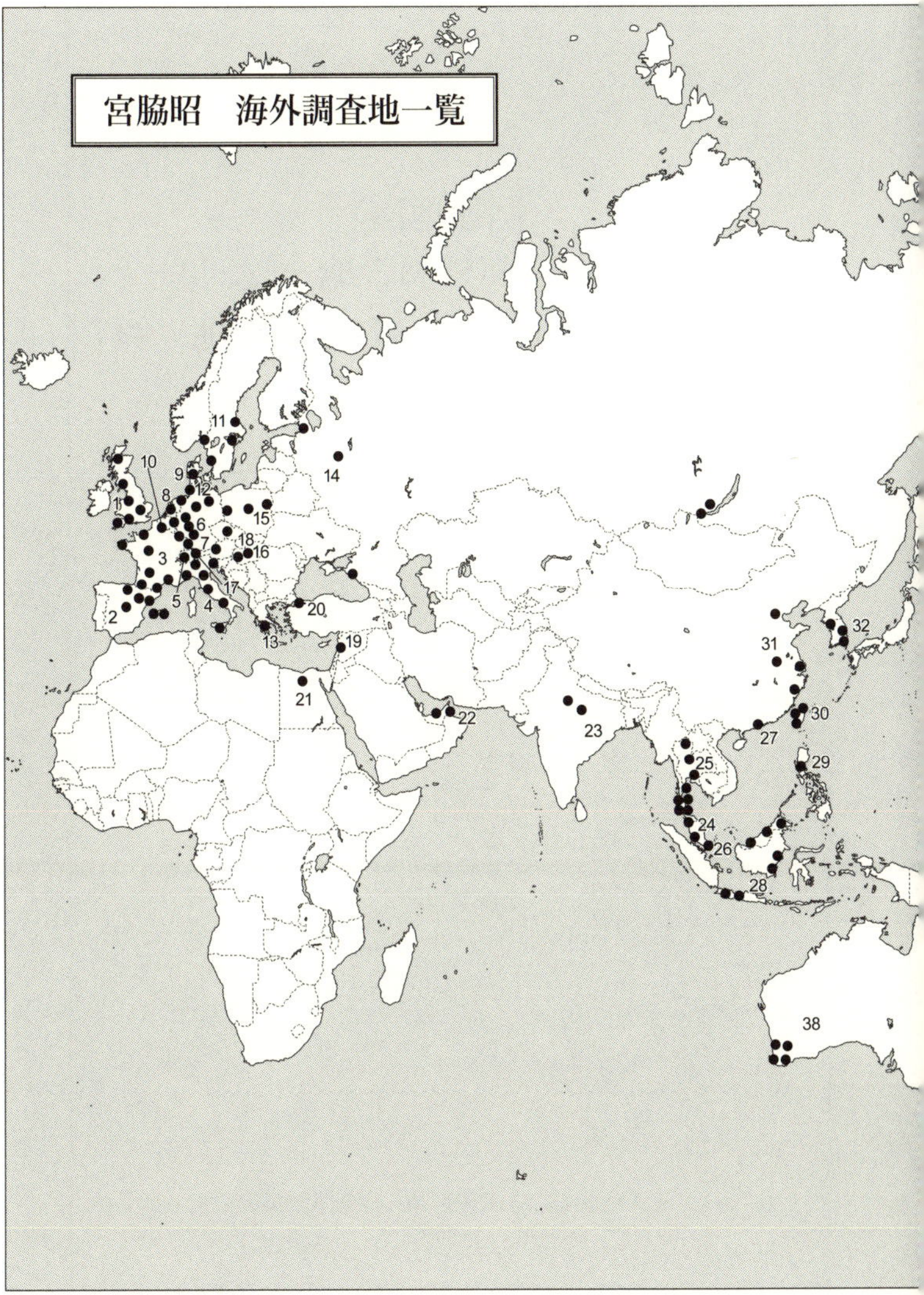
宮脇昭　海外調査地一覧
1
2
3
4
5
6
7
8
9
10
11
12
13
14
15
16
17
18
19
20
21
22
23
24
25
26
27
28
29
30
31
32
38

〈関連地図〉
宮脇昭　海外調査地一覧、
日本における環境保全林の形成地一覧

＊『宮脇昭 著作目録』宮脇昭教授退官記念事業会、
1993年、より作成

いのちの森づくり 2020
4月14日「宮脇昭復活植樹祭」

《ご来賓》
参議院議員　足立敏之
国土交通省大臣官房技術審議官　五道仁実
国土交通省相模川水系広域ダム管理事務所所長　竹本隆之
環境省大臣官房審議官　鳥居敏男
イオン株式会社　環境社会貢献部　木下順次
NPO法人森びとプロジェクト委員会副理事長　髙橋佳夫
株式会社国土開発工業本部営業部長　中嶋鉄信
株式会社トヤマ
株式会社NIPPO理事　樋口正裕
国立大学法人横浜国立大学学長特任補佐　森田洋
三五コーポレーション株式会社代表取締役社長　恒川幸三
豊田合成株式会社 総務部 社会貢献推進センター　伊藤知隆
トヨタ自動車 プラント・環境生技部室長　河浪順矢
トヨタT&S建設株式会社社長　小山裕康
宮ケ瀬ダム会　徳道修二
山田養蜂場　山田英生
横浜ゴム株式会社環境保護推進室　旭誠司
横浜トヨペット相談役　佐藤利雄
TGメンテナンス株式会社 受託業務部 次長　原田智法

《ご協賛》
秦野市
エスペックミック株式会社
NPO法人 地球の緑を育てる会
株式会社レンブラントホールディングス
希望の家
慶作舎
三五コーポレーション株式会社
JR東労組東京地本森づくり推進委員会
進和学園
中栄信用金庫
栃窪神社（御嶽会、とちのみ会）・栃窪自治会
秦野交通
北京館
やなぎ家
横浜ゴム株式会社
横浜トヨペット株式会社
出雲大社 有志の会

《監修》
宮脇 昭
横浜国立大学名誉教授　藤原一繪
東京農業大学名誉教授　中村幸人
エスペックミック株式会社 新事業開発室室長　吉野知明
株式会社研進 環境再生医・植生工学士　加藤ナルミ

《ロゴ、その他協力》
長谷川蘭名
ギャラリー宙
Yokohamaゆめの舞
有限会社 小野印刷工業
日進金属株式会社

宮脇方式による植樹について

宮脇方式による植樹法の根幹は、「潜在自然植生」にあります。潜在自然植生は、宮脇先生がドイツに留学していた際に学んだ恩師、ラインホルト・チュクセン教授が提唱。現在の人間の影響が完全に停止した際、その土地の自然環境の総和が支える、理論的に考察しうる、究極的な土地本来の自然植生のことを指します。

3.11 東日本大震災でも、南三陸町や大槌町などの「鎮守の森」が強固に残っていたことを見ても、厳しい環境に耐えて長持ちする「本物の森」が今こそ必要とされているのではないでしょうか？

（1）　土地本来の樹種（潜在自然植生）をランダムに混植・密植する（3 本/㎡）。外来種は入れない。
（2）　在来種ではない花木や果樹は林縁に植える。

3-2 基本の植樹方法

①

苗はあらかじめ水に浸水させる。苗の 1.5 倍の穴を掘り、苗木の下に土を戻し植える

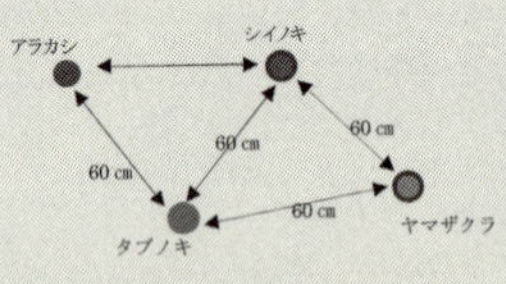

②

3 本/㎡の場合、60cm 程度離す
異なる樹種が隣になるように植える

③

稲ワラを隙間なく斜面に垂直に敷き詰める
ウッドチップや他のマルチング材でも可

④

できるだけ縄で緩みなくしばってワラを抑える
この場合はあらかじめ竹杭などの打設が必要

□「いのちの森づくり 2020」事務局

出雲大社相模分祠内

副会長　草山清和

安西裕（たまもりくらぶ）、浦田未央（㈱講談社エディトリアル）

〒 257-0015　神奈川県秦野市平沢 1221

電話 0463-81-1122　FAX 0463-82-1728

izumosan@rf6.so-net.ne.jp

https://www.inochi-no-mori.com/

■活動

2019 年 4 月 14 日（日）　宮脇昭復活植樹祭

栃窪スポーツ広場　400 名参加　3000 本植樹

（タブノキ、スダジイ、シラカシなど 26 種）

＊毎週第 2 土曜日　14：30 ～

栃窪スポーツ広場（秦野市栃窪 589）にて、育樹祭を実施しております。

宮脇昭復活植樹祭の苗木 3000 本の成長を、一緒にサポートしてくれるボランティアスタッフを熱烈募集中です‼

予約不要、飛び入り参加大歓迎です。

げ育ててきた“Chinju-no-Mori”、そのプロセスと成果を、世界に発信することのできる未来志向の企画です。

4年に一度訪れるスポーツの祭典を契機に、世界中のすべての地球市民が植樹をする、一人ひとりがあなた自身と、あなたの愛する人、隣人、人類を支えているすべての野生生物が共に生き延びるため、世界中の地球市民のいのちを守るため、小さな苗を育てていく。土地本来の森をつくり、最低限の生態系（エコシステム）を地球規模で維持していくことは、人類がこの緑の惑星地球で、未来に向かい生き延び、着実に発展していくための、もっとも的確な手段であることを理解してください。

地球上の1700か所で4000万本以上の植樹を行ってきた宮脇昭と、東京2020オリンピック・パラリンピックを契機に、すべての企業や団体、組織、個人に呼びかけ、大切ないのちを育てていきましょう。宮脇昭、いのちの森づくり運動、まだまだ始まったばかりです。

■いのちの森づくり2020発足

宮脇昭先生の熱意と想い、植樹方法に学び、また喫緊の課題でもある、地球温暖化や気候変動を抑え、生物多様性を取り戻すため「いのちの森づくり」を広める会を発足しました。個人や団体が東京オリンピック・パラリンピックをきっかけに植樹を行い、2020年以降も継続して実施し、新聞、テレビ、ラジオ、SNSなどで、この活動が周知されることを目標にしています。

環境省「つなげよう、支えよう 森里川海」プロジェクト賛同事業
いのちの森づくり2020

いのちの森づくり 2020

2020 年、日本発の森づくりを世界へ
4 年に一度のスポーツの祭典を地球市民の森づくり元年に

■ 2020 年は、明治神宮造営から 100 年

1920 年（大正 9 年）、明治神宮が代々木の地に造営されました。境内の造成にあたっては、全国各地から延べ 11 万人にものぼる青年たちの真心こもる勤労奉仕が行われ、全国から 10 万本の樹木が奉献。「市民の力」で、環境風土に適した常緑広葉樹を主たる樹種に選定し、千年万年と続く「鎮守の森」がつくられました。

■ 2020 年は、『日本書紀』成立から 1300 年

『日本書紀』に、須佐之男命と息子の五十猛神が日本中に種を蒔いてあらゆる山が青々しい山になった話が記述されています。すでに日本人は神代の昔より、植樹を行い環境を大切に守ってきた、世界に誇る文化を有しています。「日本発の森づくり、鎮守の森、いのちの森づくりを世界へ」という目標のもと、市民による草の根運動として展開していく企画を立ち上げることとなりました。

■ 2020 年は、東京オリンピック・パラリンピックの年

2015 年 1 月に体調を崩された宮脇昭先生も、随分と回復され、植樹ができるようになりました。

いのちの森づくりは、日本人が太古より森を守り、広

著者紹介

宮脇 昭（みやわき・あきら）

1928年岡山生。広島文理科大学生物学科卒業。理学博士。ドイツ国立植生図研究所研究員、横浜国立大学教授、国際生態学会会長等を経て、現在、横浜国立大学名誉教授、公益財団法人地球環境戦略研究機関国際生態学センター名誉センター長。独ゲッティンゲン大学名誉理学博士、独ザールランド大学名誉哲学博士、タイ国立メージョウ農工大学名誉農学博士、独ハノーバー大学名誉理学博士、マレーシア農科大学名誉林学博士。

紫綬褒章、勲二等瑞宝章、第15回ブループラネット賞（地球環境国際賞）、1990年度朝日賞、日経地球環境技術大賞、ゴールデンブルーメ賞（ドイツ）、チュクセン賞（ドイツ）、後藤新平賞（2015年）等を受賞。第5回「KYOTO地球環境の殿堂」入り（2013年）。

著書に『日本植生誌』全10巻（至文堂）『植物と人間——生物社会のバランス』（NHKブックス、毎日出版文化賞）『緑環境と植生学——鎮守の森を地球の森に』（NTT出版）『明日を植える——地球にいのちの森を』（毎日新聞社）『鎮守の森』『木を植えよ！』（新潮社）『瓦礫を活かす「森の防波堤」が命を守る』（学研新書）『「森の長城」が日本を救う！』（河出書房新社）『森の力』（講談社現代新書）『見えないものを見る力』『人類最後の日』『東京に「いのちの森」を！』（藤原書店）など多数。

いのちの森《もり》づくり——宮脇昭《みやわきあきら》自伝《じでん》

2019年10月10日　初版第1刷発行©

著　者　宮　脇　昭
発行者　藤　原　良　雄
発行所　株式会社 藤　原　書　店

〒162-0041　東京都新宿区早稲田鶴巻町523
電　話　03（5272）0301
FAX　03（5272）0450
振　替　00160-4-17013
info@fujiwara-shoten.co.jp

印刷・製本　中央精版印刷

落丁本・乱丁本はお取替えいたします
定価はカバーに表示してあります

Printed in Japan
ISBN978-4-86578-230-1

〝人間は森の寄生虫〟

見えないものを見る力

〈「潜在自然植生」の思想と実践〉

宮脇 昭

〝いのちの森づくり〟に生涯を賭ける宮脇昭のエッセンス。「自然が発する微かな情報を、目で見、手でふれ、なめてさわって調べれば、必ずわかるようになる。」「災害に強いのは、土地本来の本物の木です。本物とは、管理しなくても長持ちするものです。」（本文より）

カラー口絵八頁

四六上製 二九六頁 **二六〇〇円**

（二〇一五年二月刊）

◇978-4-86578-006-2

少年少女への渾身のメッセージ！

人類最後の日

〈生き延びるために、自然の再生を〉

宮脇 昭

未来を生きる人へ——「死んだ材料を使った技術は、五年で古くなりますが、いのちは四十億年続いているのです。私たちが今、未来に残すことのできるものは、目先の、大切ないのちに対しては紙切れにすぎない、札束や株券だけではないはずです。」（本文より）

カラー口絵四頁

四六上製 二七二頁 **二二〇〇円**

（二〇一五年二月刊）

◇978-4-86578-007-9

「ふるさとの森を、ふるさとの木で」を国民運動に

東京に「いのちの森」を！

宮脇 昭

人の集中に伴い、自然環境は必ずダメージを受ける。東京はかろうじて緑が残る都市だが、どんどん減少している。二、三本の木からでも森はできる。千年先に残る本物の緑の都市づくりのため、〝いのちの森〟づくりに生涯を賭ける、世界を代表する植物生態学者が、渾身の提言。〈対談〉**川勝平太／ワンガリ・マータイ**　**カラー口絵四頁**

四六変上製 二一六頁 **一六〇〇円**

（二〇一八年九月刊）

◇978-4-86578-193-9